协和医学院系列规划教材
医院领导力及管理系列教材

文献综述与开题报告

（供卫生管理、医疗管理专业使用）

主　编　陶红兵　董四平
副主编　张士靖　姚　强　胡广宇
编　者　（以姓氏笔画为序）
刘晨曦（华中科技大学同济医学院医药卫生管理学院）
李　信（华中科技大学同济医学院医药卫生管理学院）
吴　红（华中科技大学同济医学院医药卫生管理学院）
沈　波（武汉大学人民医院）
张士靖（华中科技大学同济医学院医药卫生管理学院）
陈　晶（华中科技大学同济医学院医药卫生管理学院）
岳丽青（中南大学湘雅医院）
周志超（北京大学医学图书馆情报室）
胡广宇（中国医学科学院医学信息研究所）
姚　强（武汉大学政治与公共管理学院）
陶红兵（华中科技大学同济医学院医药卫生管理学院）
董四平（国家卫生健康委医院管理研究所）

中国协和医科大学出版社
北　京

内容简介

本教材是“医院领导力及管理系列教材”之一，以如何撰写开题报告为总目标，按完成此目标需要具备的能力划分为六个章节，串联成一个环环相扣的关系链，并顺着这条主链逐层展开介绍。第一章主要介绍了如何进行科研选题；第二章到第四章介绍了文献检索的方法与技巧、文献管理软件及应用、文献分析与评价；第五章和第六章则分别介绍了如何撰写文献综述和开题报告。本教材主要供卫生管理、医疗管理专业教学使用，也可供临床及相关专业人员参考使用。

图书在版编目（CIP）数据

文献综述与开题报告 / 陶红兵，董四平主编．—北京：中国协和医科大学出版社，2022.7

（医院领导力及管理系列教材）

ISBN 978-7-5679-1923-5

Ⅰ.①文…　Ⅱ.①陶…②董…　Ⅲ.①医院—管理—论文—写作—教材　Ⅳ.①R197.32

中国版本图书馆CIP数据核字（2022）第112380号

医院领导力及管理系列教材

文献综述与开题报告

主　　编： 陶红兵　董四平
责任编辑： 刘　婷　张秋艳
封面设计： 许晓晨
责任校对： 张　麓
责任印制： 张　岱

出版发行： 中国协和医科大学出版社
（北京市东城区东单三条9号　邮编100730　电话010-65260431）
网　　址： www.pumcp.com
经　　销： 新华书店总店北京发行所
印　　刷： 三河市龙大印装有限公司

开　　本： 787mm×1092mm　1/16
印　　张： 15
字　　数： 280千字
版　　次： 2022年7月第1版
印　　次： 2022年7月第1次印刷
定　　价： 69.00元

ISBN 978-7-5679-1923-5

医院领导力及管理系列教材

建设指导委员会

Introduction

出版说明

随着我国医药卫生体制改革的深入，卫生事业对医院的要求在不断提高。医疗管理工作是医院建立正常医疗秩序、提高医疗服务质量的重要保证。医院的管理系统非常复杂，发展极其迅速，且面临不断深化的改革要求，这对医疗管理人才提出了更高的要求。目前，我国医院的管理干部，大部分为医务人员转型而来，虽具有精深的专业知识，但仍缺乏系统、全面的管理知识。随着公立医院整体进入转型发展期，我国亟须培养高素质的职业化卫生管理及医疗管理人才队伍。

教材作为承载知识的重要载体，对于培养高素质人才发挥着重要作用。党的十八大以来，党中央高度重视和关心教材建设。在我国高等教育体系中，教材建设是提高高校教学水平、丰富教学内容以及促进教学方法改革的基础性工作；是发展高等教育，培养综合型人才、创新型人才的基础。

为适应卫生管理及医疗管理的新要求，培养适应新时代卫生管理及医疗管理的相关人才，中国协和医科大学出版社深入贯彻《关于推动公立医院高质量发展的意见》《关于建立现代医院管理制度的指导意见》及《关于加强公立医院运营管理的指导意见》等文件精神，在中国医学科学院北京协和医学院的支持下，开创性地组织了本套医院领导力及管理系列教材的编写工作。编委会集结了二百余名业内知名专家、学者、教授及一线教学老师，在鲜可借鉴同专业方向教材编写经验的情况下，对医疗管理理论、方法、人才培养机制等进行探索研究，悉心编撰。

本套教材涵盖卫生管理、医疗管理专业课程共计17门，定位清晰、特色鲜明，具有如下特点：

一、建设成体系的卫生管理、医疗管理专业教材，引领学科发展步伐

本套教材作为成体系的卫生管理、医疗管理专业教材，充分研究论证相关专业方向人才素质要求、学科体系构成、课程体系设计和教材体系规划，代表了卫生管理、医疗管理学科的发展方向。

二、引入国际最新理念和方法，与时俱进

教材紧密结合卫生管理及医疗管理专业培养目标、高等医学教育教学改革的需要和卫生管理及医疗管理专业人才的需求，引入国际最新医院管理理念及方法，内容与时俱进、开拓创新。

三、融入经典管理案例，突出实践性教学

教材内容对接医疗管理职业标准和岗位要求，将国际最新案例融入其中，重视培养学生理论联系实际、实践操作和独立思考的能力。

四、纸数融合，使学习更便捷更轻松

教材采用纸数融合形式出版，即在纸质教材内容之上，配套数字化资源，通过图片、动画、视频、课件等多种媒体形式将内容进行呈现，以优化教学内容，丰富教学资源。读者可以直接扫描书中二维码，阅读与教材内容相关联的课程资源，从而丰富学习体验，使学习更加便捷。

希望本套教材的出版，能够推进高质量卫生管理及医疗管理专业人才的培养，促进我国卫生管理、医疗管理学科或领域的教材建设与教育发展，为引领我国医疗卫生机构管理走向科学化、规范化、标准化与现代化作出积极贡献。

Preface
前　言

《文献综述与开题报告》作为“医院领导力及管理”系列教材之一，是指导医疗管理以及相关专业学生学会如何进行科学研究的一部指南性质的教材。

本教材介绍的是科学研究方法的基本功。以往这类教材大多是分成不同的专题分别撰写的，例如分成如何进行科研选题、如何进行文献检索、如何进行文献管理、如何进行研究热点分析、如何撰写综述以及如何撰写开题报告等。本教材的新颖之处在于第一次将上述内容整合在一本书中，以如何撰写文献综述与开题报告为总目标，将完成此目标所需要具备的能力设计为六个章节，串联成一个环环相扣的关系链，并顺着这根主线逐层展开。不仅让学生学到各个章节应该熟悉和掌握的知识，更能对撰写开题报告需要的整体知识结构有一个清晰的认知，为未来的科研之路打下坚实的基础。

本教材共分六章。第一章主要介绍科研选题的来源和方法、基本原则和步骤程序；第二章主要介绍文献检索的基本知识、文献信息源的种类和使用方法，重点介绍能够提高检索效率的方法和技巧；第三章主要介绍常用文献管理软件的种类和功能，重点介绍两种使用频率较高的管理软件的使用方法；第四章主要介绍几种目前进行文献热点和前沿分析常用分析工具的原理及其具体的操作方法；第五章主要介绍文献综述的基本理论、写作流程及其注意事项；第六章主要介绍开题报告的基本概念、撰写流程、撰写方法和注意事项。

本教材在编写过程中注意遵循“三基、五性、三特定”的规律，即全面系统介绍了文献综述和开题报告的基础理论、基本知识、基本技能；注重思想性、科学性、先进性、启发性、适用性；注重特定的对象、特定的要求、特定的时限。在编写过程中强调实用性和可操作性，通过大量的案例和示例，示范了各种技术方法的具体应用和重点知识点，解决实践的疑点和难点。同时，将一些新概念、新方法、新技术和新观念融入其中，使之能更好地适应医院管理专业人才的培养需要。

本教材主要面向卫生管理、医疗管理专业学生，也可以作为高等院校卫生事业管理、社会医学、医疗保险、医事法学、临床医学、预防医学等医药卫生相关专业学生的工具书和参考书。通过对本教材的学习，学生能够掌握社会科学研究中必备的基本方法和技能，获得开启知识宝库探索茫茫学海的金钥匙。

本教材在编写过程中得到了华中科技大学、武汉大学、南方医科大学、中南大学、北京大学、中国医学科学院北京协和医学院等多家单位专家学者的积极参与和大力支持，是全体编者集体智慧的结晶。在此对编者付出的辛勤劳动表示诚挚的感谢！同时，对参考文献的作者表示敬意和感谢！

尽管全书编写过程中力求概念清晰、逻辑缜密、文字精练、通俗易懂，但由于编者水平所限，加之医院管理学的学科发展迅速，网络信息资源更新较快，书中难免存在疏漏之处，敬请专家和广大读者提出宝贵意见。

编　者

2022年5月

Contents

目　录

第一章　如何进行科研选题

学习目标

1. 掌握　医院管理科研选题的来源与方法、选题程序。
2. 熟悉　医院管理科研选题的原则。
3. 了解　科研意识准备、能力与条件准备，科研选题的意义。

第一节　准备阶段

随着社会经济的不断发展、疾病谱的变化以及居民对健康需求的提高，医院之间的竞争日益激烈。医院要在市场经济环境中可持续发展，就必须依靠科技进步和创新发展来提高综合竞争能力。医院科研水平作为新形势下衡量医院核心竞争力和未来发展能力的重要参考指标，在医院发展过程中起着举足轻重的作用。近年来，国家逐步加大对医院的科学研究投入，尤其在新冠疫情发生后，国家及社会各界愈加注重科研攻关和科技成果转化，各医院管理者及专业技术人员从事科学研究的热情高涨，从事医院管理研究的研究者也越来越多，对医院管理相关的科研选题及申请基金资助的需求更加迫切。科研选题是科研活动的基础和关键，是从战略上选择科学研究的主攻方向，是确定研究课题的过程和方法。作为医院管理专业的学生，切实掌握科研选题的基本原则、基本思路、基本方法、基本程序，突出科研选题的新颖性，灵活处理科研选题过程中出现的问题，不断提高科研选题的质量与水平非常重要。

一、选题意义

（一）科研选题是研究工作的起点

医院管理的选题就是一个提出问题的过程，是研究的开端，选题观点是否正确直接影响医院管理方向研究的成败和效率，关系到研究成果的价值。英国科学学创始人贝尔纳认为，选择课题是科研的战略起点。爱因斯坦在《物理学的进化》一书中指出："提出一个问题往往比解决一个问题更重要，因为解决问题也许仅是一个数学或实验上的技能而已，而提出新的问题、新的可能性，从新的角度去看旧的问题，却需要创造力和想象力，而且标志着科学的真正进步"。评估一个科研选题的优劣要综合考虑其是否为一个科学问题、是否具有研究价值、是否有能力完成等因素。从根本上来说，要提高科研水平，首先需提高科研选题的水平，选题是否正确和选题的方法是否恰当不仅直接关系到科研的水平和成果的大小，而且与科研的成败、研究的效率都有密切的关系。选题是科研的起点，自始至终处于主导地位，是科研设计和实施的指导思想，从这一角度来说，选题比科研方法更重要。选题就是要正确发现和提出问题，这些问题有的来自于管理实践，有的来自于文献资料，所谓正确就是所提的这些问题要符合科学的认识规律。提出新问题、新假设是开展一项科研工作的关键环节，没有好的科研假设，再好的科研方法也不会有好的科研成果。

（二）科研选题是贯穿研究工作全过程的主线

医院管理相关的科学研究不仅是对所学的专业知识和理论的总结和应用，也是对医院管理实践的纵向挖掘。研究课题的确立意味着研究目标和方向的确立。不同的选题方向需要采取相应的研究方法和路径，提出不同的研究设计。科研选题在发现问题和提出问题的基础上，直接决定了研究方向、研究对象、研究范围，关系到研究内容、研究方法、研究经费支持等。例如在研究方法方面，若研究课题为"xx医院医务人员工作满意度现状及影响因素研究"，可以采用抽样调查的方式，进行定量研究或解释性研究，而不仅仅局限于定性研究和描述性研究；若选择"公立医院效率评价"相关课题，可以采用数据包络法分析投入和产出的运营效率；若研究课题为"xx疾病患者的临床特点及愈后转归"，可以采用回顾性分析方法，对临床案例进行研究等。

（三）科研选题是实际问题得到解决的基础

科研选题就是要在医院管理实践和临床实践中发现和提出问题。研究者在医院管理的实践中发现了现存问题，再根据既有的专业理论知识和研究方法等确定选题研究的广度和深度，以及实施的可行性。科研选题是对研究者前期专业知识、掌握的方法和技术，以及对社会问题洞察力的一种考量。

同时，有科学研究价值和社会价值的课题会吸引和激发研究人员去思考学习、探索分析，从而不断解决现实存在的问题。例如，为推进现代医院管理制度建设，国家提出要加强公立医院绩效考核工作，若在实践中发现，某一公立医院绩效评价中表现较差，医院绩效有待改善，研究者可以将其作为研究选题，在对绩效考核涉及的医疗质量、运营效率、持续发展和满意度评价维度及指标的现状及影响因素分析的基础上，运用戴明环、卓越绩效管理模式进行绩效改进，从而不断提高医院绩效。

二、选题原则

（一）科学性

科学性原则是衡量科研工作的首要标准，要求选题在尊重客观规律的前提下，以科学事实、科学理论和技术原理为依据，将选题置于社会经济发展的时代背景和科技背景之中，使之成为可以探讨的科学问题。同时，随着基础事实、政策和理论的变化，研究者应适时调整所选择的课题及内容，否则就会失去科学性而陷入没有应答域的假问题。例如，研究课题为“探究xx创新药品是否能够纳入医保目录中”，但是国家最新公布的政策《国家基本医疗保险、工伤保险和生育保险药品目录（2020年）》已将该创新药品纳入医保目录中，这一选题就随着时代背景变化而丧失研究意义。目前医疗服务体系改革需要充分发挥医疗、医保、医药职能部门作用，进一步构建医疗、医保、医药三医联动机制，但如何加强不同部门的协同合作，增强改革的整体性、系统性和协同性是改革的重点和难点问题之一，因此，相关改革的整体性、系统性和协同性研究选题具有一定的科学性。

（二）重要性

医院管理相关研究的重要性，在于通过对医院管理相关的政策、管理理论和实践问题的研究，更好地促进医院的改革和发展，更好地满足医院运营和发展的实际需要、人民的健康需要以及医疗服务体系发展和资源优化配置与有效利用的需要，以提高医疗服务质量和效率为目的，具有理论价值与实践价值。

例如，通过科学研究“医院医疗费用现状及管理策略研究”“医院成本与消耗研究”等课题，能够对控制医疗费用不合理增长、降低医疗成本起到促进作用。同样，医疗资源配置方向的选题对实现资源的合理配置、探究如何提升医疗服务系统的整体绩效具有重要作用。而“全过程医疗质量与安全管理和持续改进研究”“医疗风险防控体系研究”等课题，对提高医院医疗服务质量具有重要意义。此外，临床实践是医院临床科研选题的重要来源，在日常临床实践中，面临许多诊断问题、治疗问题、病因问题和疗效问题等。因此，这些问题的研究对提高诊断水平和治疗效果、改善患者预后具有很好的临床实践指导价值。

（三）创新性

创新性是研究选题最重要的原则，要求医院管理选题具有先进性、新颖性和突破性，解决前人尚未解决或尚未完全解决的问题，并预期能够产生创造性成果。一般包括三个方面的创新：一是概念和理论上的创新；二是研究方法上的创新；三是研究结果和应用上的创新，包括解决新的现实问题或开拓新的应用领域。科研选题若缺乏探索性、创造性，一味重复前人做过的工作，或者重复国外学者的研究工作，即使在国内尚缺乏相应的研究，也不能认为科研选题符合创新性原则。

创新性原则体现在填补空白、开创新知，修正旧说、提出新解，补充前说、深化研究等新探索方面。填补空白、开创新知，是对现有研究空白的补充；修正旧说、提出新解，表现为采用新理论、新方法对旧问题进行新的诠释；补充前说、深化研究，表现为有些问题虽然进行过大量研究，但是随着条件的变化，原有的研究已经不能解释新的现象，或者已经不能有效解决原有的问题。例如，随着互联网技术的不断发展，越来越多的学者开展了数字化管理与医疗问题的相关研究，并结合机器学习构建相关模型，用于医保卡欺诈检测、病种成本与费用预测等。国务院颁布的《关于推动公立医院高质量发展的意见》提出要实现体系创新、技术创新、模式创新和管理创新，医院管理相关的研究也可以从热点问题中开展创新性的研究选题。

（四）可行性

可行性原则是指选题应与自身的主、客观条件相适应，包括当前已经具备的条件和经过努力可以创造的条件。在主观方面，综合考虑科研人员的知识结构、研究经验、分析能力、统筹安排能力、资源调度能力、身体和心理素质、年龄、语言等人口学特征等因素对完成科研课题的可行性；在客观方面，需要充分考虑科研经费、仪器设备、实验条件、实验材料、情报资料、合理的时间周期等，以及国家政策、经济、文化、道德与法律等外部环境对课题的保障和支持。

例如，对全国公立医院的运营管理现状开展系统研究，不仅需要经济学、统计学和管理学等方面的专业人员参与，还需要相关部门的支持。如果这些要素和条件无法得到保障，研究将难以完成。再如，DRG付费背景下医院住院患者病种质量的相关研究，需要获取患者病案首页数据。

三、选题思路

（一）从实践中找问题

宋代朱熹在《朱子语类》卷十三中写道："学之之博，未若知之之要；知之之要，未若行之之实。"意思是说做学问在掌握理论的基础上必须深入实践。列宁也多次引用歌德《浮士德》中的一句话："理论是灰色的，生命之树常青。"说明空谈理论、脱离现实的学术是僵死的学术，实践才是理论研究的源泉和检验理论的标准。因此，医院管理相关的选题一定要立足实践，从实践中寻找课题研究的思路。医院管理的内容极为广泛，通过对相关问题的调研和医院管理实践总结可以发现有许多值得研究的选题。例如，人们常常抱怨的“看病贵、看病难”问题，如果深入了解，就会发现这个问题背后所反映的一些深层次问题，包括医疗资源的配置、医疗保障、医疗服务的合理补偿等，据此寻找选题方向就不难了。再如，新冠疫情对人们的健康、生产生活等带来了重大影响，大数据及人工智能在冠状病毒感染防控中的应用研究就是一个不错的选题方向。

（二）从现有理论与实践探索的矛盾中找问题

人类认识是无限发展的，理论的真理性是相对的，理论体系的完备性也不是永恒的。即使是前人公认的理论观点，随着实践和认识的发展，也需要不断拓展和深化。因此，用探索、批判的眼光去看待已有的理论观点，就有可能发现新问题。科学研究需要探索性的创造性思维，对于同一问题，人们常有不同的观点。人们提出的理论假设常会发生分歧和争论，甚至形成不同的学派，这些争论正好提示了研究课题的方向。例如，在医院改革的过程中，就有市场主导派和政府主导派的争论。在DRG与DIP付费背景下，原有的公立医院绩效考核指标可能不再适用于医院管理的实际，因此需要不断进行调整，也会产生一些新的选题方向。在医疗资源配置方面，是否将更多的医疗资源配置到大型公立医疗机构存在不同的看法，在这些争论背后，正好反映了如何看待市场与政府、市场与计划、公平与效率等各种关系的问题，也可以从中找到一些选题。

（三）从学科渗透、交叉中找问题

随着学科大分化、大综合的不断发展，学科渗透、交叉已经成为学科发展的显著趋势。医院管理学本身就是一个交叉学科，医院管理的研究常常与经济学、社会学、心理学、组织行为学等学科交叉融合，需要更多的学科交叉和相应的研究队伍的整合。学科交叉可以产生创新性的课题，研究方法的相互借鉴也有助于研究方法的创新。如探讨新冠肺炎爆发期如何保证医务人员的身心健康，不仅涉及医院内部管理问题，还涉及心理学、组织行为学等不同领域的理论和方法，包括家庭、社会对医务人员的支持、组织激励以及医务人员的社会责任感和组织认同感等问题都可以作为选题。

（四）从课题项目指南中选题

国家、省市不同部门会提出许多研究课题，如国家各部委、各省市的十四五规划提出的重点课题、年度课题，这些课题一般兼具理论意义和重大的现实意义，是科研工作者选题的重要来源。这类课题属于指南性选题，其中许多课题的难度、规模很大，选题时，科研人员应从自己的优势出发，把课题研究具体化，以保证可行性。此外，在各级政府及其科研部门制定的各种科研规划中，也提出许多研究课题，都是选题的重要来源，如《国家自然科学基金项目指南》《国家社科基金项目申报指南》等。

一些医院管理相关的期刊杂志每年都会发布该期刊的年度选题指南，这些选题指南都会紧跟国家政策，针对当前普遍存在的经济社会问题，结合期刊的主题公布征稿启事，也可以作为医院管理相关研究的选题来源参考。期刊及学术团体举办的学术年会征文中也会有相应的征文范围，例如，华东卫生经济协作会的学术年会征文，在2021年度征文中就包含医院管理方向的选题（医疗服务价格动态调整机制研究、公立医院经济运营内部控制机制研究和现代医院管理制度下经济监管机制研究等）。

第二节　选题阶段

一、选题来源与方法

一个好的研究问题的提出至关重要。从理论角度而言，好的研究问题应该有利于医院管理学与临床科学的发展；从应用角度来看，好的研究问题应当对实际工作有重大意义和指导作用。选题可以来自对工作中出现问题的思考，对自身工作经验的反思，对社会现象的探究，对日常生活的观察；也可能来自对文献的阅读，对新闻报道的反应等。具体而言，选题主要有如下来源：

（一）浏览捕捉

通过对现有的文献资料快速、大量地阅读，在比较中提出问题，寻找自己的选题。文献资料是前人研究成果的集中展示，是对现有研究进展的总结。越来越多的研究者以文献资料作为选择研究课题的基础。医院管理科研人员应定期检索行业内文献，追踪国内外医院管理学的新进展。在阅读文献的基础上，结合自身的思考与分析，激发科研选题的灵感和火花。尚无选题目标的科研人员在浏览文献的过程中发现空白点或前人研究的不足，并对其相关研究进行系统了解和分析，确认前人尚未研究，且确有研究的必要和可能的选题，则可作为选题的参考。已有选题方向的科研人员，可以通过自己查阅文献或由情报部门科研查新，验证选题的创新性，避免低水平的重复，也能在查阅文献时受到启发，作为已有选题的有力补充。

当前，与医院管理研究相关的书籍、杂志和报纸等文献资料越来越丰富，获取方式也越来越便利。例如，中国期刊网收录了国内公开发行的绝大多数与医院管理有关的期刊杂志，包括《中华医学杂志》《中国卫生政策研究》《中华医院管理杂志》《中国医院管理》《中国医院》《中国卫生统计》《中国卫生经济》《中国卫生事业管理》《中华流行病学杂志》《中国慢性病预防与控制》《中国妇幼保健》等，与医院管理有关的国外期刊包括*The Lancet*、*The Journal of American Medical Association*、*Social Science & Medicine*、*Health Affair*等，这些期刊均可作为寻找研究问题的重要来源。具体获取途径详见第二章第二节。

（二）关注学术前沿和热点

关注科学研究的前沿、热点和动态，掌握与自己选题相同或相近课题的研究状况、难点及研究方法等信息，追踪与自己研究方向相同或相似的国内外知名研究者及课题组的研究动态，在此基础上，结合自己的实践，对信息进行综合分析，寻找新的切入点，确定自己的选题方向。在学术生涯的前期，特别是研究生、博士生阶段，需要多读文献、定期更新学术热点和前沿、多参加学术交流，拓宽相关研究领域的知识面。在大量阅读文献和学习交流的基础上，根据自己的特长以及相关研究方向的发展趋势，寻找空白点。这类课题往往具有很好的创新性与很强的生命力，在一定程度上能够填补国内外专业领域的空白点。具体分析方法详见第四章文献分析与评价。

（三）知识迁移

一方面，研究者可以将理论知识、日常生活与实际工作有机结合进行科研选题。可以作为研究问题的医院管理相关的现象、事件与行为往往客观地存在于我们的生活和工作环境中。医院管理是在实际工作中形成的对医院运营有关的认识和感受。如果研究者对这些现象、事件与行为勤于思考、善于观察的话，往往能发现许多值得深入探讨的课题。例如，在医院就诊过程中出现排队等候时间长的问题，部分科研工作者会思考医院就诊流程和内部管理是否有待优化，从而产生“公立医院流程再造”“公立医院门诊服务流程优化设计”等有关研究问题。

另一方面，在借鉴中发展提高。每位科研人员都希望自己的选题标新立异，甚至具有划时代的意义，但这并非易事。相对独立、与众不同的选题往往缺乏理论基础，经受压力和失败的可能性也比较大。科研工作要脚踏实地，站在巨人的肩膀上，通过借鉴别人的选题升华自己的构思以获得成功。借鉴移植是科研工作的重要方法。常用的学科交叉的立题方法主要是相互移植各学科领域的新概念、新成果、新技术。

（四）以往研究的延伸与深化

延伸性选题可根据已完成课题的范围和层次，从延伸的广度和深度中挖掘出新颖题目。由于在研究过程中，可能会不断地发现和解决新的问题，因此，在实际科研中，这种课题占的比重比较大。其中有一些问题通用性较强，也就成了下一个课题的内容。从已有课题衍生选题的具体方法包括检验某个研究的外部效度、检验某个研究的内部效度、解决相互冲突的研究结果、基于研究局限和未来研究的建议等。

二、选题新颖性

（一）关注国家政策导向

科学研究不能超然独立于国家政策之外，科研选题要贯穿国家一定时期的政治路线和政治主张，要与国家政策方针保持一致，着重于解决国家当前急需解决的现实问题。国家政策决定了科研选题的政治方向。此外，国家政策具备权威性和一定的稳定性，一般在一定时期内不会做大的调整。从国家政策中获取的选题信息能保障选题的正确方向，增强课题的可操作性和连续性。例如，2021年国务院办公厅印发《关于推动公立医院高质量发展的意见》，明确了公立医院高质量发展的目标、方向、举措，是新阶段公立医院改革发展的根本遵循，对全面推进健康中国建设、更好满足人民日益增长的美好生活需要具有重要意义。推动公立医院高质量发展的总体要求中提出未来五年要实现“三个转变”：公立医院发展方式从规模扩张转向提质增效，运行模式从粗放管理转向精细化管理，资源配置从注重物质要素转向更加注重人才技术要素，为更好提供优质高效医疗卫生服务、防范化解重大疫情和突发公共卫生风险、建设健康中国提供有力支撑。同时也提出要加强专科建设，推进医疗服务模式创新，推广多学科诊疗模式，强化信息化支撑作用，推动云计算、大数据、物联网、区块链、第五代移动通信（5G）等新一代信息技术与医疗服务深度融合等，这些政策均提示要重塑医疗卫生服务体系，转变医疗服务理念和服务模式，在医院资源的配置与利用方面腾空间，调结构。因此，医院管理的科研选题可以聚焦“医院精细化管理”“医疗服务质量”“医疗资源配置”等方面的问题。

（二）获取领域内前沿研究

一是通过ESI（essential science indicators）研究前沿获取领域热词，可以查看22个学科的研究前沿。在Results List选择呈现“Research Fronts”，可以检索在该领域TOP10研究前沿发展态势和塔尖数据，查看该领域的研究主要分布在什么方向，且可以获取近10年的热词、高被引文章等。二是通过Web of Science核心合集查到领域内高被引论文并分析高被引论文的选题，利用“研究方向”字段检索学科分类，并用“精炼检索结果”进行检索结果的精炼，查看高频关键词和研究热词，并查阅领域中的重要期刊，获取最新的选题方向。三是查阅领域中的重要期刊，查找近年的变化和趋势，获取新的研究方向和研究动态。四是追踪领域中的知名研究者或课题组并关注该研究者或课题组的文章和研究动态，查看当前感兴趣的研究方向在现阶段的进展。

（三）开展相关文献综述

选题代表了国内外的最新进展。在确定选题后，一定需要进行系统的文献检索，特别是国内外的重要数据库，例如，国外的“PubMed”“Web of Science”，国内的万方知识数据库、中国知网数据库等。要想使研究选题具有独特性、创造性，很重要的是要查找与研究课题相关的权威期刊和文献，通过详细的阅读和比较分析并进行文献综述，证明拟开展的研究国内外未见报道，属于“空白区”，或者虽然有报道，但存在明显的不足或者存在争议，这样，研究的选题其创新性就显而易见。具体方法详见第二章文献检索的方法与技巧和第五章如何撰写文献综述。

三、选题程序

（一）问题调研

这是选题的准备阶段，在这一阶段，科研主体应首先根据社会需要和个人的知识结构与学识专长确定研究方向，明确研究领域，然后对这一领域做全方位的调研，对有关课题的由来、研究现状及发展趋势进行分析，掌握前人对有关课题的研究进展、存在的问题、得出的结论以及经验教训，以便在新的起点上选择课题。通过对有关学科、专业领域文献资料的搜集和阅读，掌握本学科的国内外研究现状和最新进展，了解不同学者的研究思路及研究倾向，摸清前人所做的工作及达到的水平，从中发现问题、提出问题，为进一步创新奠定基础。除了文献调研，有时还要进行实地考察，了解课题产生的原因以及相关的支撑条件，诸如经费来源、科研力量配置和设备条件等。

（二）选题分析

这是提出问题和确定选题阶段。根据问题调研的结果，运用选题的原则，从所调研的问题中优选出备选论题。根据调研和实际考察的结果，初选出诸个科学问题，认真分析其在科技发展中的地位、作用、社会经济效益以及制约因素等。根据选题的原则，从诸多问题中优选出一个适宜的课题，然后进一步明确如何进行课题研究工作，拟出初步的研究计划和几种可行的研究方案，撰写开题报告。

（三）选题论证

选题论证是指对课题进行全面的评审，看其是否符合选题的基本原则，并分别对课题研究的目的性、创造性和可行性进行论证，以确定选题的正确性。根据选题的基本原则，对论题的依据、实施条件、社会与经济效益及对科学发展的潜在价值依次逐项分析审议。选题论证一般采取同行专家评议与管理决策部门审核相结合的方式进行。评议内容如下：课题研究目的和预期的成果是否符合社会实践和科技发展的需要；开题报告对国内外现状和发展趋势的分析是否正确，开题执行的论据是否充分、可靠；课题的科学意义和社会价值如何；课题所采用的初步研究计划和技术路线是否先进、合理、可行；课题的成果是否会给经济社会发展产生一定的影响；课题负责人和课题组人员能否胜任课题的研究任务；提供该课题所需条件的必要性和实现的可能性等。

（四）选题确认

提出课题后，需要对课题的可行性作分析，若有几个备选课题，需进行相互比较，并经过同行专家的评议，筛选出最佳课题。经过专家对论题的论证与评议，最终确定选题。经过课题论证之后，该课题若通过，即课题确定。若没通过，该课题则被淘汰，需再按照选题的程序和原则，另行选定其他课题。

案例讨论

【案例】生命周期视角下多参数监护仪危急警报精准识别及智能化管理研究

一、选题的背景

目前，医院先进医疗设备的使用越来越普遍，带有报警功能的设备使用数量迅猛增长，不良事件发生的警报常有发生，临床警报的管理已成为国内外患者安全管理方面的重要主题。中国医院协会于2017年和2019年将“加强医学装备安全与信息系统管理”“加强医学装备安全和警报管理”纳入患者安全目标后，国内关于临床警报的相研究逐渐增多，主要关注护士的警报认知、警报培训、警报应答、警报疲劳、警报管理行为和警报管理模式等，重点关注多参数监护仪警报以及重症监护室的警报管理。研究发现，不良事件与警报疲劳密切相关，但目前的研究采用更改参数阈值、根据病情定制警报、正确放置并定期更换电极片、教育培训和警报集成等干预方法，以减少总警报和虚假警报数量，从而减轻警报疲劳，但干预效果的实证研究少，过多地追求警报数量的减少可能导致护士错过需要应答的危急警报。减少临床警报相关的患者伤害的核心要素在于识别出最重要/危急的警报信号。因此，应充分采用新技术和新方法进行警报管理。2017年7月国务院印发我国首部《新一代人工智能发展规划》，近年来，人工智能与医疗卫生深入融合，目前针对临床警报智能管理的研究尚处于临床模拟或实验室阶段，基于物联网的智能警报管理系统和移动智能设备已经开始探索，仍需临床研究进行优化和验证，其中的技术原理急需我国学者的探索，以实现警报信息的实时双向传输和快速应答。

通过对该选题的探讨和分析，“生命周期视角下多参数监护仪危急警报精准识别及智能化管理研究”选题符合医疗机构患者安全管理的需求，属于通过研究解决技术瓶颈背后的核心科学问题。多参数监护仪使用非常普遍，该问题研究也是实际问题解决的基础，具有科学性、重要性和创新性，并且课题组前期对警报生命周期的多学科合作模式等进行了研究，医院有警报管理的良好环境，该项研究具有可行性。

二、研究内容与方法

首先，本研究以“警报生命周期”中，警报的产生、传送、识别和应答四个重要环节为依据，通过系统的文献检索，进行心脏大血管ICU病种有关警报的证据总结，通过观察研究、专家讨论和专家咨询法构建多参数监护仪警报分类分级标准，为危急警报精准识别模型的构建提供理论框架。

其次，通过物联网技术获取数据的感知、监测和反馈功能，连通多参数监护仪–中央站–移动智能手环，构建警报管理大数据平台，通过CNN-LSTM混合神经网络算法实现危急警报精准识别和无效警报过滤；采用五折交叉验证和迭代法优化，收集3个月的数据作为测试集，最终构建危急警报精准识别模型。

最后，基于《2020年多参数监护仪临床警报管理实践指南》，通过利益相关者访谈、专家讨论和德尔菲专家咨询法构建警报智能化管理干预策略；采取整群抽样的方法，以两家三级甲等医院的心脏大血管外科ICU为例，采用实验对照研究方法进行实证研究，24小时警报总数、警报参数设置合格率、护士对警报的应答率、护士警报应答时间、不良事件警报数、护士警报疲劳程度作为主要评价指标进行分析，评价警报智能化管理的效果。

【讨论】探讨并分析本选题的创新性

1. 本研究基于警报的生命周期，研究心脏大血管外科ICU多参数监护仪警报分类分级标准，探索多参数监护仪警报分类分级管理模式，为多参数监护仪警报分类分级管理提供新思路，并丰富了警报生命周期理论，具有理论创新性。

2. 本研究基于物联网技术，连通多参数监护仪–中央站–移动智能手环，对中央站的海量警报信息，运用CNN-LSTM混合神经网络算法，形成危急警报精准识别模型，并通过移动智能手环实现危急警报实时传送、双向传输、精准通知和快速响应，为临床警报智能化管理提供新技术，具有技术创新性。

3. 本研究在生命周期视角下建立的警报智能化管理模式，联合警报分类和分级规则建模提高了模型的安全性，基于循证证据建立的干预策略具有可推广性，能为我国医疗机构加强临床警报安全管理提供新方案，也是本项目的特色之处。

本章小结

本章主要围绕医院管理科研选题的基本原则、基本思路、来源与方法、基本程序等相关知识展开介绍。在确定科研选题时需要注意选题的意义。作为科学研究的起点和关键环节，选题决定了研究的方向和目标，对课题的研究方向、对象、内容和范围等起主线作用。切实掌握并遵循选题的科学性、价值性、创新性和可行性的基本原则，明确从实践中找问题、从现有理论与实践探索的矛盾中找问题、从学科渗透交叉中找问题、从课题项目指南中选题等基本思路。与此同时也要关注国家政策导向、分析领域内前沿研究、进行系统的文献综述以保证科研选题等新颖性。选题的基本程序包括问题调研、选题分析、选题论证、选题确认四个环节，发挥学识专长，了解研究动态并准确把握研究方向，科学处理科研选题过程中出现的问题，是不断提高科研选题的质量与水平的关键。

（陶红兵　董四平　岳丽青）

第二章　文献检索的方法与技巧

学习目标

1. 掌握　文献检索的概念和原理；文献检索的策略和技术。

2. 熟悉　文献信息源的种类和特点；医学文献数据库的种类和使用。

3. 了解　提高检索效率的方法。

第一节　基本理论

一、文献检索的概念和作用

（一）什么是文献

文献（document）是指通过一定的方法和手段、运用一定的意义表达和记录体系，记录在一定载体上的、有历史价值和研究价值的知识。文献的基本要素：①有历史价值和研究价值的知识。②一定的载体。③一定的方法和手段。④一定的意义表达和记录体系。文献是记录、积累、传播和继承知识最有效的手段，是人类社会活动中获取信息最基本、最主要的来源，也是交流传播信息最基本的手段。科技文献是记录、保存、交流和传播科学知识和思想的一切著作的总称。

（二）什么是文献检索

文献检索（document retrieval）的概念有广义和狭义之分。广义的文献检索是指将文献按照一定的方式组织和存储起来，并能根据用户的需求找出相关文献的过程，即文献检索是一种有目的和组织化的信息存取活动，包括“存”和“取”两个基本环节。因此，文献检索的全称应该是文献的存储与检索（document storage and retrieval），存储的过程是文献的组织加工和记录过程，即建立检索系统（编制检索工具）的过程；检索的过程则是按照一定的方法和技术从检索系统（检索工具）中找出所需文献的过程。二者相辅相成，只有经过组织的有序的文献集合才能提供高效的检索，因此了解了一个检索系统的组织方式也就找到了查找它的根本方法。

而狭义的文献检索则是指通过某种方法或技术，根据检索需求从检索系统中查找、识别和获取所需文献的过程。换句话说，从用户需求出发，对一定的检索系统采用一定的方法和技术手段，根据一定的线索与准则找出命中文献的过程，就是文献检索。

（三）文献检索的作用

科学研究是“站在巨人肩膀上”的事业，文献检索是一切科学研究的入口和前提，贯穿科研的始终。如何在浩如烟海的信息中既快又全又准地得到与自己课题密切相关的文献，是学生学习这门课程最为关心的问题。具体来讲，文献检索的作用主要体现在以下三个方面：

1. 产生创作灵感，确定研究选题 任何选题都不会从天而降，更不能仅凭想象。需要通过大量地搜集、查阅文献，从中得到启发，开阔视野，引发灵感，发现问题，从而产生研究选题的萌芽。

2. 了解研究现状，寻找逻辑起点 高效的文献检索能够让研究者充分了解目前国内外关于该课题的研究现状，有哪些研究成果，有哪些重要的研究机构和研究专家，还存在哪些问题，从而使自己的研究能够站在一个比较高或比较新的起点上。

3. 提供研究思路和研究方法 通过文献检索，可以了解本课题研究的一些基本事实和思想，以及他人在该问题上的研究思路和研究方法，从中获得启示，从而发展为自己的研究思路和研究方法。

总之，文献检索对于科学研究来说是一项非常重要的基础性工作。通过本章的学习使研究生具备解答以下问题的能力：如何提出一个有价值的问题；如何正确表达信息需求；通过哪些方法和途径获得与该课题相关的文献；哪里是获取权威资源的最佳场所；如何判断和筛选有价值的文献；如何对某主题的文献进行分析、归纳，综合转化到自己的研究当中；如何将研究成果呈现出来。

二、文献检索的框架

目前比较有影响的文献检索框架是1988年由美国的两位教育家迈克·艾森伯格（Mike Eisenberg）和鲍勃·伯科威茨（Bob Berkowitz）提出的“Big6信息问题解决模式”（Big6 model of information problem solvin），它是一种旨在培养学生信息素养，基于批判性思维的信息问题解决系统方案，属于“问题解决”式的研究学习，与国际学生评价项目（program for international student assessment，PISA）关于阅读能力的指向一致。在世界各国的很多学校，从幼儿园到高中，甚至大学或成人学习，都在采用这种方法来帮助解决问题或完成自己面对的任务。

所谓Big6，取其6个步骤英文名称的一个字母，然后组合而成（B-I-G-S-I-X），具体步骤如下：

Be sure you understand the problem. Task definition.（定义任务）

Identify sources of information. Information seeking strategies.（制定策略）

Gather relevant information. Location and access.（检索信息）

Select a solution. Use of information.（筛选信息）

Integrate the ideas into a product. Synthesis.（整合信息）

E**x**am the result. Evaluation.（评估信息）

展开来说，上述每一个步骤都有其明确的含义并包含两个更具体的方面：

1. 定义任务　即确定完成任务所需要的信息。包含确定问题和确定解决问题需要哪些信息两个方面。

2. 制定策略　设想出拟解决该问题应该考虑的所有资源。包含确定所有可能相关的信息源和制定检索策略两个方面。

3. 检索信息　在已经选择好的信息源中进行检索。包含确定检索途径和从确定的途径中找到所需信息两个方面。

4. 筛选信息　将检索到的信息通过一定的方式进行甄别和判断。包含筛选信息和辨别信息相关性两个方面。

5. 整合信息　把从不同渠道提取的、经过筛选的有用信息整合起来。包含汇总从大量资源中得到的信息和以某些方式呈现所汇总的信息两个方面。

6. 评估信息　分别对解决问题的过程和解决问题的结果进行评估，判断是否达到了预期目标。包括评价所得的检索结果和评价解决问题的步骤和过程两个方面。

由此可见，Big6的核心问题是注重让学生学习和了解：“我怎样找到需要的信息？”“在什么地方用什么方法找到信息？”而且把“运用信息”的要求，界定为让学生学会识别：“哪些信息是我需要的？”这是设计Big6课程要解决的核心问题。

三、文献检索的原理和检索语言

Big6模式的第一步是定义任务，提出检索请求。值得注意的是，检索者提出的检索请求必须遵循文献检索系统的要求，而非随意提供一个检索词。这就涉及文献检索原理和检索语言两个方面。

（一）文献检索的原理

在文献存储与检索过程中，为使文献在检索者和检索系统之间有效传递，各种检索系统会使用专门的语言体系来描述文献的内容特征，同时要求检索者的检索提问词也使用该语言进行检索，其中的语言转换需要依赖规范化的词表来控制。这就是文献检索的原理（图2-1）。

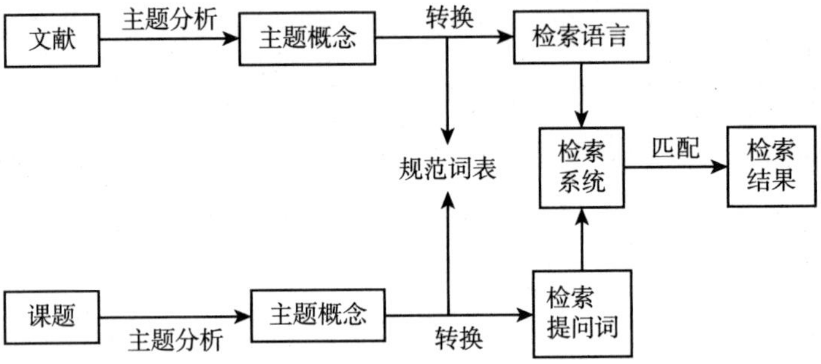

图2-1　文献检索的原理

由该原理图可见，文献存贮的过程是文献加工者（标引员）首先对文献的内容（如期刊中的文章）进行主题分析，把握该文献所论述的主要内容，提炼出主题概念（关键词），然后通过特定的词表（主题词表或分类表）将其转换为规范化的检索语言，最后将该语言按照一定的方式进行编排，输入检索系统，提供主题词或分类检索途径。

文献检索的过程是检索者首先提出明确的检索请求（待检课题），在对课题进行深入分析的基础上选定主题概念（关键词），同样借助词表转换成规范化的检索语言（在此称为检索提问词），向检索系统提问，检索系统会将检索提问词与系统中已经存入的检索语言进行匹配，两者一致的信息即被检索出来。

例如，医疗事故，在自然语言中存在多种表达形式，如医疗错误、医疗差错、医疗疏谬、手术部位错误、外科手术差错、危急医疗事故、手术患者错误、手术操作错误、诊断错误等，根据检索原理，在PubMed和SinoMed数据库中，检索者只要知道医疗事故的规范词是什么（主题词表提示是医疗错误），使用“医疗错误”作为检索提问词，通过主题检索途径，就可以检出所有讨论医疗错误但可能用其他同义词描述的文献，在不增加检索者负担的前提下，提高了查全率。

由此可见，只要检索系统采用了上述方式对所收集的文献进行一定形式的规范化描述，检索者就可以采用同样的方式通过规范词进行检索，即文献检索就是在用户需求与检索系统之间进行匹配和选择的过程。

（二）检索语言及其种类

所谓检索语言，顾名思义就是检索文献时需要使用的语言。从检索原理图可知，检索语言是指在建立和使用某种文献检索系统时，用来表征文献内容特征以及表达用户检索提问的一种专门的人工语言。它是人与检索系统对话的基础，一般都需要配备相应的检索语言词表。主要包括分类语言和主题描述语言两大类。

1. 分类语言　分类语言是将各领域的文献按照知识分类的原理进行排列，提供以学科分类为出发点的检索语言。在分类语言中，应用比较普遍的是等级体系分类法，它直接体现了知识分类的等级概念关系，其特点是用符号来表达文献的主题内容。例如，我国的《中国图书馆分类法》(简称《中图法》) 就是严格按照体系分类法的结构编排的等级体系分类语言。《中图法》以各门学科的特点和规律为基础，将学科划分为马克思主义、列宁主义、毛泽东思想、邓小平理论；哲学；社会科学；自然科学；综合性图书5个基本部类，22个基本大类（一级类目），用22个英文字母列出。在《中图法》中，与医院管理有关的文献分在R19类目下（图2-2）。

- R19-019 卫生保健法
- R191 卫生经济学
- R192 医学教育与医务人员
- R193 卫生宣传教育
- R194 卫生标准与卫生检查、医药管理
- R195 卫生调查与统计
- R197 医疗卫生制度与机构
  - R197.1 医疗服务制度
  - R197.2 卫生防疫组织
  - R197.3 医院及其管理
    - R197.31 医院规章制度
    - R197.32 医院组织与管理
      - R197.321 医院组织领导
      - R197.322 医院行政管理
      - R197.323 医院业务管理
      - R197.324 医院自动化管理
      - R197.325 医理管研科院
    - R197.38 医院设备与卫生设施
    - R197.39 医疗器械与设备
  - R197.4 中医院
  - R197.5 专院医科
  - R197.6 其他医疗卫生机构
  - R197.7 康复机构
  - R197.8 医疗队
- R199 卫生保健事业概况

图2-2 《中图法》(第五版) R19保健组织与事业（卫生事业管理）类目结构

我国图书馆的图书排架采用的就是中图法。例如，要查找“医院规章制度”方面的图书，在R197.31这个分类号的书架上就可以找到。

2. 主题描述语言 主题描述语言是直接用文字来表达文献主题内容的词语标识系统，目前应用较多的是主题词语言和关键词语言。

（1）主题词语言：主题词（subject headings）也称叙词（descriptors），是指以概念为基础的，经过规范化和优选处理，具有组配功能，并能显示词间语义关系和动态性的词和词组。该定义也概括了主题词应该具备的6个特性，通常需要配备专门的主题词表。例如，美国国立医学图书馆（National Library of Medicine，NLM）编制的医学主题词表（medical subject headings，MeSH）就是医学文献检索领域最具代表性的主题词表。该表将29 000余个主题词按照字顺表和树形结构表两种方式排列。

字顺表的结构和英文医学字典类似，但不同于医学字典的是，在每一个主题词下有更详细的注释。例如，在Hospital Management（医院管理）这个主题词下，列了4个模块：Details、Qualifiers、MeSH Tree Structures、Concepts。第一列Details显示该主题词的详细信息，包括MeSH Heading（主题词）、Tree Number（s）（树形结构号）、Scope Note（名词解释）、Entry Term（s）（同义词）、See Also（参见注释）、Date Established（收入词表的时间）等（图2-3）；第二列Qualifiers显示该主题词允许组配的副主题词（也称限定词）（图2-4）；第三列MeSH Tree Structures显示该主题词的树形结构（图2-5）；第四列Concepts解释与该主题词对应的概念及其扩大的概念（图2-6）

Hospital Administration MeSH Descriptor Data 2021

Details　Qualifiers　MeSH Tree Structures　Concepts

MeSH Heading	Hospital Administration
Tree Number(s)	H02.309 N02.278.216.500 N04.452.442.452
Unique ID	D006739
RDF Unique Identifier	http://id.nlm.nih.gov/mesh/D006739
Scope Note	Management of the internal organization of the hospital.
Entry Version	HOSP ADMIN
Entry Term(s)	Administration, Hospital Hospital Organization and Administration Organization and Administration, Hospital
See Also	Professional Staff Committees
Date Established	1966/01/01
Date of Entry	1999/01/01
Revision Date	2019/07/09

图2-3　Hospital Administration主题词款目结构

Hospital Administration MeSH Descriptor Data 2021

Details | Qualifiers | MeSH Tree Structures | Concepts

Allowable Qualifiers
classification (CL)
economics (EC)
education (ED)
ethics (ES)
history (HI)
instrumentation (IS)
legislation & jurisprudence (LJ)
methods (MT)
standards (ST)
statistics & numerical data (SN)
trends (TD)

图2-4 Hospital Administration允许组配的副主题词

Hospital Administration MeSH Descriptor Data 2021

Details | Qualifiers | MeSH Tree Structures | Concepts

Health Care Facilities, Manpower, and Services [N02]
- Health Facilities [N02.278]
  - Health Facility Administration [N02.278.216]
    - **Hospital Administration [N02.278.216.500]**
      - Ancillary Services, Hospital [N02.278.216.500.500]
      - Centralized Hospital Services [N02.278.216.500.750]
      - Financial Management, Hospital [N02.278.216.500.875]
      - Hospital Communication Systems [N02.278.216.500.937]
      - Hospital Departments [N02.278.216.500.968]
      - Hospital Distribution Systems [N02.278.216.500.984]
      - Hospital Restructuring [N02.278.216.500.988]
      - Hospital Shared Services [N02.278.216.500.990]
      - Hospital Shops [N02.278.216.500.991]
      - Hospital-Patient Relations [N02.278.216.500.992]
      - Hospital-Physician Relations [N02.278.216.500.996]
      - Libraries, Hospital [N02.278.216.500.998]
      - Materials Management, Hospital [N02.278.216.500.999]

图2-5 Hospital Administration归入N02.278.216.500的树形结构

Hospital Administration MeSH Descriptor Data 2022

Details | Qualifiers | MeSH Tree Structures | Concepts

Hospital Administration *Preferred*
Hospital Organization and Administration *Broader*

图2-6 解释与Hospital Administration对应的概念及其扩大的概念

树形结构表（Tree Structures）的排列方式和中图法相似，将29 000余个主题词按照等级排列，分为16个大类，并逐级展开，最多可达13级。图2-7显示的是MeSH 16个大类的树形结构表。

Anatomy [A] ⊕
Organisms [B] ⊕
Diseases [C] ⊕
Chemicals and Drugs [D] ⊕
Analytical, Diagnostic and Therapeutic Techniques, and Equipment [E] ⊕
Psychiatry and Psychology [F] ⊕
Phenomena and Processes [G] ⊕
Disciplines and Occupations [H] ⊕
Anthropology, Education, Sociology, and Social Phenomena [I] ⊕
Technology, Industry, and Agriculture [J] ⊕
Humanities [K] ⊕
Information Science [L] ⊕
Named Groups [M] ⊕
Health Care [N] ⊕
Publication Characteristics [V] ⊕
Geographicals [Z] ⊕

图2-7　MeSH树形结构表

MeSH的主要作用：①规范化作用，将自然语言转换成规范化的人工语言。②桥梁作用，保证文献的作者、标引者和检索者在用词上的一致性。与分类语言相比，主题词的优点体现在以下几点：①直观性好，直接用文字表达文献内容。②专指性更强，主题词不受藏书排架的限制，能够反映比较专深的概念。③排列更客观，主题词完全按照字母顺序排列，人为因素干扰小，更便于检索者找词。④适应性好，MeSH词表每年更新一次，能及时反映学科的发展动态。

与关键词语言相比，主题词的优点如下：①规范了同义词、多义词、近义词等，较好地保证了查全率。②能揭示词间语义关系，帮助扩大选词范围。③通过树形结构表，实现了计算机扩展检索功能，提高了查全率。④通过主题词加权和副主题词限定检索，提高了查准率。

（2）关键词语言：是指出现在文献的标题或文摘、全文中，能够表达文献实质内容，未经任何处理的关键性名词术语。

其最大优点是直接采用出现在文献中的专业术语，尤其能满足查找新概念和专指性比较强的复合概念的需要，提高了查准率；同时通过计算机编制关键词索引速度快、时差短、成本低。但关键词语言也存在诸多缺陷，具体如下：①关键词直接取自文献用语，未经任何处理，导致同一主题的文献因为用词不同而分散，容易造成漏检。②一篇文献如果标引的关键词过多，会增加很多的检索噪音，因而造成误检。③关键词语言不能揭示词间的语义关系，没有等级结构，不能满足按照等级扩展检索的要求。例如，Hospital Administration用关键词检索其下位词的文献都不能检索出来。

了解了上述检索语言的特点，有助于我们选择合适的检索语言进行检索。

四、文献信息源的种类和特点

（一）什么是文献信息源

文献信息源简单地说就是将文献进行收集、加工整理后得到的产品的总称。联合国教科文组织（United Nations Educational，Scientific and Cultural Organization，UNESCO）出版的《文献术语》把其定义为：个人为满足其信息需要而获得信息的来源，称为“信息源”。

（二）文献信息源的种类及其特点

文献信息源通常可以按照文献的载体类型、发行方式和被加工程度三种方式进行划分。

1．依据文献的载体类型，可以划分为传统型信息源和机读型信息源，其中传统型信息源包含印刷型、缩微型（胶卷、胶片）和视听型（录音带、录像带、幻灯片）等，机读型信息源包含磁带、磁盘、光盘和网络等。文献的载体起到的只是承载文献的作用，和文献内容本身无关。

2．依据文献的发行方式，可以划分为图书、连续出版物和特种文献三种。

（1）图书（books）：是指内容比较成熟、资料比较系统、有完整定型的装帧形式的出版物。UNESCO将篇幅不少于49页的非定期出版物都称之为图书，以示与期刊等连续出版物的区别。科技图书的种类主要包括学术专著、教科书、参考工具书（包括手册、年鉴、百科全书、辞典、字典等）、检索工具书（目录、索引、文摘等）和丛书等。每一种正式出版的图书版权页都标有一个由10位数字的国际标准书号（international standard book number）组成，简称“ISBN号”。图书的优点是内容系统全面，观点相对成熟（权威性好），但出版周期长、报道速度慢是其固有的缺点。

（2）连续出版物：是指一类能够连续出版的文献信息。通常包括报纸和期刊两大类。对于科学研究而言，研究者使用更多的是期刊类资源。

期刊（periodicals）也称杂志（journal或magazine），是指有固定的名称和版式，定期或不定期的连续出版物。从广义上讲，期刊可以分为非正式期刊和正式期刊两种。非正式期刊是指通过行政部门审核领取“内部报刊准印证”作为行业内部交流的期刊（一般只限行业内交流不公开发行），但也是合法期刊的一种。正式期刊则是由国家新闻出版署与国家科委在商定的数额内审批，并编入“国内统一刊号”，办刊申请比较严格，要有一定的办刊实力的期刊，正式期刊有独立的办刊方针。“国内统一刊号”是“国内统一连续出版物号”的简称，也称“CN号”，它是新闻出版行政部门分配给连续出版物的代号。“国际刊号”是“国际标准连续出版物号（international standard serial number）”的简称，也称“ISSN号”，我国大部分期刊都配有该号。

期刊有综合性和专业性之分。科技期刊在科技情报来源方面占有重要地位，占整个科技信息来源的65%~70%。它与专利、科技图书被视为科技文献的三大支柱。与图书相比，其特点是出版周期短，刊载速度快，数量大，内容较新颖、丰富。

（3）特种文献（special documents）：也称内部资料或灰色文献，是指非公开发行、非连续出版、非固定名称的一类出版物，如专利、科技报告、学位论文、会议文献、政府出版物、技术标准等。这类信息源在网络环境下获取途径越来越方便，被利用率越来越高，价值也越来越大。

1）专利文献（patent documents）是指实行专利制度的国家和地区及国际性专利组织在专利审批过程中产生的官方文件及其出版物的总称，包括专利说明书、专利公报、专利分类表、专利检索工具和专利的法律文件等。其特点如下：①专利信息具有编写格式统一、出版快、内容新颖、技术性强、实用性强并具有法律效力等特点。它是一种寓技术、法律和经济于一体的带有启发性的重要文献。②专利说明书内容比较详细具体，多数附有图案，对了解某项新技术、新产品、新工艺的技术内容有重要作用。③专利法明文规定申请专利必须具备新颖性，不得事先将内容发表为论文，因此许多发明成果只是通过专利公开，没有在图书、期刊、报纸等公布，使得专利文献是许多技术信息的唯一来源。

2）科技报告（science and technology report）是指在科研活动的各个阶段，由科技人员按照有关规定和格式撰写的，能完整而真实地反映其所从事科研活动全部内容的研究报告，包括立项报告、中期报告、结题报告或鉴定报告等。科技报告自20世纪20年代产生以来，发展迅速，已成为继期刊之后第二大报道科技最新成果的文献类型。其特点是内容专深、翔实、具体、完整，技术含量高，实用意义大，而且便于交流，时效性好，但常常有保密性要求。

3）学位论文（thesis）是指为获得某种学位而必须撰写的研究报告或科学论文。一般分为学士论文、硕士论文、博士论文三个级别。其特点是理论性、系统性较强，内容专一，阐述详细，尤其以博士论文质量最高，是具有一定独创性的科学研究著作。学位论文代表不同的学识水平，是一种重要的文献信息源。一般只能通过学位授予单位、国家指定收藏单位的途径获得。

4）会议文献（conference documents）是指各种学术会议上所发表的论文、报告稿、讲演稿等与会议有关的文献。其特点是内容新颖，时效性强；往往反映出一个国家、地区或机构某一学科或专业领域的最新研究成果、发展水平等。尤其是高端学术会议发表的论文，专业性强，基本上能够反映该学科或专业的学术水平、研究动态和发展趋势。

5）政府出版物（government publications）是指各国政府部门及其设立的专门机构发表、出版的文件，可分为行政性文件（如法令、方针政策、统计资料等）和科技文献（包括政府所属各部门的科学研究报告、科技成果公布、科普资料及技术政策文件等）两类。其特点是内容可靠，与其他信息源有一定重复。借助于政府出版物，可以了解某一国家的科技政策、经济政策等，对于了解其科技活动、科技成果等有一定的参考作用。这类出版物通常在相应的政府网站上便可获得。

6）标准文献（standard documents）是对重复事物或概念所做的统一规定，是以科学、技术和实践经验的综合成果为基础，经有关方面协商一致，对工农业产品、原材料、工程建设等的质量、规格、计量单位、操作规程、检验方法等方面制定的技术规定，是技术标准、技术规格和技术规则等文献的总称，简称“标准”。其特点是权威性好，具有一定的法律约束。标准是经权威机构批准，在特定范围内必须执行的规则、规定、技术要求等的规范性信息，是从事科研、生产、设计、管理、产品检验、商品流通等活动共同遵守的准则和依据；从技术的新颖性看，当前的标准往往是5年前最新的专利，也有少数专利很快成为标准。

目前，上述文献源几乎都有相应的数据库可以查询，但对于专利文献、科技报告、标准等特种文献资源，若想获取原始文献，在没有相应的数据库时，需要直接向相应的管理机构索取。

3．依据文献的被加工程度，将其分为零次文献、一次文献、二次文献和三次文献4个等级。

（1）零次文献（zero-time documents）：主要是指未经任何加工处理的源信息，例如，书信、论文手稿、笔记、讲义、实验记录、会议记录等。目前网络环境下零次文献的发布越来越方便，如博客、微信、网络论坛等，使得其作用越来越被重视。零次文献的最大优势在于新颖性和原创性。例如，科学网上的论坛，为全球华人提供了零次文献交流的平台。对于医学文献来说，零次文献又有其特殊的意义，大量的临床实验、检验数据、药物实验数据、电子病历、病例讨论会等隐性信息都淹没在零次文献中。

（2）一次文献（first documents）：也称原始文献，是人们直接以自己的生产、科研、社会活动等实践经验为依据生产出来的文献。前面介绍的期刊论文、专利文献、科技报告、学位论文、会议信息、标准等都属于一次文献。它是人们获取文献的直接目标或最终结果。但由于其量大、分散而且无序，未经整理的一次文献给用户查找和利用带来极大不便。

（3）二次文献（secondary documents）：也称检索工具、检索系统、书目型文献，是指将大量分散、零乱、无序的一次文献进行整理、归纳、提炼，并按照一定的逻辑顺序和科学体系加以编排和存储，使之系统化、结构化，以便于查找原始文献线索的文献。主要类型有目录、索引、文摘等。其特点是具有明显的汇集性、系统性和可检索性，主要作用在于大大减少用户查找原始文献的时间，提高原始文献的利用率。

（4）三次文献（three documents）：是指围绕某个专题，利用二次文献搜集一定数量的原始文献，经过对其认真地阅读、筛选、分析、综合后重新编写出来的文献，包括综述（review）、述评（comment）、进展（advance、progress）、现状（update）、发展趋势（trend）等。其特点如下：①资料来源是拿别人的文章做自己的文章。②研究对象是文献资料，不是人或动物。③内容涉及面广，信息浓缩、精炼。④叙述性的表现手法，以事实为基础，在充分占有资料的基础上进行适当的评论。⑤引文多，有很强的参考性。（有助于回溯检索）

（三）检索工具的类型

检索工具即上文提到的二次文献，也称书目型文献，它是文献检索时首选的、最重要的信息源。具体包括目录、索引和文摘3种类型。

1. 目录（catalogue） 特指图书馆的馆藏书目目录，包括馆藏图书目录、馆藏期刊目录和联合目录，是指以书名或刊名为著录单位编制的检索工具。著录内容包括书名（刊名）、著者（编者）、出版单位、出版时间等。目录是人们用得最多，历史最悠久的一种检索工具，通常由图书馆工作人员编制，揭示的是本图书馆纸本资源的收藏情况。联合目录是指揭示与报道多个文献收藏单位所藏文献的目录。按文献类型可分为图书联合目录、期刊联合目录，按收录文献的内容范围可分为综合性联合目录、专科性联合目录。其作用是扩大读者检索和利用文献的范围，便于图书馆藏书协调、馆际互借和实现图书馆资源共享。

2. 索引（index） 也称题录，是指以一篇文献为著录单位编制的检索工具。著录内容包括篇名、著者、著者机构、期刊信息、发表时间等。由于索引揭示的是期刊中的具体文章，因此对信息的描述更加细致，专指性更好。索引通常由专门的索引编制机构编制。

3. 文摘（abstract） 是在索引的基础上，增加了摘要的内容，即索引+摘要。因此文摘比索引揭示文献的内容更加详细，可以更好地以帮助用户筛选文献。

第二节　如何选择文献信息源

选择文献信息源是Big6模型的第二步。上一节我们介绍了文献信息源的种类，但这些信息源中的大部分无法从互联网直接免费获得，而是需要通过机构图书馆获得授权后方可访问。高校图书馆作为面向科研和教学提供知识服务的专业机构，除了购置一定数量的纸本图书和期刊外，通常会根据学科发展和读者需求订购大量综合性和专业性的电子文献信息源，这类资源与馆藏的印刷版资源经过采编人员的遴选和加工处理，内容质量可靠，可以作为开展课题研究和文献检索的首选信息源。

本节根据文献信息源的种类，从文摘、全文、引文、电子图书、循证证据资源数据库等方面，介绍医院管理研究中常用的国内外相关文献数据库资源，并针对不同的文献检索需求，给出文献信息源选择的建议。

一、文摘数据库资源

文摘数据库即二次文献数据库，也称检索工具，是文献检索的首选途径。与全文数据库相比，文摘数据库的主要特点如下：①揭示文献的程度不同，只提供文献的题录和摘要。②收录文献的目的不同，文摘数据库主要以提供检索期刊文献的线索为目的，由于不受版权限制，收录期刊的数量和种类更为丰富。③检索技术发挥得更充分，检索效率更高。④通常会配有主题词表和分类表，可以发挥主题词和分类检索的诸多优点。目前文摘数据库国内较为常用的是中国生物医学文献服务系统（SinoMed），国外较为常用的包括PubMed和Embase，均收录有医院管理相关的专业期刊文献。

（一）中国生物医学文献服务系统

中国生物医学文献服务系统（SinoMed）由中国医学科学院医学信息研究所/图书馆研制，2008年首次上线服务，其整合了多个数据库资源，包括原中国生物医学文献数据库（CBM）、中国生物医学引文数据库（CBMCI）、西文生物医学文献数据库（WBM）、北京协和医学院博硕士学位论文库（PUMCD）、中国医学科普文献数据库（CPM），是集文献检索、引文检索、开放获取、原文传递及个性化服务于一体的生物医学中外文整合文献服务系统（图2-8），2019年5月，全新升级的SinoMed 3.0正式推出并上线服务，目前仅面向机构订阅用户提供在线服务。

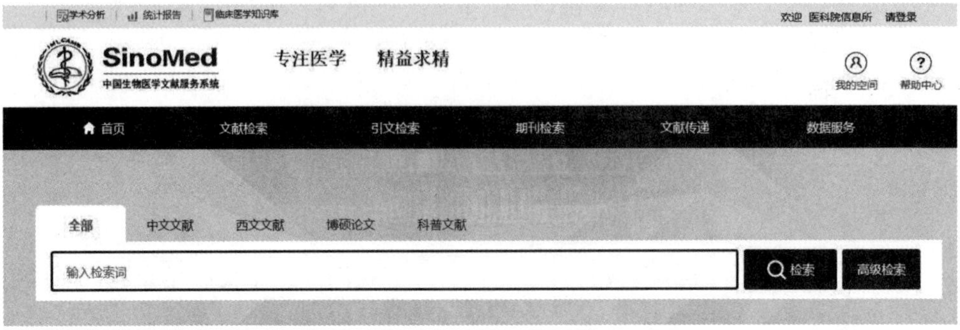

图2-8　SinoMed检索界面

1. SinoMed的特点

（1）收录期刊数量多，时间跨度大：SinoMed收录国内出版的生物医学期刊2900余种，截至2019年，在版期刊1890余种，收录文献年限可回溯至1978年。全部题录均进行主题标引、分类标引，同时对作者、作者机构、发表期刊、基金资助等进行规范化加工处理；2019年起，新增了2015年以来发表文献的通讯作者标识，全面整合中文DOI（数字对象唯一标识符）链接信息，更好地支持了文献发现与全文在线获取。

（2）标引规范，检索途径多：SinoMed的一大特点是注重文献数据的深度揭示与规范化处理，其根据美国NLM《医学主题词表（MeSH）》中译本（CMeSH）、中国中医科学院中医药信息研究所《中国中医药学主题词表》（已融入CMeSH）以及《中国图书馆分类法・医学专业分类表》，对收录的文献进行主题标引和分类标引，全面揭示了文献内容。同时对作者、作者机构、发表期刊、基金资助等进行了规范化处理，提升了检索的准确性与全面性。目前可提供跨库检索、快速检索、高级检索、智能检索、主题词表辅助检索、主题词与副主题词扩展检索、分类表辅助检索、多维限定检索等功能，使得检索过程便捷高效，检索结果细化精确。

（3）提供全文链接服务，满足获取全文需求：SinoMed收录了涉及医院管理相关研究的中文期刊30余种，包括部分已停刊期刊的文献题录数据。该系统依托中国医学科学院医学信息研究所/图书馆作为国家科技图书文献中心（NSTL）成员的优势，建立了全文服务系统，用户通过文摘信息可链接外部第三方全文数据库资源，也可通过申请付费方式进行文献传递。此外，SinoMed还收录有北京协和医学院图书馆馆藏6300余种外文期刊的文献题录；1981年以来北京协和医学院培养的博士、硕士学位论文全文；1989年以来近百种国内出版的医学科普期刊等。

（4）提供自助式的结构化文献分析服务：中国生物医学文献学术分析（SinoMed Analysis）是SinoMed的特色服务模块（图2-9），它依托SinoMed数据库收录的全部期刊文献，可基于机构、作者、期刊、基金4个维度，从宏观和微观两个层面展示分析结果，不仅能够多角度揭示个人和机构的科研活动与产出以及基金资助项目的历年产出和被引情况，辅助科研评价，还提供了简单、快捷、客观的期刊分析工具，用于辅助期刊评价。SinoMed Analysis包括基础版、专业版和个性化定制3个版块，除个性化定制外其他版块用户均可自助式开展结构化文献分析。

图2-9　SinoMed Analysis模块界面

2. 检索要点　SinoMed按检索资源不同，支持用户采用多资源的跨库检索和某一资源（中文文献、西文文献、博硕士论文或科普文献）的单库检索。跨库检索能同时在SinoMed平台集成的所有资源库进行检索，首页的检索输入框即是跨库快速检索框。跨库检索和单库检索均支持快速检索、高级检索、主题检索和分类检索这4种检索功能。同时，将智能检索、精确检索、限定检索、过滤筛选等功能融入相关检索过程中。

（1）快速检索与智能检索：快速检索默认在常用字段（表2-1）内执行检索，且集成了智能检索功能，可让检索过程更简单，检索结果更全面。输入多个检索词时，词间用空格分隔，默认为“AND”逻辑组配关系。需要将多个英文单词作为一个检索词时，或者检索词含有特殊符号如“-”或者“（”时，需要用英文半角双引号标识检索词。

表2-1　SinoMed不同数据库中“常用字段”的内涵

数据库	“常用字段”的内涵
中国生物医学文献数据库（CBM）	中文标题、中文摘要、关键词、主题词
中国生物医学引文数据库（CBMCI）	被引文献题名、关键词、主题词、出处、出版社
中国医学科普文献数据库（CPM）	中文标题、中文摘要、关键词、主题词
北京协和医学院 硕博士学位论文库（PUMCD）	中文标题、中文摘要、关键词、主题词
西文生物医学文献数据库（WBM）	英文标题、英文摘要、关键词、主题词［中/英］

SinoMed 3.0提供的智能检索是基于词表系统，将输入的检索词转换成表达同一概念的一组词的检索方式，即自动实现检索词及其同义词（含主题词、下位主题词）的同步检索，是基于自然语言的主题概念检索。优化后的智能检索，支持词与词间的逻辑组配检索，取消了对可组配检索词数量的限制。

（2）高级检索：高级检索支持多个检索入口、多个检索词之间的逻辑组配检索，方便用户构建复杂检索表达式（图2-10）。检索表达式可实时显示编辑，并可直接发送至“检索历史”；构建检索表达式每次可允许输入多个检索词；扩展的检索项“核心字段”由最能体现文献内容的中文标题、关键词、主题词三部分组成，与“常用字段”相比，剔除了“摘要”项，以进一步提高检索准确度；在中文资源库中，针对作者、作者单位、刊名、基金检索项增加智能提示功能；西文资源库中增加刊名智能提示功能。

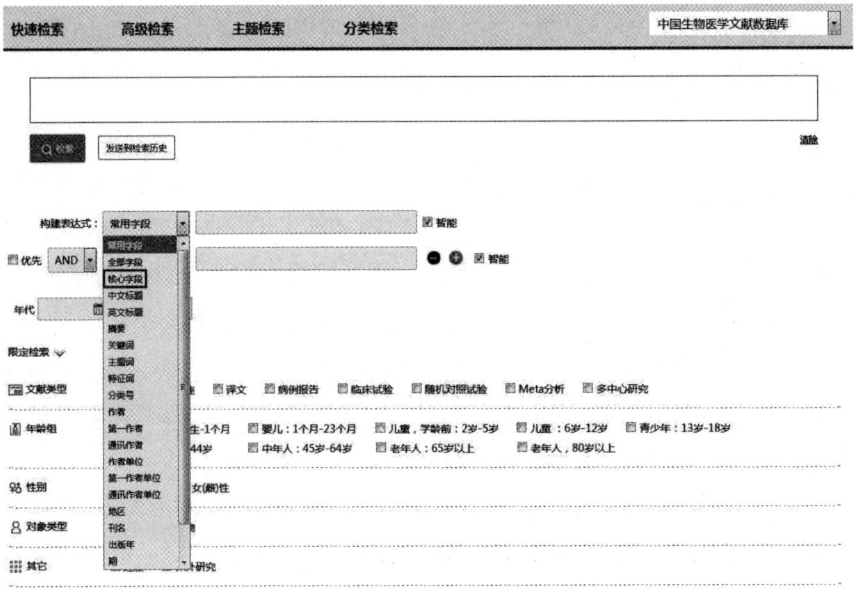

图2-10　SinoMed高级检索界面

例如，在SinoMed中查找石应康教授作为第一作者发表的医院管理方面的文献，可在构建表达式中选择“第一作者”，输入“石应康”，默认精确检索，在智能提示下选择其所在单位名称“四川大学华西医院”“四川大学华西医院医院管理研究所”“华西医科大学临床医学院”“华西医科大学附属医院”；而后增加检索框，选择“核心字段”，输入“医院管理”，默认智能；三个检索之间选择“AND”，点击“检索”按钮即可执行检索（图2-11）。

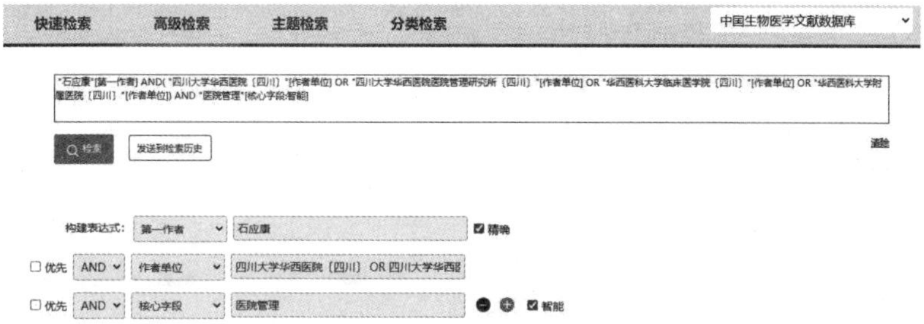

图2-11　SinoMed高级检索示例

（3）主题检索：主题检索是基于主题概念检索文献，支持多个主题词同时检索，有利于提高查全率和查准率。通过选择合适的副主题词、设置是否加权（即加权检索）、是否扩展（即扩展检索），可使检索结果更符合检索需求。

输入检索词后，系统即在《医学主题词表（MeSH）》中文译本及《中国中医药学主题词表》中查找对应的中文主题词。也可通过“主题导航”，浏览主题词树查找需要的主题词。

例如，在SinoMed“主题检索”中查找“妇产科医院感染防控管理”方面的文献，进入主题检索页面，在检索框中输入“妇产科”后，点击“查找”按钮。浏览查找结果，在列出的主题词中点击“妇产科，医院”（图2-12）。

在“妇产科，医院”主题词注释详细页面，显示了该主题词可组配的副主题词、主题词的详细解释和所在的树形结构。可以根据检索需要，选择是否“加权检索”“扩展检索”。“妇产科医院感染防控管理”属于卫生保健机构和管理的范畴，应选择副主题词“组织和管理”，由于“组织和管理”的下位词包括经济学、立法和法学、人力、标准、供应和分配、发展趋势、利用，因此在选择该副主题词后，系统默认将上述下位词一并选中。之后可点击“发送到检索框”（图2-13）。

在“妇产科，医院”主题词注释详细页面检索框中输入“医院感染”后，点击“查找”按钮，在列出的主题词中点击主题词“交叉感染”（图2-14）。

在“交叉感染”主题词注释详细页面，显示了该主题词可组配的副主题词、主题词的详细解释和所在的树形结构，选择副主题词“预防和控制”。在逻辑组配选择框中选择“AND”后，“发送到检索框”后点击“检索”按钮（图2-15），即可检索出“妇产科医院感染防控管理”方面的文献。

图2-12　SinoMed主题检索示例1

图2-13　SinoMed主题检索示例2

图2-14　SinoMed主题检索示例3

图2-15　SinoMed主题检索示例4

（4）分类检索：分类检索是从文献所属的学科角度进行查找（使用的是《中国图书馆分类法》），支持多个类目同时检索，能提高族性检索效果，提高查全率。可用类名查找或分类导航定位具体类目，通过选择是否扩展、是否复分，使检索结果更符合需求。

（5）限定检索：在高级检索界面下方提供了限定检索选择。限定检索把文献类型、年龄组、性别、对象类型、其它等常用限定条件整合到一起，用于对检索结果的进一步限定，提高查准率（图2-16）。需要注意的是一旦设置了限定条件，除非用户取消，否则在检索过程中限定条件一直有效。

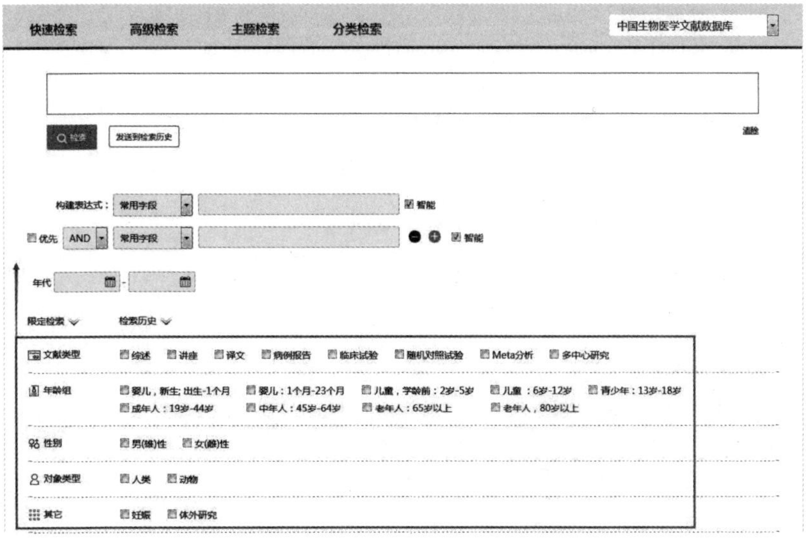

图2-16　SinoMed限定检索界面

（6）单篇搜索：SinoMed首页左下角的“单篇搜索”链接，其作用是帮助用户查到一篇文献全部的题录信息（图2-17），即用户如果仅仅知道一篇文章的题目或出处，不知道作者是谁，或者已知作者和题目，不知道出处和页码在哪里，只要在检索框中输入已知的内容，系统便可将某篇文献的详细题录信息全部显示出来。该项功能对不全参考文献的补缺非常有用。

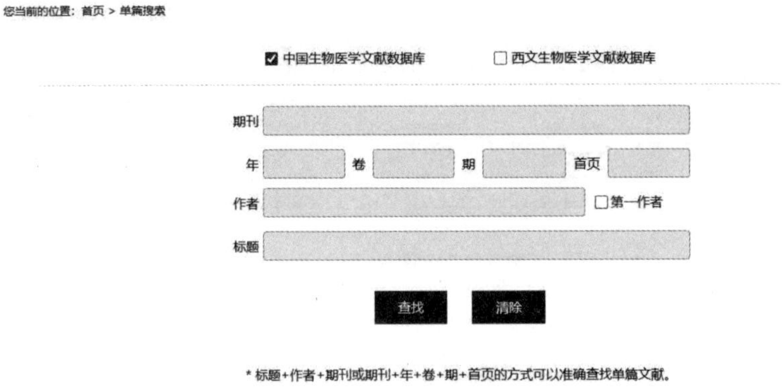

图2-17　SinoMed单篇搜索界面

3. 检索结果展示与输出

（1）检索结果展示：文献检索结果概览页，可以设置检出文献的显示格式（题录、文摘）、每页显示条数（20条、50条、100条）、排序规则（入库、年代、作者、期刊、相关度、被引频次），并且可以进行翻页操作和指定页数跳转操作（图2-18）。

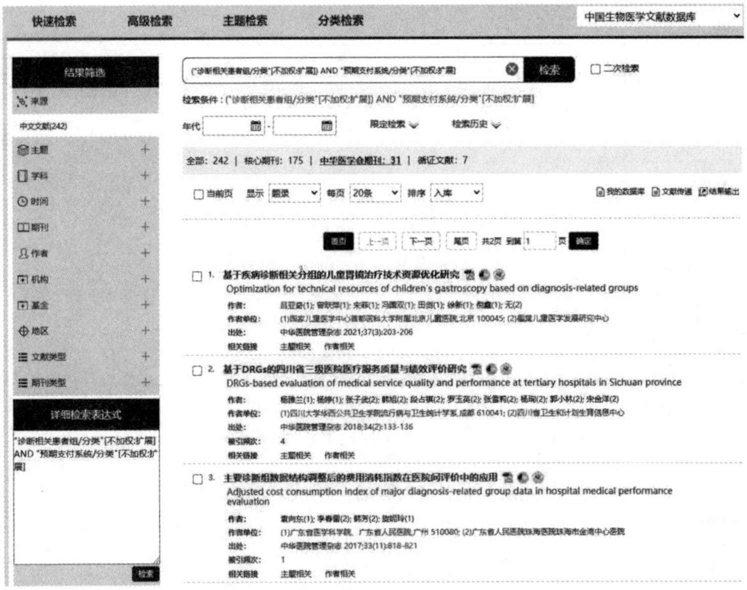

图2-18　SinoMed检索结果示例

同时，点击检索结果概览页的文献标题，即可进入文献细览页，显示文献的详细信息。此外，中文文献细览页还显示其施引文献、共引相关文献、主题相关文献和作者相关文献等信息（图2-19）。

图2-19　SinoMed检索结果细览页示例

1）检索结果聚类筛选展示：SinoMed支持对检索结果进行多维度聚类筛选，不同资源库的聚类维度略有不同。在检索结果界面（图2-18），点击左侧每个维度右侧“+”，展示其下具体的聚类结果，可勾选一个或多个聚类项进行过滤操作，根据需要对检索结果进行筛选精炼。

结果筛选中的“期刊类型”维度，“PKU”表示中文核心期刊要目总览收录的期刊，即北大核心期刊，在过滤检索式中用“1”表示；“ISTIC”表示中国科技期刊引证报告收录的期刊，即中信所核心期刊，在过滤检索式中用“2”表示；“CMA”表示中华医学会主办的期刊，在过滤检索式中用“3”表示。

主题聚类是依据《中文医学主题词表》（CMeSH）进行，展示二级主题树聚类结果，包含所有下位主题。学科聚类是依据《中国图书馆分类法·医学专业分类表》进行，展示一级类目聚类结果，包含所有下级类目。除时间维度外，各聚类结果均按由多到少排序显示，默认显示前10，点击“更多…”后显示前50。

2）检索结果分组展示：为方便用户查看检索结果，系统支持对检索结果的多维度分组展示，SinoMed不同数据库对检索结果的分组侧重有所差异。

CBM重点对核心期刊、中华医学会期刊及循证方面文献分组集中展示。其中，“核心期刊”指被《中文核心期刊要目总览》或者《中国科技期刊引证报告》收录的期刊文献；“中华医学会期刊”指由中华医学会编辑出版的医学期刊文献；循证文献则指系统对检索结果进行循证医学方面的策略限定结果。

WBM重点对免费全文、协和馆藏、SCI收录、F1000、循证文献5个方面进行了分组。免费全文是指被网络生物医学免费期刊出版发行的西文全文文献；协和馆藏是指被北京协和医学院图书馆收录的西文文献；SCI收录是指被最新版《科学引文索引》（Science Citation Index，SCI）收录的文献；F1000是指被Faculty of 1000 Medicine和Faculty of 1000 Biology收录的文献。

CBMCI从文献类型方面对引文检索结果进行分组展示，包括期刊、图书、专利、标准及其他（会议论文、学位论文、网络资源、报纸资源等）。

（2）检索结果输出：在检索结果页面，用户可根据需要选择输出检索结果，包括输出方式、输出范围、保存格式（图2-20）。SinoMed目前支持输出文件可用的软件有SinoMed、NoteExpress、EndNote、RefWorks、NoteFirst。

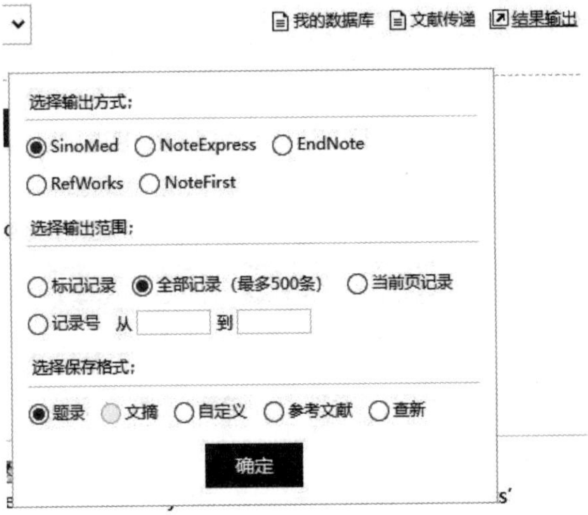

图2-20　SinoMed检索结果输出页局部示例

4. 原文索取　SinoMed在文摘数据库检索服务的基础上，同步面向用户提供原文索取服务。用户可以对感兴趣的检索结果直接进行原文索取，也可以通过填写“全文申请表”“文件导入”等方式申请所需要的文献。SinoMed将在发出原文索取请求后24小时内，以电子邮件、传真或特快专递方式，为用户提供所需原文。在SinoMed中，可以通过两种方式进行原文索取：一是在检索结果页面直接索取；二是在SinoMed首页点击进入“原文索取”。

5. 文献分析

（1）机构分析：SinoMed Analysis基础版提供针对某机构的各年发文量与被引情况、

发文与施引期刊、研究主题与研究学科、高产作者与合作机构分布情况进行的统计分析，用于机构科研成果的综合评价。其中，默认展示总发文量排名前30的机构名称及其发文数和总被引频次，且点击机构名称可查看其在基础版的各项分析结果。

在查询框中输入机构名称片段，基于机构规范数据页面自动弹出一个查询提示框，在其中选择相关机构名称后点击查找按钮，即可显示相应的统计分析结果。可通过时间窗，选择查看不同时间段发文期刊、研究主题、研究学科及高产作者的统计结果。

若要查询第一机构的统计分析结果，只需在查找之前勾选右侧的第一机构即可。例如，查看北京协和医院作为第一发文机构的文献统计情况，可在SinoMed Analysis“首页”点击“机构分析”或点击“基础版”进入分析页面，而后在查询框中输入“协和”，在弹出的提示框中勾选“北京协和医院”，并勾选右侧的第一机构，然后点击查找即可（图2-21）。

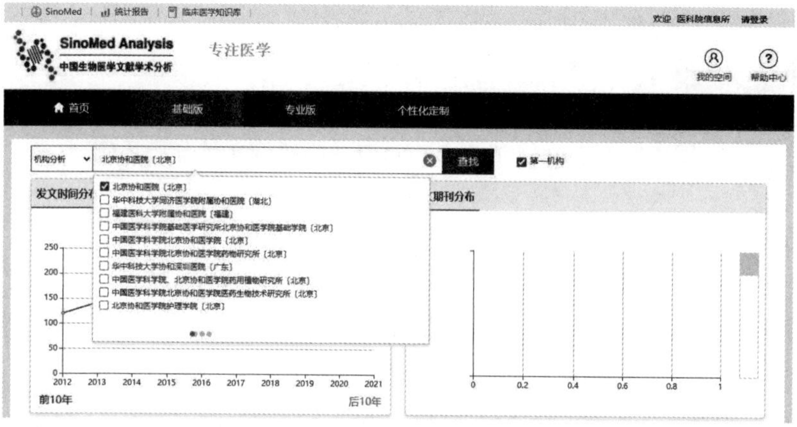

图2-21　SinoMed Analysis第一机构文献检索界面与示例

SinoMed Analysis专业版可自由限定分析年份，同时可在结果筛选区域的地区、期刊、基金及机构查询框中输入相应查询词并在弹出的提示框（地区除外）中选择相应筛选项来了解指定机构在某期刊、受某项基金资助、与某地区机构合作以及与特定机构合作的发文情况。其中默认展示总发文量排名前30的机构名称及其发文数和总被引频次，且点击机构名称可查看其在专业版的各项分析结果。

例如，图2-22展示的是中国人民解放军总医院在《癌症》期刊上的发文统计情况及详细发文列表。分析结果由图示区域和文献列表区域组成；前者基于查询结果展示发文时间、被引时间、研究主题及高产作者的分布情况；后者展示具体的文献发表情况，包括每篇文献的作者、标题、出处、总被引频次及参考文献数，均可点击查看原始页面。此外，右侧以文字形式展示基于查询结果的总发文量、基金资助论文百分比、H指数等9项指标。

图2-22　SinoMed Analysis专业版机构文献分析示例

（2）作者分析：SinoMed Analysis基础版提供针对某机构学者以第一作者身份的各年发文量与被引情况、发文与施引期刊、研究主题与研究学科、合作作者与合作机构分布情况进行的统计分析，用于科研人员作为独立个体的研究成果的综合评价。其中默认展示总发文量排名前30的作者名称及其发文数和总被引频次。

在查询框中输入作者名称，基于机构规范数据页面自动弹出一个查询提示框，在其中选择作者所在机构名称后点击查找按钮，即可显示相应的统计分析结果。可通过时间窗，选择查看其不同时间段的发文期刊、研究主题、研究学科及合作作者的统计结果，且点击作者名称可查看其在基础版的各项分析结果。例如，查看北京协和医院郎景和教授作为第一作者的文献统计情况，可在SinoMed Analysis“首页”点击“作者分析”进入分析页面，或点击“基础版”进入机构分析页面，然后再选择第一作者分析。在查询框中输入“郎景和”，在弹出的提示框中勾选全部机构，然后点击查找即可（图2-23）。

SinoMed Analysis专业版可自由限定分析年份，同时可在结果筛选区域的地区、期刊、基金、作者及机构查询框中输入相应查询词并在弹出的提示框（地区除外）中选择相应筛选项来了解指定学者在某期刊、受某项基金资助、与某地区学者合作、与特定学者及机构合作的发文情况，其中默认展示总发文量排名前30的作者名称及其发文数和总被引频次，且点击作者名称可查看其在专业版的各项分析结果。

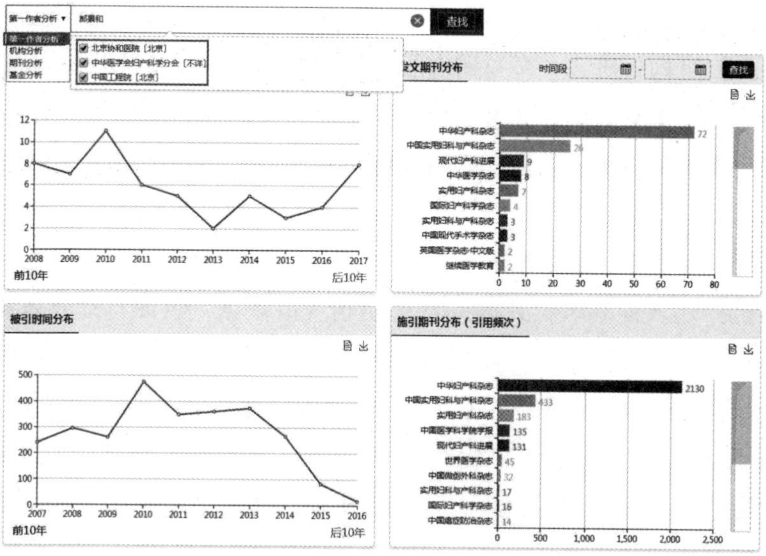

图2-23　SinoMed Analysis第一作者文献检索界面与示例

例如，图2-24展示的是北京协和医院郎景和教授受国家自然科学基金资助的发文统计情况及详细发文列表。分析结果由图示区域和文献列表区域组成：前者基于查询结果展示发文时间、被引时间、研究主题及研究学科的分布情况；后者展示具体的文献发表情况，包括每篇文献的作者、标题、出处、总被引频次及参考文献数，均可点击查看原始页面。

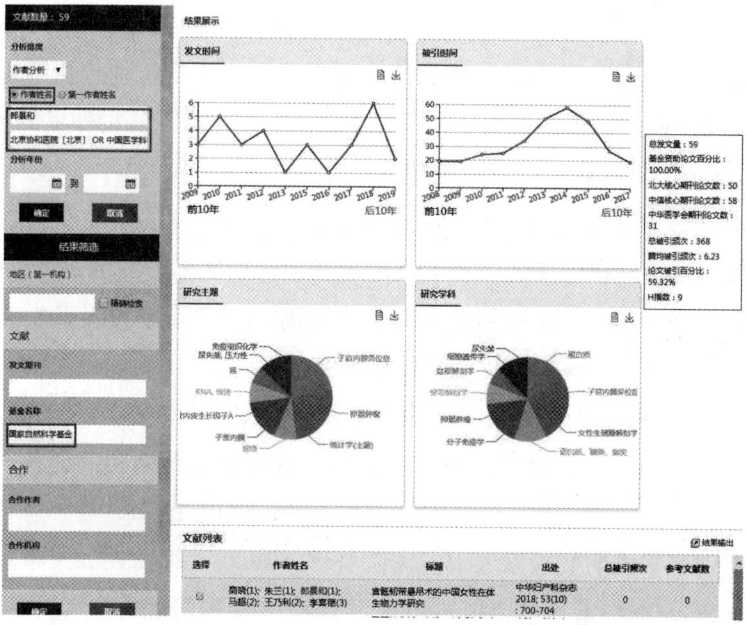

图2-24　SinoMed Analysis专业版作者文献分析示例

（3）期刊分析：SinoMed Analysis基础版提供针对某期刊的各年发文量与被引情况、发文地区与发文机构、研究主题与研究学科分布情况进行的统计分析，揭示期刊间的互引关系，并追踪影响因子，能为用户提供全面翔实的期刊内容和被引情况统计，表征期刊论文的水平和学术影响力，可用于医学核心期刊的筛选与评价。其中默认展示刊载文献总量及总被引频次排名前30的期刊名称及其发文数和总被引频次，点击期刊名称还可查看其在基础版的各项分析结果。

在查询框中输入期刊名称片段，基于期刊规范数据，页面自动弹出查询提示框，在其中选择相关期刊名称后点击查找按钮，即可显示相应的统计分析结果。可通过时间窗，选择查看不同时间段研究主题、研究学科的统计结果。

SinoMed Analysis专业版可自由限定分析年份，同时可在结果筛选区域的作者/第一作者、机构/第一机构、地区及基金查询框中输入相应查询词并在弹出的提示框（地区除外）中选择相应筛选项来了解指定期刊上某学者、某机构、某地区及某项基金资助的发文情况，其中默认展示总发文量排名前30的期刊名称及其发文数和总被引频次，且点击期刊名称可查看其在专业版的各项分析结果。

（4）基金分析：SinoMed Analysis基础版提供针对某项基金资助的论文产出与被引情况、发文与施引期刊、资助主题与资助学科、资助机构与资助学者分布情况等进行的统计分析，为基金资助方向、项目执行力度和资助成果影响力评价等提供参考，其中默认展示资助文献总量及总被引频次排名前30的基金名称及其发文数和总被引频次，且点击基金名称可查看其在基础版的各项分析结果。

在查询框中输入基金名称片段，基于基金规范数据页面自动弹出一个查询提示框，在其中选择相关基金名称后点击查找按钮，即可显示相应的统计分析结果。可通过时间窗，选择查看不同时间段发文期刊、资助主题、资助学科及资助作者的统计结果。

SinoMed Analysis专业版可自由限定分析年份，同时可在结果筛选区域的作者/第一作者、机构/第一机构、地区、期刊、基金查询框中输入相应查询词并在弹出的查询框（地区除外）中选择相应筛选项来了解指定基金资助成果中特定学者、机构、期刊、地区等的发文情况，其中默认展示总发文量排名前30的基金名称及其发文数和总被引频次，且点击基金名称可查看其在专业版的各项分析结果。

6. 期刊检索　SinoMed提供的期刊检索功能可以实现中文学术期刊、科普期刊及西文学术期刊的一站式整合检索，通过检索结果可直接查看期刊信息和刊载文献的文摘信息。

例如，在中文学术期刊检索《中国医院管理》2020年第12期的文献。进入期刊检索页面（图2-25），在检索入口选择“刊名”，输入“中国医院管理”，在列出的所有期刊中查找《中国医院管理》，点击刊名进入该刊详细信息页面。

图2-25　SinoMed期刊检索页面

在期刊详细信息页面（图2-26）左侧“收录汇总”中点击“2020年”右侧的展开标识，选择第“12”期，右侧即呈现出该期的文献。“在本刊中检索”输入框中输入需查找的内容，即可在该刊限定卷期内查找到特定内容的文献。若勾选“含更名”，则指在该刊所有卷期及更名前后的所有刊中进行检索。表2-2列示了截至2021年底，SinoMed收录的与医院管理有关的核心期刊。

图2-26　SinoMed期刊详细信息页面

（二）PubMed

PubMed是由美国国立医学图书馆（National Library of Medicine，NLM）下属的国家生物技术信息中心（National Center for Biotechnology Information，NCBI）开发的综合性医学文摘数据库（图2-27），其前身是1879年创刊的美国《医学索引》（Index Medicus，

表2-2　SinoMed收录的部分卫生政策和管理类核心期刊

期刊名称	ISSN	创刊年	核心期刊类别
中国医院管理	1001-5329	1981	中文核心期刊/中国科技核心期刊
卫生经济研究	1004-7778	1984	中文核心期刊
中国卫生事业管理	1004-4663	1985	中文核心期刊
中华医院管理杂志	1000-6672	1985	中文核心期刊/中国科技核心期刊
中国卫生经济	1003-0743	1986	中文核心期刊/中国科技核心期刊
解放军医院管理杂志	1008-9985	1994	中国科技核心期刊
中国卫生质量管理	1006-7515	1995	中国科技核心期刊
中国医院	1671-0592	1997	中国科技核心期刊
中国卫生资源	1007-953X	1998	中文核心期刊/中国科技核心期刊
中国卫生信息管理杂志	1672-5166	2003	中国科技核心期刊
中国卫生政策研究	1674-2982	2008	中文核心期刊/中国科技核心期刊

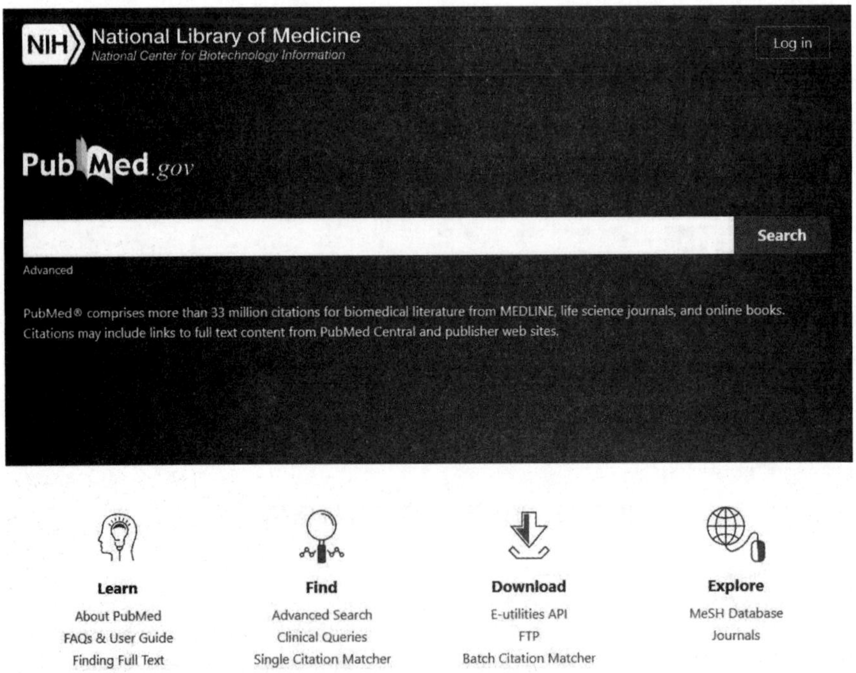

图2-27　PubMed检索界面

IM)。PubMed是当今世界上影响力最大、最具权威性的生物医学文摘库。1996年起面向公众提供生物医学和健康领域文献题录的在线检索服务，目前面向全球免费开放。

1. PubMed的特点

(1)收录期刊数量多，质量高，时间跨度大，数据更新快：PubMed数据库的主要内容来自MEDLINE、PubMed Central（PMC）和Bookshelf三部分。截至2021年10月，MEDLINE收录了包括全球70多个国家，40种语言5285种权威生物医学期刊出版的文献题录3300多万篇，收录文献年限可回溯至1946年。收录文献的主题范围以生物医学和健康为主，广义上包括生命科学、行为科学、化学科学和生物工程领域的文献，具体涉及基础研究、临床医学、护理、公共卫生、卫生政策、生物学、环境科学、海洋生物学、植物和动物科学以及生物物理学和化学等相关学科。学术期刊文献是MEDLINE收录的主要类型，但少数经过NLM同行评议认定的报纸、杂志和通讯文献也被收录其中。每周二至周六逐日更新，数据更新速度快。

(2)标引质量高，检索途径多：PubMed数据库独有的MeSH标引不仅提升了文献主题加工规范性，也便于用户更为精准检索目标文献。依据美国NLM编制的《医学主题词表（MeSH）》，PubMed对全部题录进行了主题标引。主题词检索可以同时满足用户两方面的检索需求，一个是根据某概念对应的主题词查找相关文献，另一个是根据学科分类查找与某类主题相关的文献，提高了查全率。例如，2021年版MeSH树形结构表，将主题词按学科性质、词义范围和归属关系划分为16个大类，逐级展开，最多可达13级。其中，“卫生保健（Health Care）[N]”大类包含6个下位类，详见图2-28。医院管理（Hospital Administration）及其相关的主题词，主要包含在N02-N05这四个子类中。在使用PubMed进行医院管理研究的文献检索

- Health Care [N]
  - Population Characteristics [N01]
  - Health Care Facilities, Manpower, and Services [N02]
    - Capacity Building [N02.138]
    - Health Communication [N02.208]
    - Health Facilities [N02.278]
    - Health Workforce [N02.350]
    - Health Personnel [N02.360]
    - Health Services [N02.421]
    - Housekeeping [N02.508]
    - Maintenance [N02.628]
  - Health Care Economics and Organizations [N03]
    - Dual MEDICAID MEDICARE Eligibility [N03.109]
    - Economics [N03.219]
    - Health Planning [N03.349]
    - Organizations [N03.540]
    - Policy [N03.623]
    - Social Control, Formal [N03.706]
    - State Dentistry [N03.787]
    - State Medicine [N03.858]
    - Technology Assessment, Biomedical [N03.880]
  - Health Services Administration [N04]
    - Intersectoral Collaboration [N04.226]
    - Organization and Administration [N04.452]
    - Patient Care Management [N04.590]
    - Quality of Health Care [N04.761]
    - School Mental Health Services [N04.880]
    - Universal Health Care [N04.940]
  - Health Care Quality, Access, and Evaluation [N05]
    - Delivery of Health Care [N05.300]
    - Ethics [N05.350]
    - Health Services Research [N05.425]
    - Public Health Systems Research [N05.632]
    - Quality Assurance, Health Care [N05.700]
    - Quality of Health Care [N05.715]
  - Environment and Public Health [N06]

图2-28 2021年版MeSH树形结构卫生保健类目列表

时，善于使用主题词检索途径，可以达到事半功倍的效果。

（3）提供免费获取全文服务：尽管PubMed属于文摘型数据库，但部分文摘记录中已包含指向PubMed Central（PMC）存档文献的免费全文链接，或提供指向相关出版商期刊网站的全文链接。PMC是PubMed的第二大数据来源，主要存档NLM收录的生物医学和生命科学期刊文献的免费数字版全文，PMC由NCBI在2000年研发问世，收录的全文中，约有60%来自期刊和出版商的协议存档，20%来自NLM与出版商针对部分历史文献扫描存档的专项合作，还有10%左右的内容来自NLM与科研资助机构合作约定由受资助对象自行存档的作者稿件，截至2020年底，PMC存档的免费文献已接近650万篇。PubMed第三块内容来源于Bookshelf，它包含了部分生物医学、健康和生命科学相关领域的书籍、研究报告、数据库和其他文件的数字版全文，PubMed可以检索这些文献收录的信息。

2. 检索要点 PubMed检索界面简洁，除基本检索框外，提供给用户的相关信息可分为四类。第一类是有关PubMed的概况介绍、常见问题和用户指南；第二类是高级检索、临床咨询和单篇论文匹配工具；第三类是应用程序接口（API）、文件传输协议（FTP）和批量文献匹配等工具的说明；最后一类是MeSH和NCBI收录期刊的检索途径。其中，关键词检索、主题词检索、期刊检索和临床咨询是比较常用的检索途径。

（1）关键词检索：关键词检索包括基本检索和高级检索两种形式。

基本检索即在检索界面的基本检索框中直接输入关键词或使用布尔逻辑符组配的关键词进行检索（图2-27）。

高级检索即使用PubMed高级检索器（Advanced Search Builder）执行的限定检索（图2-29），可从题名（Title）、标题/摘要（Title/Abstract）、作者(Author)、隶属机构（Affiliation）、加权主题词（MeSH Major Topic）、副主题词（MeSH Subheadings）、主题词（MeSH Terms）、来源期刊（Journal）、出版日期（Publication Date）、语种（Language）、文献类型（Publication Type）等字段对检索结果加以限定，目前该系统可限定的字段超过50个，其中题名、摘要、关键词、主题词、加权主题词等是比较重要的限定字段。用户还可基于检索历史，构建检索式进行布尔逻辑检索。

例如，要检索2016—2020年北京协和医学院发表的与患者安全有关的研究文献，首先选择可限定的检索字段，包括发表时间（Date-Publication）、隶属机构（Affiliation）、主题词（MeSH Terms）。据此，分别在高级检索器“Add terms to the query box”的功能区“All Fields”下拉菜单中选择相应的限定字段，并输入英文检索词或限定条件，点击“AND”依次添加入检索框“Query box”，最终得到检索框中的检索式：(((“2016”[Date-Publication]:“2020”[Date-Publication]))AND（Peking Union Medical College [Affiliation]))AND（patient safety [MeSH Terms]）（图2-30）。

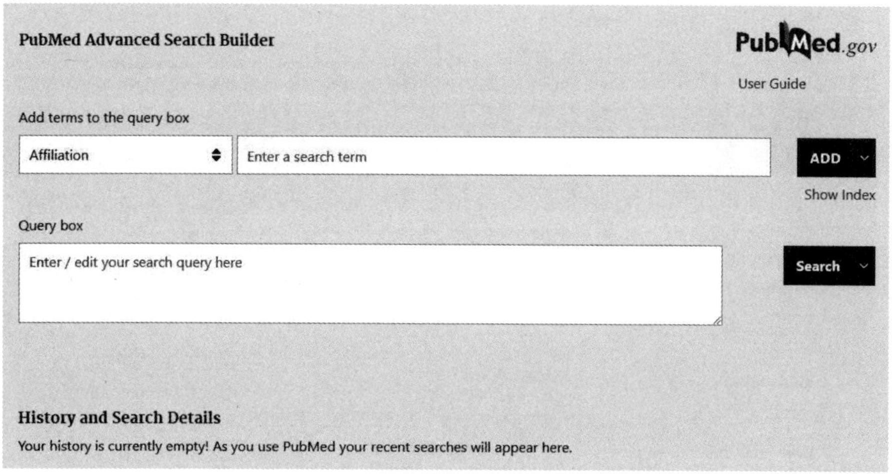

图2-29　PubMed高级检索器功能界面

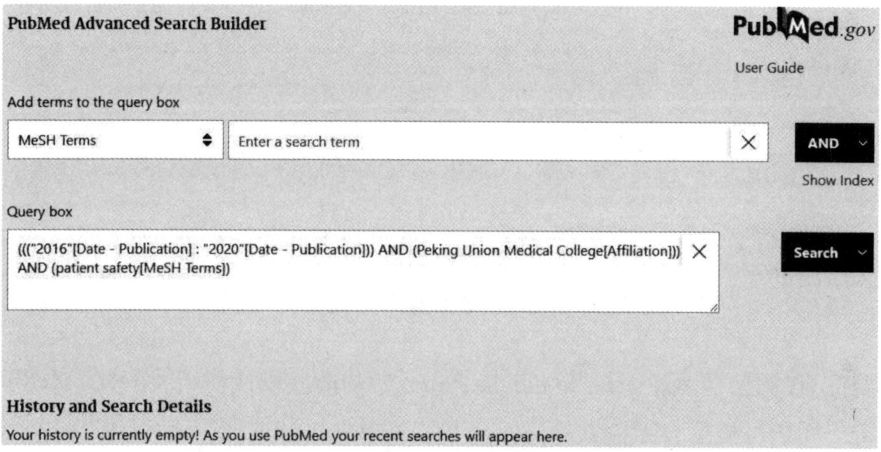

图2-30　PubMed关键词检索示例

点击“Search”，即可得到检索结果（图2-31），即2016—2020年，以北京协和医学院为作者隶属机构，共发表了28篇与患者安全有关的研究文献。

在此例中，发表时间可限定文献出版的具体时间，PubMed提供了可精确至年、月、日的限定功能，由于部分期刊在出版时未标明文献的具体出版月份或日期，因此月和日的限定为可选项，用户需按照“yyyy/mm/dd”的格式输入文献发表时间的限定范围，在具体的检索式中，系统默认以冒号“：”作为日期的间隔符。隶属机构可限定文献作者的所在机构，PubMed从2014年开始标引多个作者的隶属机构信息，而2014年之前的文献，则只包括第一作者的隶属机构信息。主题词可限定文献的主题内容，用户可根据实际检索需求使用加权主题词（MeSH Major Topic）或副主题词（MeSH Subheadings）予以替换，以扩大或缩小限定范围。

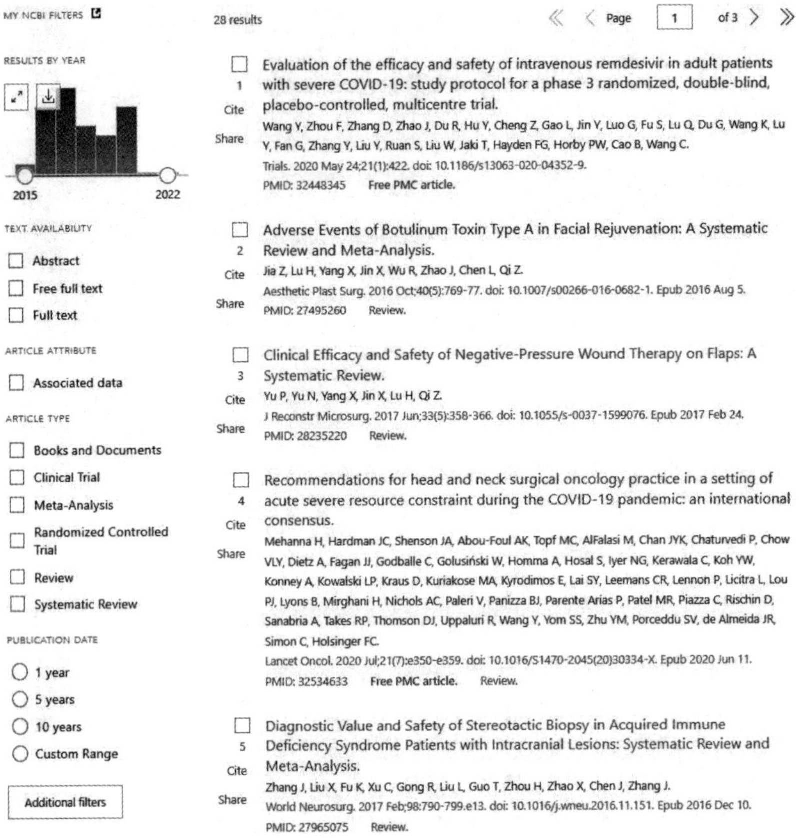

图2-31　PubMed关键词检索结果示例

需要注意的是，“Add terms to the query box”功能区默认使用“AND”作为布尔逻辑运算符，用户可根据实际检索需要，从下拉菜单中自行选择使用“OR”或“NOT”。

（2）主题词检索：主题词检索是PubMed最重要的检索途径。在首页选择MeSH database后，即进入主题词检索界面（图2-32）。在MeSH检索框输入一个检索词，系统将会反馈一个与该检索词对应的主题词，点击该主题词，便可进入主题词检索界面。

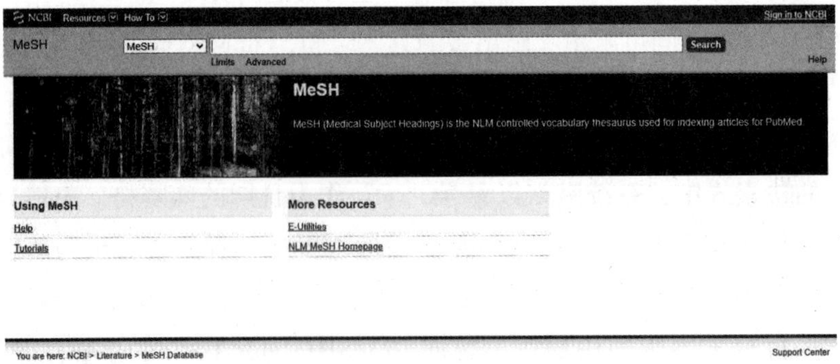

图2-32　PubMed主题词检索界面

例如，要检索与疾病诊断相关分组分类系统有关的文献，首先确定主题概念是“疾病诊断相关分组”即“DRG”，限定概念是“分类系统”即“classification”。据此，在MeSH检索框输入“DRG”，点击“Search”，即可得到与之对应的候选主题词列表（图2-33）。

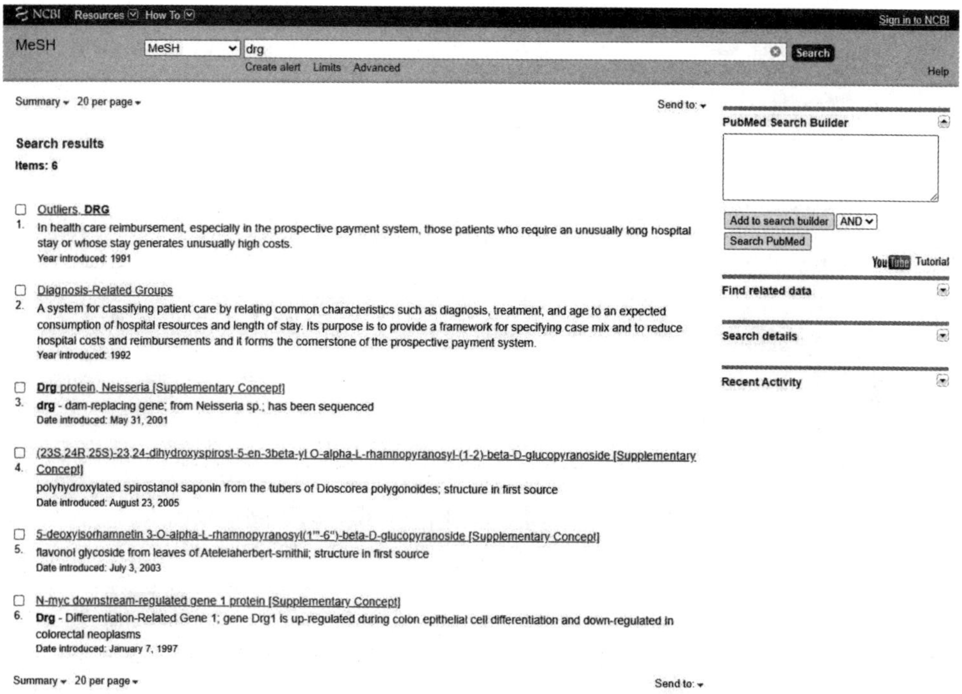

图2-33　PubMed主题词检索结果示例

在候选主题词列表中，系统列出了所有涉及“DRG”这一缩写的主题词及简介，其中第2项“Diagnosis-Related Groups”对应了“疾病诊断相关分组”的英文表述，点击即可进入该主题词的检索结果界面（图2-34）。

该界面包含以下信息：Diagnosis-Related Groups的名词解释、收录词表的时间（1992年）、可组配的副主题词选择、加权检索选择（Restrict to MeSH Major Topic）、不扩展检索选择（默认扩展检索），同时可以看到该词的同义词列表（Entry Terms）和树形结构表。

将主题词“Diagnosis-Related Groups”和副主题词“classification”添加至检索器“PubMed Search Builder”，点击“Search PubMed”进行检索，即可得到相关概念的主题词文献检索结果（图2-35）。

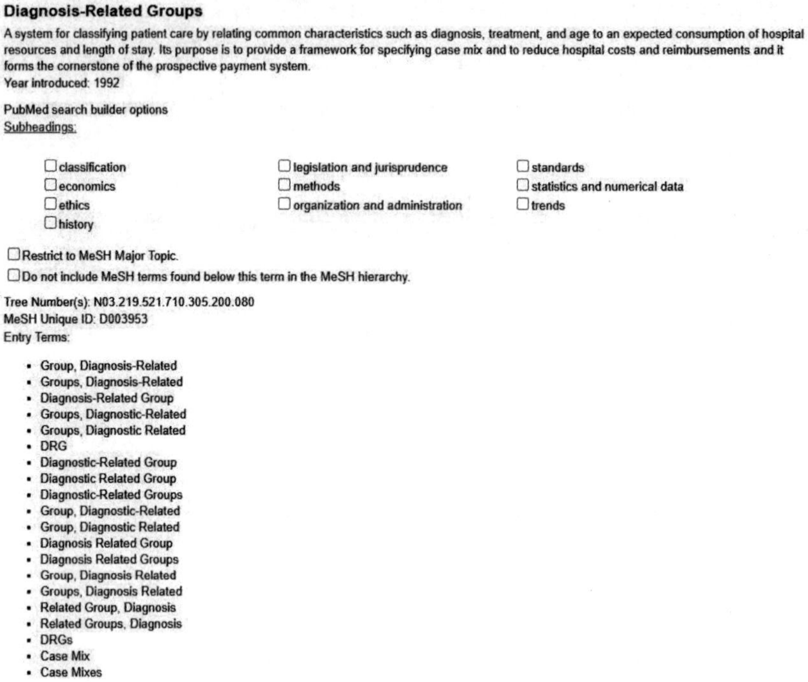
Diagnosis-Related Groups

A system for classifying patient care by relating common characteristics such as diagnosis, treatment, and age to an expected consumption of hospital resources and length of stay. Its purpose is to provide a framework for specifying case mix and to reduce hospital costs and reimbursements and it forms the cornerstone of the prospective payment system.

Year introduced: 1992

PubMed search builder options

Subheadings:

- ☐ classification
- ☐ economics
- ☐ ethics
- ☐ history
- ☐ legislation and jurisprudence
- ☐ methods
- ☐ organization and administration
- ☐ standards
- ☐ statistics and numerical data
- ☐ trends

☐ Restrict to MeSH Major Topic.

☐ Do not include MeSH terms found below this term in the MeSH hierarchy.

Tree Number(s): N03.219.521.710.305.200.080

MeSH Unique ID: D003953

Entry Terms:

- Group, Diagnosis-Related
- Groups, Diagnosis-Related
- Diagnosis-Related Group
- Groups, Diagnostic-Related
- Groups, Diagnostic Related
- DRG
- Diagnostic-Related Group
- Diagnostic Related Group
- Diagnostic-Related Groups
- Group, Diagnostic-Related
- Group, Diagnostic Related
- Diagnosis Related Group
- Diagnosis Related Groups
- Group, Diagnosis Related
- Groups, Diagnosis Related
- Related Group, Diagnosis
- Related Groups, Diagnosis
- DRGs
- Case Mix
- Case Mixes

图 2-34 MeSH 中“疾病诊断相关分组”的主题词页面

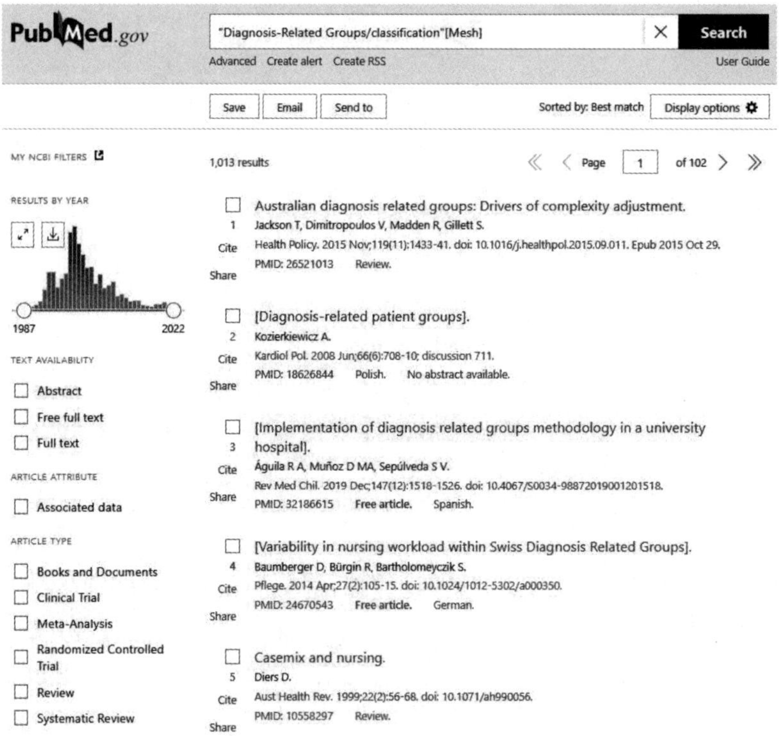

图 2-35 “疾病诊断相关分组分类系统”的主题词文献检索结果示例

（3）期刊检索：PubMed收录了5285种MEDLINE的期刊。期刊检索界面有三种查找期刊的途径，第一种是按照研究主题、期刊名称（包括简称、全称、ISSN号等）查找，第二种是在NLM Catalog模块查找，第三种是在More Resources模块查找（图2-36）。

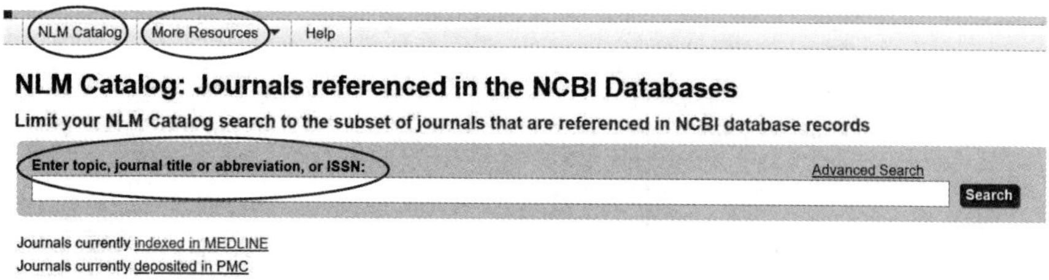

图2-36　PubMed期刊检索界面

例如，检索与“hospital management”有关的期刊，选择研究主题途径查到的相关期刊较少，故选择NLM Catalog模块，在NLM Catalog界面输入hospital management（不做任何字段限定），得到195种期刊列表，逐一浏览刊名发现密切相关期刊仅有20余种，进一步查看细节，其中10余种已经停刊，目前仍然在版的期刊有如下8种，每种都显示了其被NLM收录的简称、出版年份、国家、出版商、语种、在线链接、索引信息等内容。8种期刊中最早的*Healthcare financial management*创刊于1982年，最新的*Journal of hospital management and health policy*创刊于2017年（图2-37）。

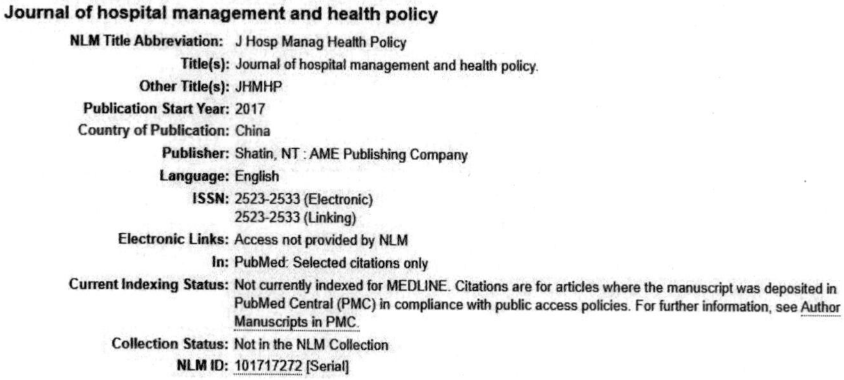

（A）

Journal of hospital administration

NLM Title Abbreviation:	J Hosp Adm
Title(s):	Journal of hospital administration.
Publication Start Year:	2012
Frequency:	Quarterly
Country of Publication:	Canada
Publisher:	Toronto : Sciedu Press.
Language:	English
ISSN:	1927-6990 (Print) 1927-7008 (Electronic) 1927-6990 (Linking)
LCCN:	cn2012301333
Electronic Links:	Access not provided by NLM
In:	PubMed: Selected citations only
Current Indexing Status:	Not currently indexed for MEDLINE. Citations are for articles where the manuscript was deposited in PubMed Central (PMC) in compliance with public access policies. For further information, see Author Manuscripts in PMC.
Notes:	Issued also online.
Other ID:	(OCoLC)818097954
Collection Status:	Not in the NLM Collection
NLM ID:	101617032 [Serial]

(B)

Journal of healthcare management / American College of Healthcare Executives

Author(s):	American College of Healthcare Executives
NLM Title Abbreviation:	J Healthc Manag
Title(s):	Journal of healthcare management / American College of Healthcare Executives.
Continues:	Hospital & health services administration ISSN 8750-3735
Publication Start Year:	1998
Frequency:	Bimonthly
Country of Publication:	United States
Publisher:	Chicago, IL : Foundation of the American College of Healthcare Executives, c1998-
Description:	v.
Language:	English
ISSN:	1096-9012 (Print) 1096-9012 (Linking)
Coden:	JHMAFB
LCCN:	sn97-1109
Electronic Links:	https://ovidsp.ovid.com/ovidweb.cgi?T=JS&NEWS=n&CSC=Y&PAGE=toc&D=ovft&AN=00115514-000000000-00000
In:	MEDLINE: v43n1, Jan./Feb.1998- PubMed: v43n1, Jan./Feb.1998- Hospital and health administration index: v43n1,Jan./Feb. 1998-1999
Current Indexing Status:	Currently indexed for MEDLINE.

(C)

Author(s): American Society for Healthcare Risk Management
NLM Title Abbreviation: J Healthc Risk Manag
Title(s): Journal of healthcare risk management : the journal of the American Society for Healthcare Risk Management.
Other Title(s): J HEALTHC RISK MANAG
Continues: Perspectives in healthcare risk management ISSN 0899-1073
Publication Start Year: 1992
Frequency: Quarterly
Country of Publication: United States
Publisher: Chicago, IL : American Society for Healthcare Risk Management of the American Hospital Association
Description: v. : ill.
Language: English
ISSN: 1074-4797 (Print)
2040-0861 (Electronic)
1074-4797 (Linking)
LCCN: 94660607
sn 93038165
Electronic Links: http://onlinelibrary.wiley.com/journal/10.1002/(ISSN)2040-0861
In: MEDLINE: v12n4, fall 1992-
PubMed: v12n4, fall 1992-
Hospital literature index: v12n4,fall 1992-1994
Hospital and health administration index: 1995-1999
Current Indexing Status: Currently indexed for MEDLINE.
Current Subset: Health Administration (non-Index Medicus)

(D)

Author(s): Academy of Hospital Administration (India)
NLM Title Abbreviation: J Acad Hosp Adm
Title(s): Journal / Academy of Hospital Administration.
Uniform Title: Journal (Academy of Hospital Administration (India))
Other Title(s): Journal of Academy of Hospital Administration
JAHA
Journal of the Academy of Hospital Administration
J ACAD HOSP ADM
Publication Start Year: 1989
Frequency: Two no. a year
Country of Publication: India
Publisher: New Delhi : Academy of Hospital Administration
Latest Publisher: July/Dec. 2013- : Noida, Uttar Pradesh, India : Academy of Hospital Administration
Description: v. : ill., ports.
Language: English
ISSN: 0970-9452 (Print)
0970-9452 (Linking)
In: MEDLINE: v1, 1989-v9n2, July 1997
Hospital literature index: v1, 1989-1994
Hospital and health administration index: 1995-v9n2,July 1997

(E)

Author(s): Canadian College of Health Services Executives
NLM Title Abbreviation: Healthc Manage Forum
Title(s): Healthcare management forum / Canadian College of Health Service Executives = Forum gestion des soins de santé / Collège canadien des directeurs de services de santé.
Other Title(s): HMF
Forum gestion des soins de santé
HEALTHC MANAGE FORUM
Continues: Health management forum ISSN 0712-5046
Publication Start Year: 1988
Frequency: Quarterly
Country of Publication: United States
Publisher: Ottawa : Foundation of the Canadian College of Health Service Executives
Latest Publisher: 2015- : Thousand Oaks, California : Sage
Description: v. : ill.
Language: English, French
ISSN: 0840-4704 (Print)
0840-4704 (Linking)
LCCN: ce 88039058
Electronic Links: https://journals.sagepub.com/home/hmf
In: MEDLINE: v1n1, spring 1988-

（F）

Author(s): International Association for Hospital Security
NLM Title Abbreviation: J Healthc Prot Manage
Title(s): Journal of healthcare protection management : publication of the International Association for Hospital Security.
Other Title(s): J HEALTHC PROT MANAGE
Publication Start Year: 1984
Frequency: Two no. a year
Country of Publication: United States
Publisher: [Port Washington, N.Y. : The Association, c1984-
Latest Publisher: Washington, D.C. : International Association for Hospital Security
Description: v. : ill.
Language: English
ISSN: 0891-7930 (Print)
0891-7930 (Linking)
In: MEDLINE: v1n1, 1984-vv33n1, 2017
PubMed: v1n1, 1984-vv33n1, 2017
Selectively In: Hospital literature index 1984-1994
Hospital and health administration index 1995-1999
Current Indexing Status: Not currently indexed for MEDLINE.
MeSH: Hospital Administration*
Security Measures*
Broad Subject Term(s): Health Services
Hospitals
Publication Type(s): Periodical

（G）

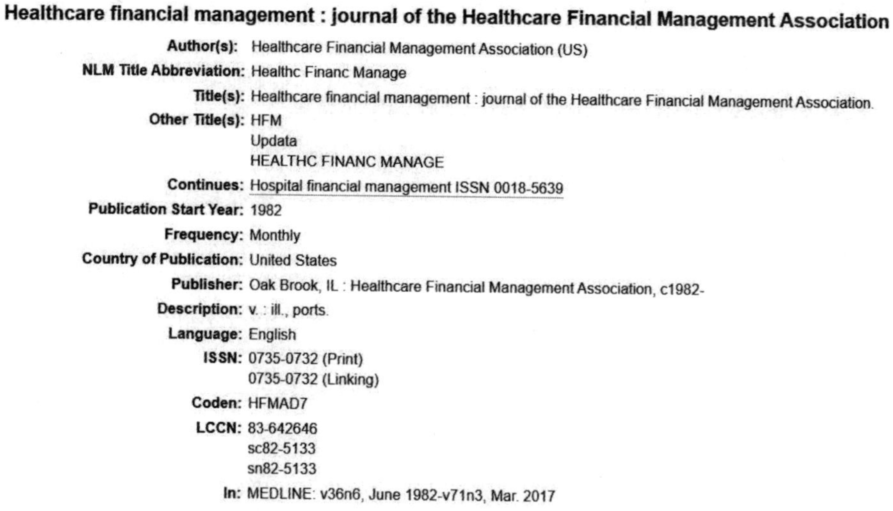
Healthcare financial management : journal of the Healthcare Financial Management Association

Author(s): Healthcare Financial Management Association (US)
NLM Title Abbreviation: Healthc Financ Manage
Title(s): Healthcare financial management : journal of the Healthcare Financial Management Association.
Other Title(s): HFM
Updata
HEALTHC FINANC MANAGE
Continues: Hospital financial management ISSN 0018-5639
Publication Start Year: 1982
Frequency: Monthly
Country of Publication: United States
Publisher: Oak Brook, IL : Healthcare Financial Management Association, c1982-
Description: v. : ill., ports.
Language: English
ISSN: 0735-0732 (Print)
0735-0732 (Linking)
Coden: HFMAD7
LCCN: 83-642646
sc82-5133
sn82-5133
In: MEDLINE: v36n6, June 1982-v71n3, Mar. 2017

（H）

图2-37　PubMed中期刊检索结果页面

（A）*Journal of hospital management and health policy*；（B）*Journal of hospital administration*；（C）*Journal of healthcare management*；（D）*Journal of healthcare risk management : the journal of the American Society for Healthcare Risk Management*；（E）*Academy of Hospital Administration*（*India*）；（F）*Healthcare management forum*；（G）*Journal of healthcare protection management : publication of the International Association for Hospital Security*；（H）*Healthcare financial management: journal of the Healthcare Financial Management Association*

（4）临床咨询：临床咨询是专为临床研究设计的可检索特定主题领域疾病的诊断、治疗、病因、预后、临床指南等方面内容的工具（图2-38），同时可选择检索结果倾向于查全（Broad）或查准（Narrow）。

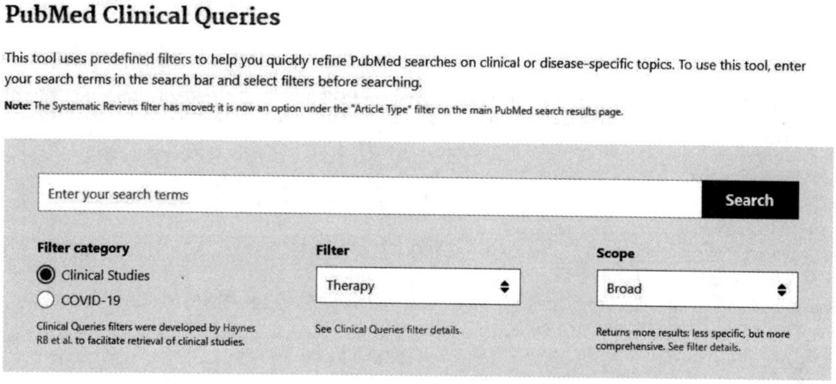

图2-38　PubMed临床咨询检索界面

（5）PubMed检索结果处理：检索结果处理页面默认按最佳相关度排序（best match），也可调整为按出版日期降序排列、按第一作者或期刊名称排序，单页默认显示20条记录，最多可列示200条。为进一步缩小检索结果范围，用户可在检索结果页面通过使用过滤器（filters）限定文献年份、文献类型、文献属性、语种、性别、年龄等，其中文献类型的限定是PubMed最具特色的地方，除了几种常用的文献类型可以直接选择外（Books and Documents、Clinical Trial、Meta-Analysis、Randomized Controlled Trial、Review、Systematic Review），还有70种文献类型点击Additional filters后可供选择（图2-39），包括Case Reports、Controlled Clinical Trial、Editorial、Practice Guideline、Research Support等，对于需要检索上述类型文献的用户提供了方便。另外，还特别提供了获取免费全文文献的选择（Free full text）。

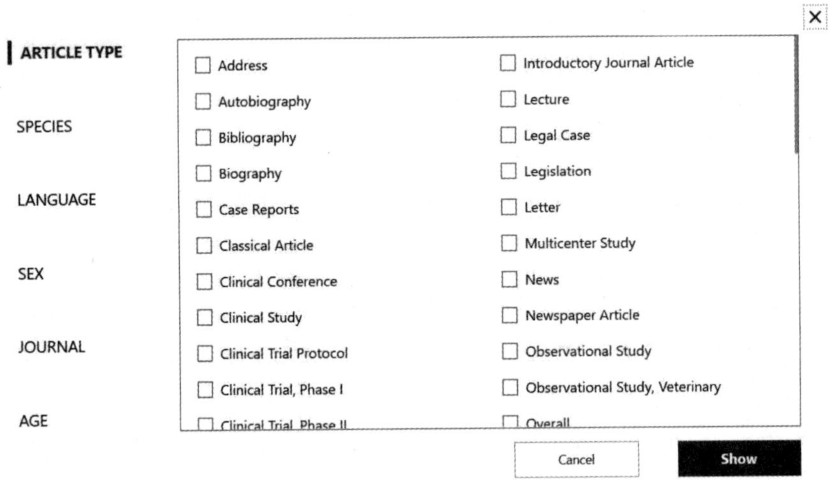

图2-39　PubMed文献类型信息示例

检索结果的显示程度默认是题录格式（summary），可以切换成文摘格式（abstract）。在文摘格式下，可以看到该文献更多的字段显示，包括相似文献、被引文献、参考文献、出版类型、基金资助等字段的信息，尤其重要的是可以看到主题词（MeSH terms）字段的信息（图2-40），通过主题词列表可一目了然地了解该文献的详细信息，包括主要讨论了哪些内容、核心讨论了哪些内容（打*号的词）、涉及的特征词有哪些（如人类、动物、年龄、性别等），为用户快速了解该文献的要点提供了捷径。

图2-40　PubMed文献题录中的MeSH字段信息示例

（三）Embase

Embase是由全球性信息分析公司爱思唯尔（Elsevier）出品的综合性生物医学研究数据库（图2-41），其前身是创立于1947年的《荷兰医学文摘》，目前仅面向付费和机构订阅用户提供在线检索服务。

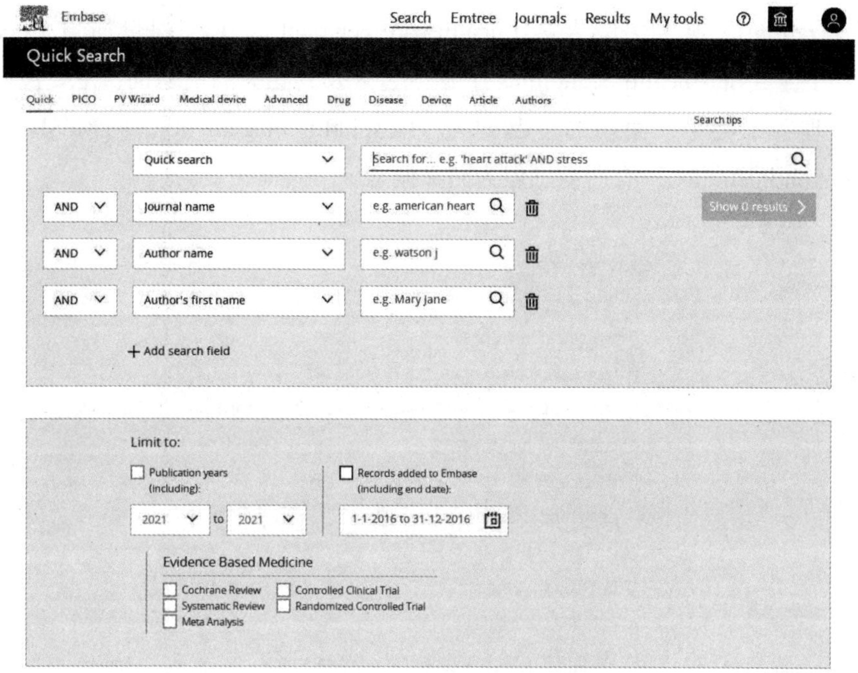

图2-41　Embase检索界面

1. Embase的特点　Embase数据库收录自1947年至今全球超过90个国家的8500余种期刊，其中不仅包括MEDLINE的文摘信息，还包括2900余种Embase独有的收录期刊文献资源，尤其是覆盖了大量欧洲和亚洲地区出版的医学期刊文摘。Embase收录文献的学科覆盖范围广泛，涉及药物研究、药理学、制药学、药剂学、不良反应与相互作用、毒理学、人类医学（临床与实验）、基础生物医学、生物工艺学、生物医学工程、医疗设备、卫生政策与管理、药物经济学、公共卫生与职业卫生、环境卫生与污染控制、物质依赖与滥用、精神病学与心理学、替代与补充医学（包括中医学）、法医学等几乎所有的医学与健康研究领域。在针对具体疾病、药物、医疗器械等进行检索时，Embase检索系统可提供更有针对性的专题检索功能。由于该数据的全面性和权威性，中国国家药品监督管理局、欧洲药品管理局（EMA）、世界卫生组织（WHO）、英国国家卫生与临床优化研究所（NICE）、欧洲卫生技术评估网络等组织和机构均将Embase作为获取医药和临床研究证据的推荐检索数据库。

2. Emtree词表 与MeSH在PubMed中的应用类似，Embase也通过自主开发的索引系统和主题词表对文献予以标引。Embase使用的主题词表为Emtree，2021年版的Emtree包含14个大类（图2-42）。其中，“卫生保健（health care concepts）”大类包含7个子类，分别为疾病管理（disease management）、卫生保健设施和服务（health care facilities and servires）、卫生保健管理（health care management）、卫生保健组织（health care organization）、卫生保健人员（health care personel）、卫生保健质量（health care quality）、卫生经济（health economics）。医院管理及其相关的主题词，主要包含在“卫生保健管理”子类中，使用的主题词为“Hospital management”，与MeSH中使用的“Hospital Administration”有所差别但为同义概念。

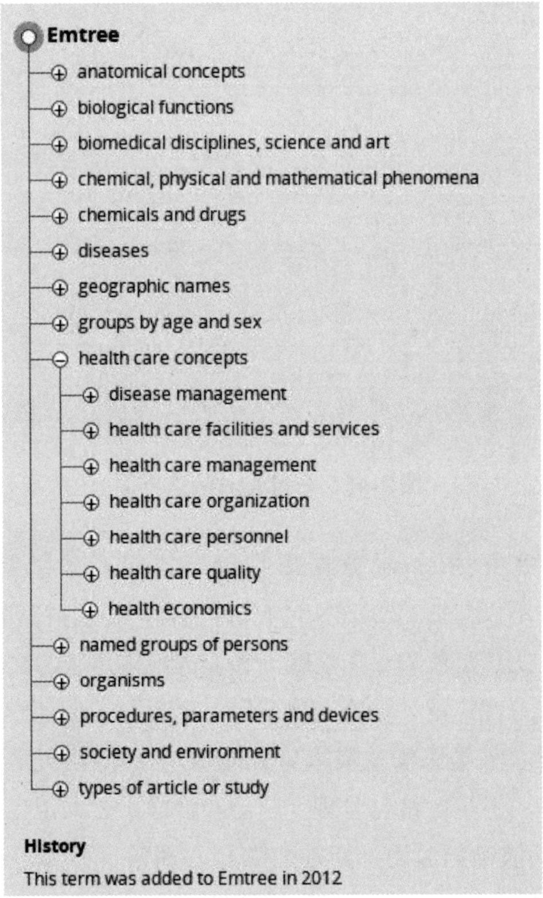

图2-42　2021年版Emtree树形结构表卫生保健类目列表

此外，Emtree可在主题词检索结果中，提供相应主题词在Embase中标引文献的实时总量，通过超链接可直接查看该主题词及其下位主题词标引的全部文献记录。由于词表中对于相关研究概念的划分已较为细化和明确，因此通过词表中主题词入口查询相应主题词的最新标引文献，也是快速开展特定领域文献检索，了解研究最新进展的便捷途径。

3. 检索要点

（1）快速检索：快速检索“Quick”是Embase系统默认的优先检索入口，在输入自由检索词后，可结合“期刊名称”“作者姓名”“作者英文姓氏”等字段加以组合。同时可选择“限定”（Limit to）出版时间，以及包含Cochrane Review、Systematic Review、Meta Analysis、Controlled Clinical Trial、Randomized Controlled Trial等5种类型研究证据在内的循证文献（图2-41）。

使用自然语言检索时，可用单词或词组进行检索，检索词组时需加单（双）引号。词序无关，且检索不分大小写，也可使用逻辑运算符NOT、AND、OR进行组配检索。Embase默认通配符（*）表示检索词的派生检索，通配符（?）表示一个可变字符，临近符（*n）表示两个检索词间隔n个词以内。

（2）高级检索：Embase的高级检索“Advanced”功能提供了结构化的交互界面，依次按照Mapping、Date、Sources、Fields、Quick limits、EBM、Pub. Types、Languages、Gender、Age、Animal的检索功能选项，提供了结构化的细分文献条件界定。

术语对照检索可提供拼写检查功能，如检索“mad cow disease”术语对照为“bovine spongiform encephalopathy”；关键词检索仅检索以关键词为重点内容的文献，提高相关性；字段标签检索可在特定的字段中任选一种或多种进行检索，包括期刊缩写名称、期刊名称、摘要、作者名称、文章题目等30多种字段。文献来源被划分为Embase、MEDLINE、Preprints、PubMed-not-MEDLINE 4类，年龄组则提供了13类年龄段的分组，其他限定选项还包括文献语种、人类与动物研究类型等。

（3）其他特色检索：除了快速检索和高级检索外，Embase还提供按药物和疾病进行检索的专门途径。其中药物名称检索可自动转换到优选术语，专门检索以某药物为研究重点的文献，同时提供药物专题检索（如药物副作用、临床试用、药物分析等），以及用药方式的检索（如口服、肌内注射、静脉注射等），增强索引的深度等。疾病名称检索也可自动转换到优选术语，专门检索以某疾病为研究重点的文献，提供疾病专题检索途径帮助用户更精确地检索疾病的某一类或几类分支的相关文献，提高相关性，如（疾病）恢复/（疾病）副作用/外科手术/（疾病）治疗等。

二、全文数据库资源

全文数据库是研究者根据题录或文摘信息进一步获取文献全文的重要来源。由于世界各国知识产权保护法律法规的差异，以及各家出版商相关政策的不同，全文数据库资源的来源更加广泛，种类也更为多样。在中文类全文数据库中，中国学术期刊（网络版）、中国学术期刊数据库、中文期刊服务平台最为常用，可覆盖目前国内大部分公开出版学术期刊的文献全文；在西文类全文数据库中，ScienceDirect和SpringerLink等由国际大型学术出版商开发的数据库对医药卫生类的期刊文献覆盖较为广泛。

（一）中国学术期刊（网络版）

中国学术期刊（网络版）（China Academic Journal Network Publishing Database，CAJD）是中国知识基础设施工程（China National Knowledge Infrastructure，CNKI）即中国知网的核心数据库之一（图2-43）。CAJD以全文数据库形式大规模集成出版学术期刊文献，数据库的收录年限涉及自1915年以来出版的期刊，部分期刊可回溯至创刊。

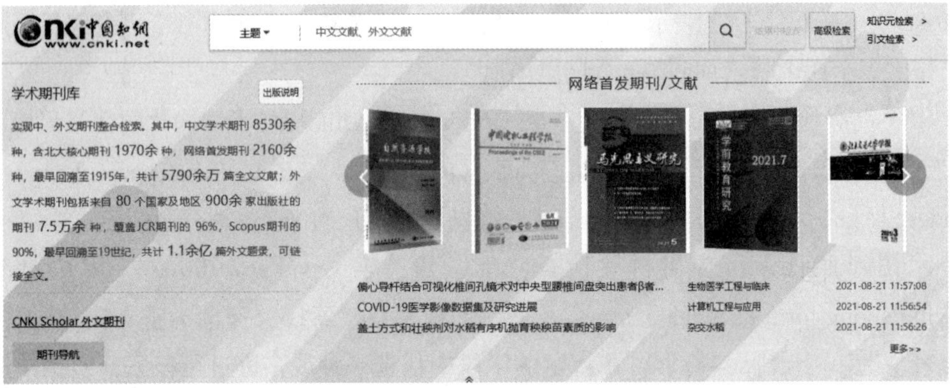

图2-43 CAJD检索界面

CAJD收录国内学术期刊8500余种，期刊内容以学术、工程技术、政策指导、高级科普、行业指导及教育类为主，覆盖自然科学、工程技术、农业、哲学、医学、人文社会科学等各个领域。该数据库同时提供中、外文期刊整合检索功能，默认检索结果包含部分合作的国外期刊题录数据。CAJD以专辑专题的形式，将期刊分为十大专辑：基础科学、工程科技Ⅰ、工程科技Ⅱ、农业科技、医药卫生科技、哲学与人文科学、社会科学Ⅰ、社会科学Ⅱ、信息科技、经济与管理科学，上述十大专辑内又包含168个子专题。

在医药卫生科技专辑中，包含近1400种医药卫生领域的科技期刊，上述期刊进一步被划分为29个子专题，其中以医院管理为研究主题的文献，主要分布在“医药卫生方针政策与法律法规研究”专题下的52种期刊中（图2-44）。用户通过数据库的“期刊导航”功能，可直接在线访问该专题下各期刊的数据库主页，实现按刊期或栏目浏览各期刊的已出版文献，也可通过刊内检索，定向检索相关主题文献。CAJD提供HTML阅读功能，正常登录的正式用户可直接在线阅读文献，也可下载CAJ格式或PDF格式的文献全文。

图2-44　CAJD“医药卫生方针政策与法律法规研究”专题页面

CAJD具有“网络首发期刊/文献”功能，通过与期刊合作，部分已经被编辑部录用和审定的学术论文稿件，通过电子杂志社审核后，无须确定其后在纸质刊物出版的时间和页码，即可通过网络首发方式正式出版。网络首发的形式确保了研究者学术成果的首发权与快速传播，也便于用户及时检索获取相关领域的最新研究进展。

（二）中国学术期刊数据库

中国学术期刊数据库（China Online Journals，COJ）是万方数据知识服务平台的核心数据库之一（图2-45）。COJ收录的文献始于1998年，由北京万方数据股份有限公司研发，该数据库在医学领域的一大特色是拥有中华医学会系列杂志全文数据库的独家网络传播权，可提供涉及超过100种医学领域的专业期刊（以中华医学会系列期刊为主）的全文阅读和下载服务。

图2-45　COJ检索界面

COJ收录国内学术期刊8000余种，其中包含北京大学、中国科学技术信息研究所、中国科学院文献情报中心、南京大学、中国社会科学院历年收录的核心期刊3300余种，涵盖自然科学、工业技术、医药卫生、农业科学、哲学政法、社会科学、科教文艺8个大类学科。其中，医药卫生学科包含超过1500种医药卫生领域的国内学术期刊，上述期刊被划分为16个专题，以医院管理为研究主题的文献主要分布在“预防医学与卫生学”专题下的193种期刊中。COJ提供了核心期刊收录情况，以及期刊研究主题的可视化统计分析功能，还可通过汇总各个期刊的特色栏目，为用户呈现分主题的已出版文献列表（图2-46）。COJ提供PDF阅读功能，正常登录的正式用户可直接在线阅读文献，也可下载PDF格式的文献全文。

图2-46　COJ收录期刊《中国卫生政策研究》的“医院管理”主题已出版文献列表

COJ为收录的期刊与文献提供数字对象标识符（digital object identifier，DOI）的数据加工与注册、标引、全文链接、引文链接、多重解析以及检索服务。这对促进科技期刊内容的数字化、网络化传播与利用提供了重要支撑。

（三）中文期刊服务平台

中文期刊服务平台是在原“中文科技期刊数据库”基础上改版升级而来（图2-47），收录文献年限可回溯至1989年，部分期刊可回溯至创刊。与传统的期刊数据库相比，该服务平台既提供学术资源保障，也提供期刊评价等学术数据服务。

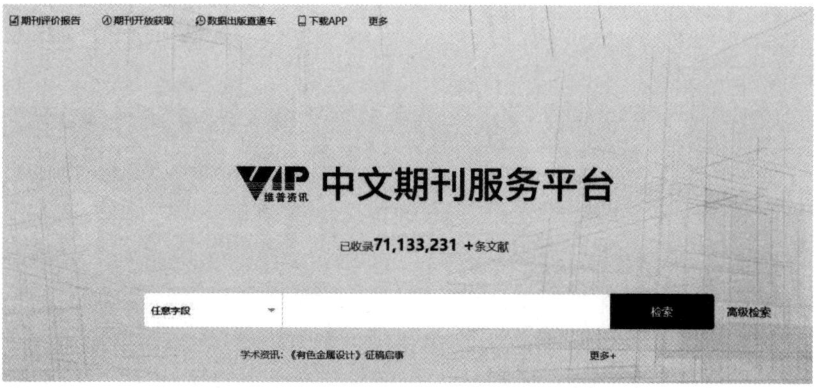

图2-47　中文期刊服务平台检索界面

中文期刊服务平台收录国内学术期刊总量近15 000余种，其中现刊超过9000种，包含北京大学《中文核心期刊要目总览》收录期刊近2000种，出版内容学科分类涉及医药卫生、农业科学、机械工程、自动化与计算机技术、化学工程、经济管理、政治法律、哲学宗教、文学艺术等35个学科大类、457个学科小类。

医药卫生学科大类中包括现刊1800余种，并进一步划分为67个学科小类，其中以医院管理为研究主题的文献主要分布在“卫生事业管理”学科类别下的40种期刊中。中文期刊服务平台提供了每种期刊的H指数、收录情况、已出版文献分析以及历年计量评价报告。在单篇文献的检索结果页面，正常登录的正式用户可直接在线阅读文献，也可下载PDF格式的文献全文，同时页面提供包括参考文献、二级参考文献、共引文献、同被引文献、引证文献和二级引证文献在内的引文网络信息，便于用户在检索过程中进一步参考。

中文期刊服务平台的特色之一是平台可对部分不能直接通过在线阅读或下载方式获取全文的文献提供“原文传递”功能，用户可向第三方申请文献全文。针对开放存取的OA期刊或文献，平台同时提供OA平台下载指引。此外，对部分未获得全文授权的文献，平台提供网络资源链接，部分文献可通过解析取得网络下载地址，根据链接热度排行选择下载，直接跳转至相应网站获取全文。

（四）ScienceDirect

ScienceDirect是由爱思唯尔（Elsevier）公司出品的综合性同行评议学术文献全文数据库（图2-48），目前面向公众可提供免费的在线文献检索服务，但对于部分文献的全文获取需要机构订阅或个人付费。

ScienceDirect数据库主要收录由爱思唯尔公司自行出版以及与学术机构合作出版的文献全文，覆盖超过2600种实行同行评议的学术期刊，以及1000余种完全开放获取的学术期刊，总计收录的全文期刊接近4500种。该数据库收录文献的学科主要涉及

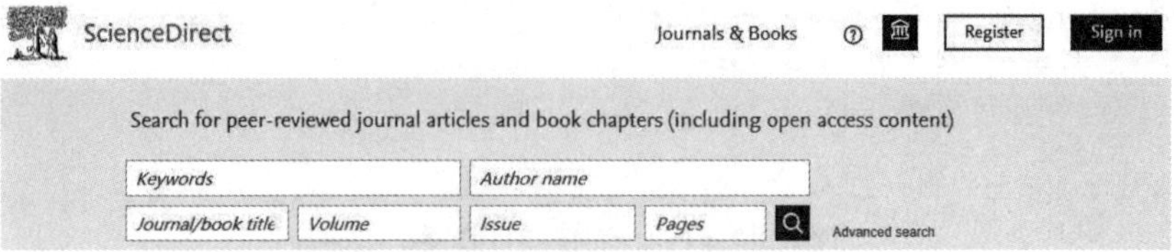

图2-48 ScienceDirect检索界面

4类，包括物理学与工程、健康科学、生命科学、社会科学与人文，共涵盖24个学科小类。其中，健康科学期刊超过2000种，包括*The Lancet*、*Cell*等全球顶级医学期刊，而涉及医院管理的专业期刊收录则较少，以医院管理为主题的相关文献主要收录于健康领域其他相关学科的学术期刊。

（五）SpringerLink

SpringerLink是由全球著名科学、技术和医学出版机构施普林格·自然（Springer Nature）出版集团出品的电子文献全文数据库（图2-49）。受益于2015年施普林格科学与商业媒体（Springer Science+Business Media）和麦克米伦科学与教育（Macmillan Science and Education）两家公司的合并，SpringerLink收录的期刊涵盖科学、技术、医学和社会科学等广泛领域，包含原Springer、Macmillan、Adis出版社旗下数千种专注于各自学科的期刊。该数据库面向公众可提供免费的在线文献检索和文摘浏览，但对于部分文献的全文获取需要机构订阅或个人付费。

图2-49 SpringerLink检索界面

SpringerLink数据库覆盖三家出版社出版的期刊、图书和其他电子资源，包括Springer出版的2500余种英语期刊和150余种德语期刊，Macmillan出版的50余种商业与经济学、人文与社会科学期刊，以及Adis出版的30余种以药物研究为主的医学期刊。该数据库收录文献的学科主题划分为24个类别，包括医学和公共卫生类期刊800余种，以英语和德语期刊为主，也包含少部分荷兰语、法语、意大利语期刊。SpringerLink对于期刊的学科划分较为细致，在医学和公共卫生类别下，将卫生服务研究（Health Services Research）、卫生管理（Health Administration）、实践与医院管理（Practice and Hospital Management）等主题作为单独的亚类列出，在这些类别收录的期刊中，可检索到与医院管理相关的学术文献。此外，由于SpringerLink同时可提供电子图书资源，在相同学科分类列表中也可使用文献类型筛选功能，检索查阅医院管理相关的电子图书资源。

（六）其他全文资源

除前述介绍的CAJD、COJ和中文期刊服务平台以外，中国医院知识总库（CHKD）和万方医学网是另外两个医药卫生领域较为常用的国内医学专题文献数据服务平台。

CHKD是中国知网专门针对医务人员临床疑难病症诊断治疗，医学科研项目选题、设计、撰写论文、成果鉴定，管理决策，医院科技项目查新和科研绩效评价，医务人员继续医学教育等多方面的知识信息需要，开发的专业化知识资源总库，是CNKI系列数据库的重要专业知识资源总库之一。目前包含期刊全文数据库、博硕士学位论文全文数据库、会议论文全文数据库、报纸全文数据库、国家科技成果数据库、年鉴网络出版总库、专利全文数据库、标准数据库等12个子数据库资源。

万方医学网是万方数据联合国内医学权威机构、医学期刊编辑部、医学专家，采用信息技术对各类信息进行专业有效整合，推出的旨在关注医学发展、关注全民健康，面向广大医院、医学院校、科研机构、药械企业及医疗卫生从业人员的医学信息整合服务平台。目前独家收录中华医学会、中国医师协会等权威机构主办的220余种中外文医学期刊，拥有1000余种中文生物医学期刊、4100余种外文医学期刊，以及医学视频等专题医学资源。除了提供文献全文资源外，同时提供临床诊疗知识库、中医药知识库、机构和作者评价分析等扩展性服务。

三、引文数据库资源

引文是指研究者在出版的文献中参考既往已出版文献而特地标识出的文献信息，引文检索即利用文献之间的引用关系进行检索的方法。引文检索是了解研究文献之间内在联系的重要途径，有助于研究者了解科学研究的演进历程，同时也是开展图书情报文献计量研究的重要工具。本节主要介绍3个常用的引文数据库。

（一）Web of Science

Web of Science是由美国科睿唯安（Clarivate Analytics）公司出品的网络版引文索引数据库（图2-50），其前身是由美国科学信息研究所（Institute for Scientific Information，ISI）编辑出版的《科学引文索引》（Science Citation Index，SCI）。自1975年起ISI在SCI的基础上每年发布上年度的全球《期刊引证报告》（Journal Citation Reports，JCR），目前已成为全球学术期刊评价的重要参考资料。

图2-50　Web of Science检索界面

通过独立于出版机构对文献数据进行规范化和系统性的加工处理，Web of Science核心合集目前已成为历史最为悠久和可信度最高的全球引文数据库。通过Web of Science可最大程度地获取来自经过严格遴选的全世界范围内核心学术期刊中的学术文献，用户可从数据库提供的元数据和引证关系中发现有价值的研究信息。Web of Science将Web of Science核心合集与多个区域性引文索引、专利数据、专业领域的索引以及研究数据引文索引连接起来，总计覆盖超过33 000种学术期刊。Web of Science核心合集目前包括6个子数据库：①Science Citation Index Expanded（SCIE），涵盖178个自然科学学科的9300余种主流期刊。②Social Sciences Citation Index（SSCI），涵盖58个社会科学学科的3400余种期刊，以及从3500余种世界领先的科技期刊中筛选的内容。③Arts & Humanities Citation Index（A&HCI），收录超过1800种艺术与人文领域的期刊，以及从250余种自然科学和社会科学期刊中筛选的内容。④Emerging Sources

Citation Index（ESCI），收录5000余种前述3个数据库收录范围之外的自然科学、社会科学和人文科学领域期刊。⑤Book Citation Index（BkCI），索引自2005年以来出版的超过80 000种图书。⑥Conference Proceedings Citation Index（CPCI），覆盖1990年以来出版的多种会议论文集。

Web of Science同时提供除核心合集数据库以外部分区域性引文数据库的一站式检索功能。2007年起科睿唯安与中国科学院合作，将中国科学引文数据库（Chinese Science Citation Database，CSCD）嵌入Web of Science平台，实现了CSCD与Web of Science的跨库检索，CSCD是Web of Science中的首个非英文语种数据库，收录了约1200种中国出版的科学与工程核心期刊及其引文记录。此外，Web of Science目前还提供俄罗斯科学引文索引（Russian Science Citation Index）、KCI韩国期刊数据库（KCI Korean Journal Database）、拉美地区SciELO引文索引（SciELO Citation Index）的跨库检索服务，以及德温特世界专利索引（Derwent World Patents Index，DWPI）的专利引文信息检索服务。

（二）Scopus

Scopus是由爱思唯尔（Elsevier）公司出品的文摘和引文数据库，也是科研工作中较为常用的引文检索和数据分析工具，其主要收录了全球超过5000家出版商自1970年以来出版文献的被引用记录。

文献检索、作者检索、机构检索是Scopus的三大基本检索功能，此外，该数据库还提供了可以追踪、分析和可视化研究成果的智能工具，以及可从研究文献、期刊、研究者等不同角度评估学术产出影响力的多元分析指标。

Scopus提供了4个特色分析工具：①针对期刊提供的引用分（CiteScore）指标，其功能与SCI的影响因子类似，有助于研究者了解和评估期刊的影响力，可与JCR同时使用作为投稿时的参考。②标准化影响系数（source normalized impact per paper，SNIP）指标，解决了传统的期刊影响因子无法考量不同研究领域引用情形的局限性，可用以直接比较不同主题领域内的文献。③Plum Metrics，利用主流媒体、社交媒体的曝光程度来分析研究文献的媒体影响力，可为研究者评估文献的影响力提供新视角。④针对研究者的H指数（h-index），作为混合量化指标，可用以综合评估研究者的学术产出数量与影响力。

CiteScore是Scopus中衡量期刊影响力的特色指标。根据2019年该指标的更新算法，当年CiteScore的计算依据是期刊最近4年（含计算年度）的被引次数除以该期刊近4年发表的文献数。且只有经过同行评议的出版物类型（文章、评论、会议论文、书籍章节和数据论文）才会包含在引文分子和出版物分母中，从而使期刊之间的比较更加可靠。由于CiteScore基于Scopus建立，因此适用于所有连续出版物，而不仅仅是期刊，该指标的月度更新机制以及数据和算法的免费公开可获取，使其日益得到出版商、期刊以及研究者的广泛关注和使用。

（三）中国科学引文数据库

中国科学引文数据库（Chinese Science Citation Database，CSCD）是目前国内较为权威的中文引文数据库，由中国科学院文献情报中心1989年创建，收录我国数学、物理、化学、天文学、地学、生物学、农林科学、医药卫生、工程技术和环境科学等领域出版的中英文科技核心期刊和优秀期刊千余种。

CSCD收录的数据中，1989—2001年以期刊论文题录及中文引文数据为主，2002年以后则覆盖期刊论文题录、文摘及全部引文数据。该数据库在国内建库历史最为悠久，具有专业性强、数据准确规范、检索方式多样、完整、方便等特点，除具备常用检索功能外，还提供引文索引功能，用户可迅速查询具体文献被引用的详细情况，也可以从一篇早期的重要文献或作者姓名入手，检索到一批近期发表的相关文献，对交叉学科和新学科的发展研究具有重要的参考价值。CSCD同时提供数据链接机制，支持用户获取全文。

文献之间的相互引证，反映了科学研究间的内在联系以及科学研究的贡献与影响。随着开放获取理念的推广和数字化出版物的快速增长，信息超载给研究者研究工作的开展带来了潜在风险，引文索引有助于研究者识别最具影响力的文献并发现高关联度内容，善于使用引文检索和引文分析，可帮助研究者从纷繁复杂的信息中，识别高价值的参考信息，提高文献检索效率。

1. 简单检索 用户根据下拉菜单，直接在选定的检索字段中输入检索词，进行快捷检索，并可以进行多个检索字段的组合检索。简单检索包括来源检索和引文检索。

（1）来源检索：在检索字段下拉框中选择检索字段，简单检索的字段包括题名、作者、关键词、期刊名称、ISSN、文摘、机构、实验室、基金名称。在文本框中输入检索词，点击“检索”即可得到限定条件的检索结果。

（2）引文检索：在检索字段下拉框中选择检索字段，引文检索的字段包括被引作者、被引第一作者、被引来源、被引机构、被引实验室、被引出版社、被引主编。在文本框中输入检索词；选择与其他检索字段的关系，“与”或者“或”，进行组合；继续在检索字段下拉框中选择检索字段，在文本框中输入检索词，选择与其他检索字段的关系；类似操作，直到组合完所有的条件；在出版时间的文本框中输入出版时间；在被引时间的文本框中输入被引时间；点击“检索”即可得到限定条件的检索结果。

2. 高级检索 高级检索可以根据检索系统提供的检索点，任意组配检索式进行检索。高级检索也包括来源检索和引文检索。

（1）来源检索：检索系统提供了11个检索点，在检索框中输入“字段名称”和“布尔连接符”以及检索内容构造检索式；也可以在最下方的检索框填入相应检索词，点击增加，将自动生成检索语句。

（2）引文检索：检索系统提供了9个检索点，在检索框中输入“字段名称”和“布尔连接符”以及检索内容构造检索式；也可以在最下方的检索框填入相应检索词，点击增加，将自动生成检索语句。

3. 结果限定与排序　来源检索和引文检索的检索结果可以通过“结果限定”来限定检索结果。来源检索结果可以从来源、年代、作者和学科4个方面进行结果限定；引文检索结果可以从被引出处、年代和作者3个方面进行结果限定。

来源检索和引文检索的检索结果可以进行排序，点击结果输出列表中相应字段名称，即可实现相应字段的排序，来源检索结果可以按照题名、作者、来源和被引频次进行排序，引文检索结果可以按照作者、被引出处和被引频次进行排序。

4. 结果细览页面查看　点击结果列表中每条记录题名中的“详细信息”，可以查看该条记录的详细信息。结果详细信息页面可以查看该条记录的题名、作者、作者机构、文摘、来源、ISSN、关键词、基金、参考文献、引文文献、相关文献和其他链接。其中，作者、关键词、基金可以进一步链接，进行检索。

5. 来源刊浏览　来源刊浏览主要是提供CSCD来源期刊浏览，页面提供期刊名首字母的选择和刊名、ISSN的检索。系统提供来源刊的来源文献详细信息的细览页面，显示信息包括题名、作者、机构、文摘、出处、ISSN、关键词、学科、基金、参考文献、引证文献和相关文献。

四、电子图书资源

图书是系统阐述特定学科和专业知识的出版物，种类繁杂，形式多样，常见类型包括专著、教科书、参考工具书、检索工具书以及丛书等。目前高校图书馆除了传统的印刷型图书馆藏外，电子图书馆藏也是重要的文献资源之一，其出版和传播更为迅捷，已成为较常用的信息源。电子图书数据库可划分为两类，一类是由出版商提供的自有版权电子图书数据库，如前述提到的爱思唯尔、施普林格·自然等国际大型出版商，均在文献数据库中提供期刊和电子图书资源的一站式检索服务，其中既包括印刷型图书的电子版，也包括以纯电子版形式发行的图书；另一类是由电子图书集成服务商提供的电子图书数据库，由于收录的电子图书通常并不专属于该集成商，此类数据库往往覆盖图书的主题领域多、数量大，同一本电子图书也可能被多个同类电子图书数据库所收录。

（一）科学文库

科学文库是由中国科技出版传媒股份有限公司即原科学出版社出品的全学科在线阅读平台（图2-51），服务对象以教育科研机构的专业人员为主，提供专业优质的数字图书资源、高效便捷的知识服务，所有内容均未授权第三方，电子图书资源具有独有性，同时提供免费在线检索及部分内容试读，图书全文查看仅面向机构订阅用户授权开放。

图2-51　科学文库中医疗卫生类别电子图书分类目录

该数据库以出版商具有自主知识产权的科技学术专著为主要内容，目前拥有超过50 000种电子图书资源，涉及的学科覆盖自然科学、工程与技术科学、人文与社会科学、医药科学、农业科学五大门类的所有一级学科，同时对文献按《中图法》和学科领域进行双重分类。在《中图法》分类的医药卫生大类中，医院管理相关书籍主要被分类于“R19保健组织与事业（卫生事业管理）”，目前该库收录此类书籍超过250种，以相关理论研究著作为主。

（二）人卫临床知识库

人卫临床知识库是人民卫生出版社有限公司出品的在线医学专业知识数据库（图2-52），该数据库由原“西医图书数据库”升级而来，是国内重要的医学专业图书资源之一，可提供电子图书免费检索及目录浏览服务，图书全文查看仅面向注册用户付费订阅后开放。

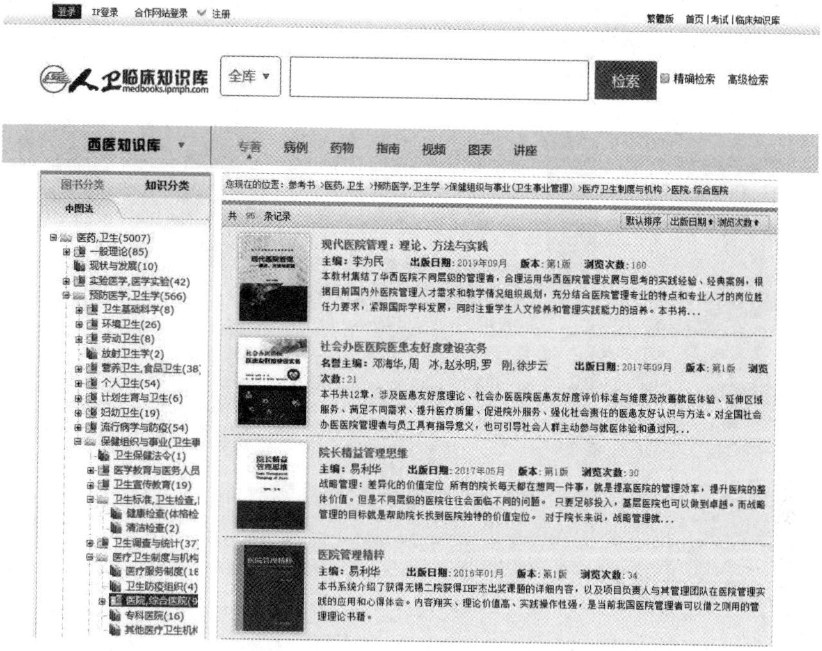

图2-52　人卫临床知识库中医院管理类别部分书目

该数据库目前包括西医知识库和中医知识库两个子库，其中前者包含的专著数据库目前收录电子图书超过5800种，主要包括医学教材和医学专著两类。该数据库的“R19保健组织与事业（卫生事业管理）”类别目前提供330种电子图书，其中“R197.3医院及其管理”类别的图书与医院管理最为相关，目前收录量接近100种，既包括医院管理类相关课程的专业教材，也包括医院管理相关理论与实践的专著。

（三）汇雅电子图书

汇雅电子图书是北京世纪超星信息技术发展有限责任公司出品的综合性电子图书数据库（图2-53），该数据库由原“超星数字图书馆”升级而来，是国内规模较大的综合性电子图书文献数据库，不提供免费检索服务，仅面向订阅用户授权登录后在线使用。

该数据库包含电子图书超过100万种，版权来自作者和出版社双授权，涵盖文学、艺术、历史、教育、农业、医学等《中图法》22个学科大类。所有图书均可在线检索并阅读，并提供分类导航、新书推荐、分类推荐、阅读排行和网页阅读、超星阅读器阅读等多种阅读模式。汇雅电子图书提供的图书在线阅读版全文为PDF图像格式，下载版需要使用专用的超星阅读器浏览阅读。在实际的文献检索工作中，该数据库可作为学术性和专业性数据库之外的补充检索来源。

图2-53　汇雅电子图书检索界面

（四）NAP电子图书

The National Academies Press（NAP）是美国国家科学院下属的学术出版机构，主要出版美国国家科学院（National Academy of Sciences）、国家工程院（National Academy of Engineering）、医学研究所（The Institute of Medicine）和国家研究委员会（National Research Council）的相关研究成果。自1992年起，NAP有计划地将印刷本图书逐渐转化成电子图书，NAP电子图书数据库于2011年6月起将其出版的所有PDF版文献对公众提供免费开放下载服务（图2-54）。

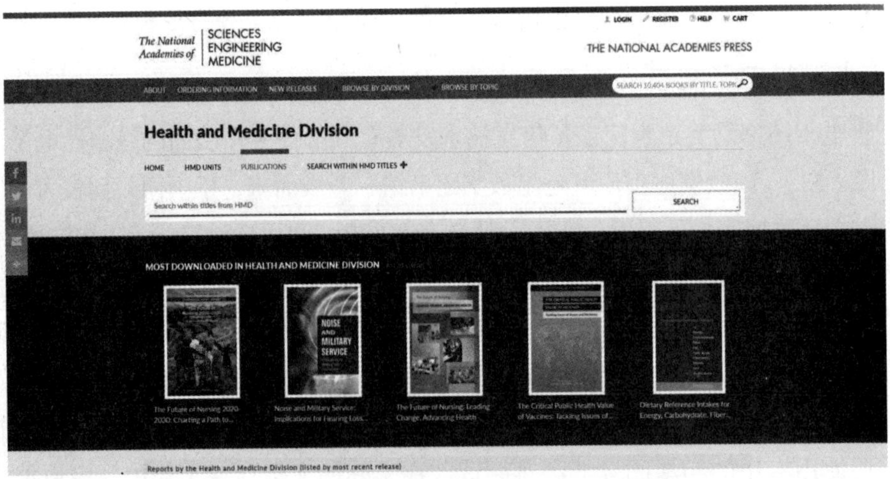

图2-54　NAP电子图书健康与医学主题检索界面

NAP电子图书数据库收录图书的内容覆盖环境科学、生物学、医学、计算机科学、地球科学、数学和统计学、物理、化学、教育等诸多领域，且具有一定权威性。数据库划分有专门以健康与医学（health and medicine）为主题的子数据集，覆盖超过2000种相关图书，其中卫生保健与质量（healthcare and quality）专题中包含500余种共识性研究报告（consensus study report），出版日期最早可追溯至20世纪60年代，可从不同侧面反映美国卫生系统改革发展研究的历史进程，对相关研究具有一定参考价值。

五、循证证据资源

循证医学是以临床流行病学为基础，探索科学可靠的临床研究证据，并将其应用于医疗实践，促进医疗质量提升和医学科学进步的学科。循证医学的理念和方法对卫生健康领域的研究影响深远，目前已不仅仅局限于临床医学，而是形成了以循证理念为主体的学科群，包括循证诊断、循证护理和循证卫生决策等。尤其是循证卫生决策的理念拓展了循证医学的内涵和外延，医院管理者包括卫生决策者通过针对循证管理措施的研究和实践，可推动管理效能的提升，并促进循证医学的实现。目前国际上已有专门的循证医学数据库，多数以提供临床诊疗最佳实践证据的相关文献检索服务为主，本部分主要介绍由总部位于英国的国际非营利性协作组织考克兰（Cochrane）建立的循证医学数据库考克兰图书馆（Cochrane Library），以及由加拿大麦克马斯特大学（McMaster University）建立的以卫生系统研究为主题的卫生系统证据（health systems evidence）数据库。

（一）Cochrane Library

考克兰图书馆（Cochrane Library，CLIB）目前由John Wiley & Sons公司以国际标准连续出版物（ISSN 1465-1858）的形式运营，是全球领先的循证医学数据库（图2-55）。CLIB在全球不同地区和国家的访问政策有所不同，目前对中国用户可提供免费在线检索服务，访问全文则需要付费或订阅。

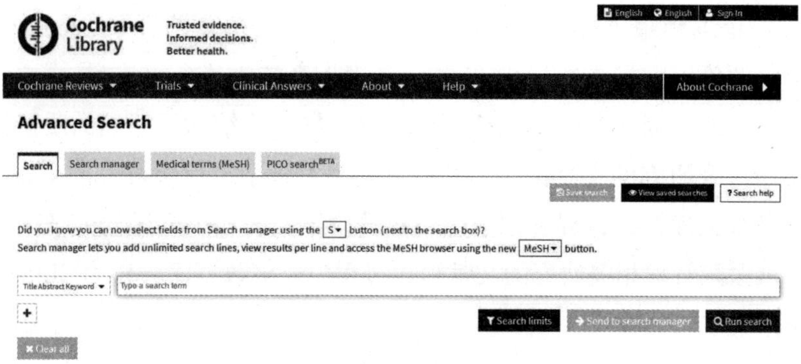

图2-55　CLIB高级检索界面

CLIB包含三个子数据库，分别为Cochrane系统评价数据库（Cochrane Database of Systematic Review，CDSR）、Cochrane临床对照试验中心注册数据库（Cochrane Central Register of Controlled Trials，CENTRAL）、Cochrane 临床解答（Cochrane Clinical Answers，CCA），上述数据库中包括医院管理相关内容的主要是CDSR。CDSR已被JCR作为连续出版物（ISSN 1469-493X）收录，覆盖的文献主题以卫生保健和卫生服务为主，包括系统评价（cochrane reviews）、研究方案（protocols）、社论（editorials）、补充资料（supplements）4种文献类型。CDSR收录的系统评价规范严谨，质量保证措施完善，是现有参考价值最高的循证医学文献。

CDSR提供的循证医学文献有两种分类方式，一种是按研究主题划分为37个专题，其中消费者与沟通策略（consumer & communication strategies）、有效实践与卫生系统（effective practice & health systems）、工作场所的健康与安全（health & safety at work）、健康职业教育（health professional education）、保险医学（insurance medicine）5个专题中均包含与医院管理相关的证据文献。另一种是按系统评价小组的形式，归集53个专题工作组各自发表的系统评价，其中消费者与沟通（consumers and communication）和照护的有效实践与组织（effective practice and organisation of care）这两个专题工作组发表的系统评价中，均包含大量与医院管理有关的证据文献。由于CLIB的检索系统同时支持MeSH主题词表，在文献检索过程中将分类检索与MeSH结合使用，可有效提高检索效率。

（二）Health Systems Evidence

卫生系统证据（Health Systems Evidence，HSE）是由加拿大麦克马斯特大学建设和维护的以卫生系统治理、筹资、服务提供等综合研究证据为主题的在线数据库（图2-56）。该数据库面向公众完全免费开放，注册用户可使用邮件订阅等高级功能。

HSE收录的主要内容来源于CLIB，同时也收录了来自包括世界卫生组织在内的相关组织和机构以卫生政策和管理为主题的部分灰色文献证据。HSE收录文献的类型不仅包括政策的证据简报（evidence briefs for policy）和系统评价（systematic reviews），还包括经济学评价（economic evaluations）和卫生系统改革介绍（descriptions of health system reforms）等。对于每一份系统评价，该数据库均给出了明确的质量评级，同时提供文献中所涉及研究的文献链接，并提供同类主题系统评价推荐的检索功能。HSE作为专题循证数据库，以世界各国卫生系统的改革发展相关问题研究证据为主要收录内容，在开展医院管理相关研究的文献综述过程中，该数据库可作为CLIB之外的重要检索资源予以关注。

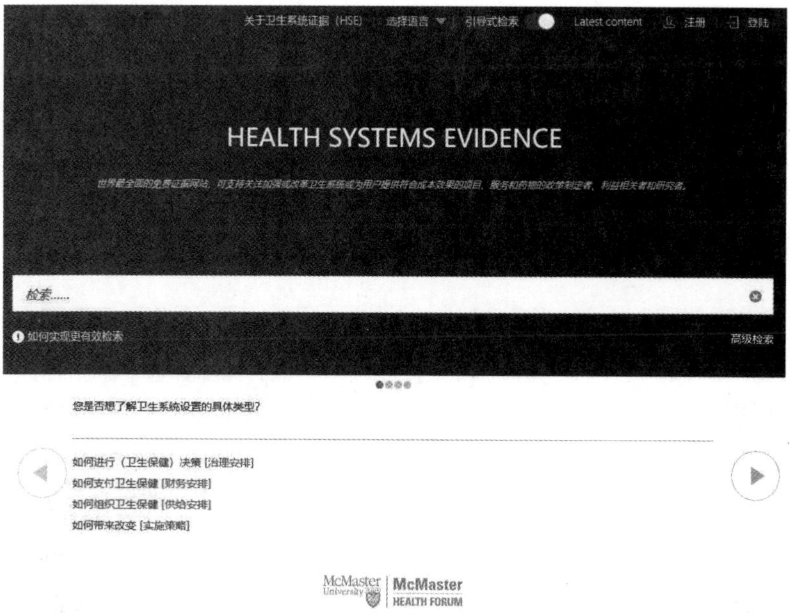

图2-56 HSE检索界面

六、如何选择合适的数据库

通过前面的学习，我们已经了解到图书馆有着丰富的文献信息源类型，每种类型又有若干种产品。例如，文摘库有SinoMed和PubMed，全文库有知网、万方和ScienceDirect等，为了便于学生快速了解这些数据库在什么情况下使用最合适，本部分从检索需求的角度对其进行了总结归纳，结果见表2-3。

表2-3 检索需求与数据库的选择

检索需求	数据库类型	数据库名称	网络地址
全面了解检索课题的研究现状、存在问题及最新进展	文摘库	SinoMed	http：//www.sinomed.ac.cn
		PubMed	https：//pubmed.ncbi.nlm.nih.gov
		Embase	https：//www.embase.com
需要对已确定的文献题录或摘要进行全文获取	全文库	中国学术期刊（网络版）	https：//www.cnki.net
		中国学术期刊数据库	https：//c.wanfangdata.com.cn/
		中文期刊服务平台	http：//qikan.cqvip.com
		ScienceDirect	https：//www.sciencedirect.com
		SpringerLink	https：//link.springer.com
		中国医院知识总库	http：//www.chkd.cnki.net
		万方医学网	http：//med.wanfangdata.com.cn

续 表

检索需求	数据库类型	数据库名称	网络地址
了解特定文献的被引用情况	引文库	Web of Science	https://www.webofscience.com
		Scopus	https://www.scopus.com
		中国科学引文数据库	http://sciencechina.cn
系统学习和了解某一领域专业知识	电子图书	科学文库	https://book.sciencereading.cn
		人卫临床知识库	http://medbooks.ipmph.com
		汇雅电子图书	http://www.sslibrary.com
		NAP电子图书	https://www.nap.edu
了解卫生政策与管理领域特定问题的最佳科学证据	循证证据资源	Cochrane Library	https://www.cochranelibrary.com
		Health Systems Evidence	https://www.healthsystemsevidence.org

七、其他相关信息源

除了前面介绍的文献数据库资源以外，与医院管理有关的国内外相关组织机构网站，也可为开展医院管理研究提供相关的有价值的专题信息资源。

（一）政府机构网站

政府机构作为医院的监管主体，发布了大量与医院管理有关的政策法规文件以及法定统计资料。国内相关的政府机构包括国家卫生健康委员会、国家中医药管理局、国家医疗保障局、国家市场监督管理总局、国家药品监督管理局等，以及地方政府的各级医疗主管部门。国外值得关注的国际组织和相关国家政府机构包括世界卫生组织（World Health Organization，WHO）、世界银行（World Bank，WB）、经济合作与发展组织（Organisation for Economic Co-operation and Development，OECD）、北美以及欧洲等地区国家的相关政府机构等。表2-4列示了前述涉及的国内外组织机构名称和网址。此类机构的网站是查询有关医院管理与发展相关政策文件和统计资料的权威渠道。

（二）社会团体和研究机构网站

医院管理领域的社会团体是医疗机构自愿组成的区域性和行业性团体，通常为独立的非营利性非政府组织，如国际医院联合会（International Hospital Federation，IHF）、中国医院协会等。此类组织以为组织成员提供信息交流与沟通合作平台为主要职能，

表2-4　国内外医院管理研究有关的部分政府和组织机构名称及网址

政府和组织机构名称	网站地址
国内	
国家卫生健康委员会	http：//www.nhc.gov.cn
国家中医药管理局	http：//www.satcm.gov.cn
国家医疗保障局	http：//www.nhsa.gov.cn
国家市场监督管理总局	http：//www.samr.gov.cn
国家药品监督管理局	https：//www.nmpa.gov.cn
国际组织	
世界卫生组织	https：//www.who.int
世界银行	https：//www.shihang.org
经济合作与发展组织	https：//www.oecd.org
美国	
美国卫生和公众服务部	http：//www.hhs.gov
美国国家卫生统计中心	http：//www.cdc.gov/nchs
美国卫生资源和服务管理局	http：//www.hrsa.gov
美国医疗卫生研究和质量局	http：//www.ahrq.gov
英国	
英国卫生和社会福利部	https：//www.gov.uk/government/organisations/department-of-health-and-social-care
英国保健质量委员会	https：//www.cqc.org.uk
英国国家卫生服务体系	http：//www.nhs.uk
部分其他国家	
加拿大卫生部	https：//www.canada.ca/en/health-canada.html
德国联邦卫生部	https：//www.bundesgesundheitsministerium.de
法国社会团结与卫生部	https：//solidarites-sante.gouv.fr
澳大利亚医院定价管理局	https：//www.ihpa.gov.au
南非卫生部	https：//www.health.gov.za
新加坡卫生部	https：//www.moh.gov.sg
日本厚生劳动省	http：//www.mhlw.go.jp

同时也面向政府或公众提供社会服务。此外，从事和组织开展医院管理专门研究的机构是医院管理教育和科研的主力，例如，国家卫生健康委医院管理研究所等国家以及地方的专业研究机构，这些机构的官方网站通常提供了有关医院管理教育培训的相关信息，以及医院管理研究和实践的新进展。表2-5列示了前述国内外社会团体和研究机构的名称和网址。此类机构的网站是了解有关医院管理行业现况和跟踪相关专题研究进展的重要渠道。

表2-5 国内外医院管理研究有关的部分社会团体和研究机构名称及网址

社会团体和学术机构名称	网站地址
国内社会团体	
中国医院协会	http://www.cha.org.cn
中国研究型医院学会	http://www.crha.cn
国际社会团体	
国际医院联合会	https://www.ihf-fih.org
国际卫生保健质量协会	https://isqua.org
国际医疗卫生机构认证联合委员会	https://www.jointcommissioninternational.org
国内研究机构	
国家卫生健康委医院管理研究所	http://www.niha.org.cn
华中科技大学同济医学院医药卫生管理学院	http://mms.tjmu.edu.cn
山东大学卫生管理与政策研究中心	https://chmp.sdu.edu.cn
复旦大学医院管理研究所	http://www.fudanmed.com/institute
四川大学华西医院医院管理研究所	http://www.hxyygl.com.cn
上海交通大学中国医院发展研究院	https://www.shsmu.edu.cn/chdi
清华大学医院管理研究院	http://www.ihm.tsinghua.edu.cn
国外研究机构	
美国卫生保健改进研究所	http://www.ihi.org
美国卫生保健管理研究所	https://nihcm.org
英国卫生和保健优化研究所	https://www.nice.org.uk
德国医院薪酬制度研究所	https://www.g-drg.de
日本国立保健医疗科学院	https://www.niph.go.jp
印度卫生管理研究所	http://www.iihmr.org

第三节 文献检索的方法、途径和技术

一、文献检索的方法

文献检索的方法归纳起来主要分为以下三种。

1. 工具法 也称常用法，是指利用各种检索工具查找文献线索的方法。该方法最大的优点是查找文献全面，检索效率高，是制定检索策略首选的、最常用的方法。

2. 追溯法 是指利用文献后面所列的参考文献，逐一追查原文，然后再从这些原文后所列的参考文献逐一扩大文献检索范围，像滚雪球一样，依据文献间的引用关系，获得更多的检索结果。利用综述文献所附的参考文献作为线索是一种比较好的选择。

3. 浏览法　也称直接法，是指不借助任何检索工具，直接通过浏览图书或期刊的目录查阅文献的方法。其优点是可以直接查看到最新的文献信息，时效性好。

尽管工具法是文献检索最主要的方法，但实际检索时往往会将上述几种方法综合使用。

二、文献检索的途径

任何一个文献数据库，都有相应的检索途径。为了方便理解，可将其归纳为已知项检索和未知项检索两个角度。前者也称对外表特征的检索，包括题名、作者、期刊名、序号等方面的检索；后者则称对内容特征的检索，包括分类号、主题词和关键词等方面的检索。

在实际检索时，检索途径的选择既受课题已知条件和检索深度的影响（主观因素），更取决于各检索系统所能提供的检索条件（客观因素）。例如，对于未知项的检索，如果数据库没有主题和分类检索途径，用主题词或分类号检索是不可能实现的。

三、文献检索的技术

文献检索技术是指计算机在对文本信息进行检索时发出的检索指令，掌握好这些检索指令，可以很好地提高检索效率。具体包括以下几种。

1. 布尔逻辑检索　是指利用布尔逻辑算符，对检索词的逻辑关系进行表达的一种方法。布尔逻辑是目前计算机检索最简单、最基本的匹配模式，也是计算机检索领域广泛采用的逻辑表达方式。布尔算符有“逻辑与”（“AND”）、“逻辑或”（“OR”）、“逻辑非”（“NOT”）三种方式。其中“逻辑与”要求检索既论及A概念又论及B概念的文献，即同时出现有A和B的记录，其作用是缩小检索范围，提高查准率；“逻辑或”要求检索论及A概念或B概念或者同时含有A概念和B概念的文献，其作用是扩大检索范围，提高查全率；“逻辑非”要求检索论及A概念的文献，但不包括涉及B概念的文献，也就是在含有A概念的文献中去除含有B概念的文献，其作用是缩小检索范围，提高查准率。以上逻辑运算符中，优先级关系为逻辑非>逻辑与>逻辑或，同一优先级从左往右计算。

2. 限定字段检索　文献数据库的每条记录都由多个代表不同信息内容的字段组成，几乎所有的文献数据库均设置了字段限定检索功能，其作用是使用户在指定的某一个字段或某几个字段检索，使检索结果更为准确，减少误检。例如，PubMed中常见的字段限定符有［TI］（题名）、［AU］（作者）、［AD］（作者机构）、［MH］（主题词）、[MAJR]（加权主题词）、[PT]（文献类型）、[TA]（特定刊名）等，在PubMed基本检索框输入Hospital Administration（医院管理），不做任何字段限定（默认全部字段），得到结果 Hospital Administration 828 487篇，而将其限定在题名字段，得到结果Hospital Administration [Title] 447篇，极大提高了查准率（检索时间2021年11月2日）。

3. 截词检索（Truncation） 又称通配符检索，是指将检索词在适当的地方截断，用词的局部再加上截词符进行检索的方法。这种方法类似于布尔逻辑检索中的"逻辑或"运算。在做关键词检索时，为避免漏检，常常采用此方法。截词检索在西方语言检索中应用更为广泛。不同检索系统采用的截词符不完全相同，比较常见的截词符有问号"？"和星号"*"两种。"？"常用于有限截词，表示一个任意的字符。例如，检索"wom？n"将查找到"woman"和"women"；检索"t？re"将查找到"tire""tyre""tore"等；"*"常用于无限截词（* =0-n个字母）。例如，输入pain*，可同时检出pain、painful、painless、painkiller等。使用星号的截词检索可以把词干相同，词尾不同但词义相同的一串词联系起来，其作用是减少检索词的输入量，提高查全率。需要注意的是，截词符"？"和"*"在英文半角状态输入时才能生效。

4. 扩展检索 是一种传统的智能检索技术，其基本原理是系统基于词表自动或半自动对多个检索词执行"逻辑或"的检索。基于词表的扩展检索主要有同义词扩展和下位词扩展两种。例如，在SinoMed数据库的基本检索框输入"医院管理"时，该库通过其智能联想功能会自动检出医院管理、医院组织与管理方面的文献，实现同义词自动扩展检索；在主题词检索框输入"医院管理"时，该库会同时检出与其相关的所有下位词（如医院辅助服务、集中式医院服务、医院财务管理、医院通信系统、医院科室、医院供应系统、医院改组、医院间共用服务、医院患者关系、医院医生关系、医院图书馆、医院器材管理、医院商店等）的文献，实现下位词自动扩展检索，大大提高了查全率。

5. 精确检索 也称固定短语检索或词组检索，用双引号""标注（英文半角状态）。其作用是将该词组作为一个固定搭配的词组，中间不能添加任何词汇。例如，在PubMed基本检索框输入Hospital Administration，不打双引号，得到结果 Hospital Administration 828 487篇；而打了双引号后，得到结果"Hospital Administration" 31 905篇，明显缩小了检索范围（检索时间2021年11月2日）。

6. 加权检索 是某些检索系统提供的一种定量检索技术。所谓"权"，表示重要程度的数值。所谓"加权"，是一种对文献实行重要性检索的措施。它是保证所检文献与课题实际需求的相符性达到最大值的一种检索方法。例如，在PubMed主题词检索框，输入Hospital Administration，不加权检索时，得到结果"Hospital Administration

［MeSH］” 271 601篇；采用加权检索，得到结果“Hospital Administration［Majr］” 184 244篇（检索时间2021年11月2日）。因为此时检索系统仅将重点讨论医院管理的文献检出，明显提高了查准率。需要注意的是加权检索只能在有主题检索途径的数据库使用。

7. 相关信息反馈检索　是指在检索过程中，系统为帮助检索者找到更多的相关信息而提供的一种检索方式，如PubMed中的“Related Articles”、谷歌搜索（Google）中的“Similar Pages”、Web of Science中的“Related Records”等。利用该检索技术获得的检索结果，像滚雪球似的越检越多。

第四节　如何制定检索策略

所谓检索策略，是指为实现检索目的而制定的全盘检索计划和方案，是对整个检索过程的谋划和指导，是处理检索提问的逻辑关系与查找步骤的科学安排。它是整个检索过程的灵魂，直接影响检索效果的优劣。正确的检索策略不是一成不变的，也不是一蹴而就的，它需要在对查到的背景资料进行深入的研读、分析以及对课题越来越深入的理解后，时时修改、不断调整。它是本章第一节Big6模式（文献检索框架）的具体体现。

一、检索策略流程

面对一个全新的课题，虽然不同的人选择的题目和要求各不相同，但所采用的检索策略和方法是基本相同的，归纳起来都需要经过以下7个步骤（图2-57）。

（一）分析课题，提出明确的检索请求

在整个检索策略流程中，最容易被忽视的就是第一步课题分析，面对一个全新的课题，如果不对其作充分的分析就匆忙去检索，很容易出现选词错误，尤其是面对老师选择的题目，学生对其背景并不了解时。因此在开始检索之前，一定要对该课题的背景知识做充分的了解，了解得越多，所走的弯路就越少。具体方法包括界定问题、建立背景知识和分析提取主题概念。

1. 界定问题　需要考虑的问题如下：①该课题检索的目的和意图。②涉及的学科范围、主题要求。③课题所需信息的背景知识及其内容特征。④课题所需信息的类型，包括文献类型、年代、语种、研究对象等。⑤课题对查全、查准、查新、查优的要求。

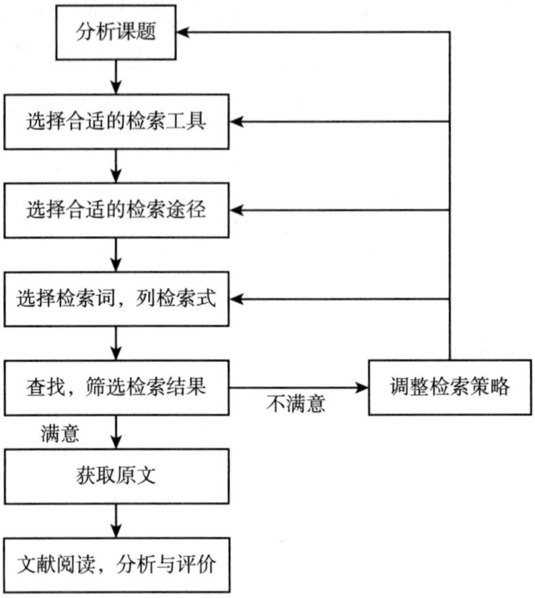

图2-57　检索策略流程

2. 建立背景知识　阅读与研究主题相关的资料，如专著、教科书、综述文献、百科全书、词典等建立自己的检索词汇表（包括同义词、近义词等）。建立背景知识的过程也是辨别待解决问题的必要性及可行性的重要时机。

3. 分析提取主题概念　对已经建立的检索词汇表进行取舍，为避免漏检，注意提取尽可能多的关键词。但又不能提取的太多，过多的关键词会增加误检的可能性。尤其注意对隐含概念的判断，要能透过现象看本质。例如，“综述”这个词，实际还包含了概述、研究进展、述评、发展趋势等概念，因此，遇到用后面这些词表达的检索课题时，都应该将文献类型限定在综述类文献。

（二）选择合适的检索工具

检索工具的选择对检索质量起至关重要的作用。检索工具种类繁多，各具特色，应根据课题的特点进行选择。需要考虑的问题如下：①该检索工具收录文献的学科范围、显示程度（文摘库、引文库、全文库）、数量（全面性）和质量（权威性）。②收录文献的类型（图书、期刊论文、专利、科技报告、学位论文、标准等）、回溯时间、语言及更新周期（新颖性）。③所提供的检索途径、检索技术和服务方式（付费、免费）。④加工质量（揭示文献的深度、标引质量等）。详见本章第二节如何选择文献信息源。

（三）选择合适的检索途径

每一个检索工具，都会配备相应的检索途径。加工越好的数据库，检索途径越多。

从未知项检索的角度，是否提供了主题和分类检索途径很重要。因为主题词检索具有紧扣文章中心、能够网罗同义词、可用副主题词限定、可进行下位词扩检以及加权检索等诸多优点，所以对有主题途径的数据库，尽可能选择主题词检索。分类检索则可以满足族性检索的要求，如需查阅泛指性较强的文献，可以首选分类途径；如需检索内容新颖的文献，可以直接选用关键词检索，因为主题词表收词会有一定的滞后性，对于一些新出现的专业术语可能找不到对应的主题词；如需检索已知题名、作者、专利号、标准号等的文献，则可以直接在基本检索或高级检索途径将检索词限定在这些字段。总之，需要多种检索途径配合使用，才能收到较好的检索效果。

（四）选择合适的检索词，构建检索提问式

检索词的选取是检索过程的关键点，只有检索词选取恰当，才能取得满意的检索效果。检索词的选取要符合以下两个要求：一是能准确、完整地表达检索课题的内容；二是要符合数据库的输入要求。而同一个检索词，在不同的字段进行检索，会得到不同的检索结果。因此要根据宽进严出的原则，通过检索词在不同字段的组合来把握查全率和查准率。选择检索词应遵循以下原则。

1. 准确定位　概念不能太大也不能太小，很多检索者不知道如何正确定位课题的主题概念，往往会不是大了，就是小了，初学者更容易把概念确定的偏大。例如，检索“医院改组”的文献，主题词有两个词，一个是“医院管理”，另一个是“医院改组”，后者是前者的下位概念，显然用后面这个词更合适。反之，如果检索“医院管理”的文献，用“医院改组”去查找，主题概念就小了，最终都会使查准率大大降低。

2. 多主题概念的课题　检索词以“简”为主，对于由 A、B、C、D、E多个主题组合的多主题概念课题，如果将涉及 A、B、C、D、E所有主题概念的词混在一起同时组配，往往会造成“零结果”现象。因为，只要其中任何一个词的检索结果为零，经过布尔逻辑“逻辑与”的运算，检索结果就会为零。因此，对于多主题概念的课题，首先在组合的时候，要逐渐增加检索词，而不是一下把所有的词组合到一起。注意先选择必须使用的关键词为核心词，再根据检索结果增加其他检索词。

3. 尽可能将概念相同或相近的词了解全面　计算机检索的特点与其说是人机对话，不如说是文献标引人员与检索人员的对话，只有标引人员与检索人员所表达的“语言”一致，才能顺利实现文献检索。例如，检索“医疗废弃物管理”方面的文献，如果仅用该词查找，得到的文献会非常少，因为该词有很多同义词，如医用废物处理（更为常用）、病理标本废弃处理、生物废弃物处理、生物废物处理、传染性物品废弃处理、标本废弃处理等。在关键词检索时，需要把这些同义词都考虑进去，以满足查全率的要求。

检索提问式是检索者向检索系统表达检索请求的句式，对检索结果起至关重要的

作用。具体构建方法详见本节如何列检索式部分。

（五）查找和筛选文献线索，调整检索策略

当经历了前面一系列的检索得到结果时，通过阅读标题和文摘，如果发现检索结果并不尽如人意，或相关性较差，或检索结果太多或太少时，就需要调整检索策略。具体方法详见本节如何提高检索效率部分。

（六）整理检索结果，获取原始文献

数据库检索系统一般都会在检索结果界面提供一系列的功能选项，帮助用户分析整理检索结果，包括浏览检出结果、进一步的结果限定、排序方式选择、记录输出、全文获取等。此外，有的数据库还提供了更先进的分析功能。例如，Web of Science数据库提供的检索结果分析工具（Analyze Results），可对检索结果从多角度采用百分比或柱状图形式显示，可将检索结果进行过滤，分离出所需要的信息，使用户在特定的研究领域找出隐含的趋势和模式，达到深入了解和利用检索结果的目的。另外，关于原始文献获取的问题可以分为直接获取和间接获取两种方法。详见本章第二节。

（七）文献阅读与分析评价

对原文进行阅读和分析评价是文献检索的目的所在，需要强调的是阅读文献不仅是检索的终极目标，也是进一步检索的新起点、新平台。

1. 通过阅读文献，可以从引用的参考文献中得到其他极有启发的文献，它们与课题的相关性往往比用一般检索词检索得到的相关性要大得多，而且有些可能是该领域的经典之作。

2. 通过阅读文献，可以得知此领域的领军人物、顶级研究机构及最重要的期刊，从而追踪文献。一个检索者如果能从一般检索变为一般检索加跟踪权威学者、机构和期刊的检索，就是文献检索质的飞跃。

3. 通过阅读文献，可以进一步了解该领域惯用的其他关键词，方便调整原来的检索策略重新拟定检索式。

总之，通过对原始文献的阅读、分析和评价，取其精华，去其糟粕，去伪存真，就可以让文献真正成为我们前进的垫脚石而不是绊脚石。而且通过对原始文献的阅读、分析和评价，往往检索思路会有所改变，甚至课题方向会有所调整，此时又需要重新分析课题，走向新的循环。具体的检索案例分析详见本章第五节文献检索案例分析。

二、如何列检索式

检索式也称检索表达式，是检索策略的具体体现。它是指计算机理解和运算的查

词串，主要由检索词（关键词/主题词）、逻辑运算符和检索指令三部分构成。其中，检索词是检索式的主体，逻辑运算符和检索指令是根据检索要求从不同角度对检索词进行限定。检索式构造的优劣直接关系到检索策略（查全率和查准率）的成败。

检索指令即前面介绍过的截词符、精确短语和限定字段标识符等。例如，在PubMed中检索“基层医院对医疗废弃物的管理和处置措施的国际经验”的文献，经过反复调整后，最后的检索表达式见表2-6（检索时间2021年11月2日）。

表2-6　检索表达式列表

Search	Query	Results
#1	“Hospitals，Community”［Mesh］OR “Hospitals，Rural”［Mesh］OR “Community Health Centers”［Mesh］OR “Rural Health Services”［Mesh］OR “primary hospital” OR “primary health centers”	43 107
#2	“Medical Waste/adverse effects”［Mesh］OR “Medical Waste/instrumentation”［Mesh］OR “Medical Waste/methods”［Mesh］OR “Medical Waste/standards”［Mesh］OR “Medical Waste Disposal/instrumentation”［Mesh］OR “Medical Waste Disposal/methods”［Mesh］OR “Medical Waste Disposal/standards”［Mesh］OR “Waste Management/adverse effects”［Mesh］OR “Waste Management/instrumentation”［Mesh］OR “Waste Management/methods”［Mesh］OR “Waste Management/standards”［Mesh］OR “Disposable Equipment/adverse effects”［Mesh］OR “Disposable Equipment/instrumentation”［Mesh］OR “Disposable Equipment/standards”［Mesh］OR “Hazardous Waste/adverse effects”［Mesh］OR “Hazardous Waste/standards”［Mesh］	53 295
#3	#1 AND #2	26

在该检索表达式中，关键词和主题词是“基层医院”和“医疗垃圾”，以及与医疗垃圾处理相关的副主题词，OR和AND是逻辑运算符，［Mesh］、双引号“”是检索指令。该检索表达式的意思：#1将所有与基层医院有关的英文主题词、关键词全部列出，用逻辑OR连起来，同时将关键词“primary hospital”打双引号；#2将所有与医疗垃圾处理相关的英文主题词和副主题词列出来，用逻辑OR连接；#3是将#1和#2用逻辑AND连接进行检索，最后得到相关文献26篇。

三、如何提高检索效率

（一）什么是检索效率

检索效率是指利用检索系统（或工具）开展检索时所产生的有效结果。检索效率评价是根据一定的评价指标对实施文献检索活动所取得的效果进行的客观科学的评价，以进一步完善检索工作的过程。评价检索系统的检索效率，目的是为了准确掌握检索系统的各种性能和水平，找出影响检索效率的因素，从而提高检索效率。

（二）评价标准

根据美国著名情报学家F.W.Lancaster的阐述，判定一个检索系统的优劣，主要从质量、费用和时间3个方面来衡量。概括起来可以用7个字来表达，即全、准、快、便、省、新、优。其中归入质量评价的是全、准、新、优；归入费用评价的是便和省；归入时间评价的是快。全指的是查全率，准指的是查准率，快指的是系统的响应时间，便指的是检索的方便性（系统易用性），省指的是用户负担（省时、省力、省钱），即用户为检索课题所投入的费用和时间，新指的是检索结果的新颖性，优指的是检出文献的质量。上述7个指标中，快、便、省更多地依赖于检索系统的性能，而全、准、新、优则可以由检索者控制，即检索者是质量评价的主要控制者。本节所讨论的检索效率主要指的就是这4个方面。

1．查全率（Recall Ratio）是指系统在进行某一检索时，检出的相关文献量与文献库中相关文献总量的比率，它反映该文献库中实有的相关文献量在多大程度上被检索出来。

查全率=（检出的相关文献量/文献库内相关文献总量）×100%

例如，要利用某个检索系统查某课题。假设在该文献库中共有相关文献40篇，而仅检索出来30篇，那么查全率就等于75%。需要说明的是，该公式只是一个理论公式，因为分母是多少很难确定，所以通常会采取间接测量的方法。

2．查准率（Precision Ratio）是指系统在进行某一检索时，检出的相关文献量与检出的文献总量的比率，它反映的是每次从该文献库中检出的文献中有多少是相关的。

查准率=（检出的相关文献量/检出的文献总量）×100%

如果检出的相关文献总数为50篇，其中与课题相关的文献只有40篇，查准率就等于80%。显然，查准率是用来描述系统拒绝不相关文献的能力，因此也称其为“相关率”。

实际上，影响检索效率的因素是非常复杂的。实验表明，在同一个检索系统中当查全率与查准率达到一定阈值（即查全率60%~70%、查准率40%~50%）后，二者呈互逆关系，即查全率提高，查准率就会降低，反之亦然。因此，检索的最佳状态是尽量保持两者的平衡，即查全率为60%~70%且查准率为40%~50%时。

（三）如何提高检索效率

检索效率不高的因素可以从数据库（客观因素）和检索者（主观因素）两方面来衡量。从数据库角度，主要因素有收录期刊种类较少，质量低；没有词表或词表结构不完整；数据加工不好，即标引人员对重要概念遗漏严重或用词不当，词间关系揭示的模糊或不正确；限定字段少，检索途径少，检索结果限定选择少等。从检索者角度，主要因素有选词不能全面描述检索要求，检索策略过于简单（不会列检索式）；选词和逻辑组配不当；检索途径和方法不当；不知道如何使用检索技术（截词、扩展检索和加权检索等）；不会使用词表等。本节主要从检索者角度讨论在保证文献数据库质量的前提下，如何提高检索效率。

1. 如何提高查全率　如果检索结果太少，则需要扩大检索范围，采取的措施如下：①首选文摘型数据库，因为文摘库具有收录文献全面和检索功能强大的特点。②有主题途径的数据库尽量采用主题词检索。③关键词检索时注意查找其他同义词包括全称、简称及缩写等。④在布尔检索式中，增加“逻辑或”，减少“逻辑与”，删除检索式中的某些次要概念。⑤采用截词检索。⑥字段限定选择宽泛一点的字段，如全部、全文字段。⑦从检索结果中选出相关性高的几篇文献，从其题名和摘要中找出其他合适的关键词，再用这些关键词去检索。如果是PubMed数据库，则可以通过浏览某篇文献的主题词字段，找到合适的主题词和副主题词进行检索。⑧同时选择多个数据库，或者选择更合适的数据库进行查找。⑨降低检索词的专指度，选用上位词或相关词检索。⑩不对检索结果做进一步的限定。⑪ 主题词和关键词同时检索。⑫跟踪检索某一专题知名学者的文献和重要研究机构的文献，也会获得新的研究线索。

2. 如何提高查准率　如果检索结果太多，或者相关性不好，则需缩小检索范围，采取的措施如下：①在检索式中增加“逻辑与”和“逻辑非”。②附加多个检索条件，进行结果限定检索（如时间、语种、文献类型、人类、动物等）。③对短语使用双引号进行精确检索。④提高检索词的专指度，选用下位词或专指性较强的词汇和专业术语。⑤对于主题途径查不到的概念，直接用关键词检索。⑥选择准确性高的限定字段，如题名、关键词、主题词、加权主题词等。⑦采用副主题词限定和加权检索。⑧浏览部分中间检索结果，从检出的记录中选取新的检索词对结果进行进一步限制。

3. 如何提高检索结果的新颖性　采取的措施如下：①从文献类型角度，首选最新的专利文献和会议文献。②从检索方法角度，选择浏览法，通过浏览最新一期期刊目次查找相关文献。③从检索工具角度，将检索结果采用降序排列，查看最新发表的文献题录。④选择更新频率快的文摘或全文数据库。⑤选择专利数据库。

4. 如何检索高质量的文献　一般来说，从获取途径考虑，高质量的论文可以从核心期刊、基金和引文数据库3个地方查找。

（1）核心期刊。中文核心期刊可以在下面5种核心期刊的来源期刊查找：北京大学图书馆“中文核心期刊要目总览”（又称北大核心）、南京大学“中文社会科学引文索引（CSSCI）来源期刊”（又称南大核心）、中国科学技术信息研究所“中国科技论文统计源期刊”（又称中国科技核心期刊）、中国科学院文献情报中心“中国科学引文数据库（CSCD）来源期刊”。外文核心期刊可以在SCI、SSCI、A&HCI的来源期刊查找。

（2）基金资助论文（包括国家自然科学基金、国家社会科学基金等）。查找方法如下：①在CNKI“高级检索”界面最下面一栏有基金资助的选择，直接输入基金名称进行检索。②在SinoMed和PubMed数据库，将待查的主题内容与具体基金名称进行“逻辑与”组配，即可查到受基金资助的文献。

（3）引文数据库 。可以提供高影响因子期刊的文献检索和单篇论文被引用频次的排序检索，据此获得高质量的文章。中文有CNKI中国引文数据库、中国社会科学引文索引（CSSCI）、中国科学引文索引（CSCD）；外文首选Web of Science，它是全球最大、覆盖学科最多的综合性引文数据库，里面包含科学引文索引（SCI）、社会科学引文索引（SSCI）和艺术人文引文索引（A&HCI）等多领域的核心学术期刊。

从评价指标的角度考虑，判断优质文献的标准如下。

（1）发文期刊的影响因子（impact factor）和文章的被引次数。外文可以充分利用《期刊引文报告》（Journal Citation Report，JCP）的期刊影响因子和Web of Science 的被引次数（Time Cited）两大功能来分析。影响因子越大，说明该刊论文平均被引率越高，即期刊被使用的程度越高，同行专家认可度越高，期刊的学术影响力越大。Web of Science 中的“Analyze Results”可以对原文献的引文作进一步的分析，分析的项目有Author（作者）、Document Type 文献种类（综述、论著）、Institution Name（机构名称）、Source Title（期刊名称）、Subject Category（主题领域），从中可以进一步了解什么类型的文献，哪个人、哪个机构、哪个期刊对该篇文章的引用最多，以此证明该文章的水平。

（2）作者的权威性。作者的知名度与发文的数量和质量密切相关，知名度高的作者一般都是某学科的学术带头人，其与所在团队对该领域研究的越多、越深，文章的可信度越大。

（3）学术专著、手册、百科全书、字典，教科书等科技图书上的原理、数据比较成熟，可信度比较大。

（4）实验证据直接得到的结论。由实验证据直接得到的结论比推测出来的结论更具说服力。

从文章内容角度考虑，判断优质文献的标准如下：①原创性好。②立论明确。③题文相符。④研究方法得当。⑤结论可靠。⑥图表清晰。⑦语言精练，条理清晰，书写规范。⑧参考文献选择恰当，格式规范。

5. 如何筛选密切相关文献 无论检出文献的数量多少，都必须对其内容进行相关性判断，以筛选出与研究主题相关性好的文献。可采用的方法：①浏览标题和摘要，人工排除所有与研究主题无直接关联的文章。②检索结果选择按相关性排序。③关注文献的发表时间，多数情况下，越新的文献越能反映其所属领域的研究现状。但对于里程碑式或突破性进展的文章例外。④选择密切相关的高质量的综述性文献，将其参考文献作为线索（即采用追溯法）。⑤利用PubMed主题词字段，可快速锁定与研究主题密切相关的文献。例如，对于“基层医院对医疗废弃物的管理和处置措施的国际经验”的课题，如何判断表2-6检索表达式列表查到的26篇文献与该课题的相关性。在此以前5篇文献为例进行介绍。操作方法：首先将检索结果按照相关性排序，显示出前5篇文献的文摘格式，然后浏览每篇文献的题名和主题词字段，重点查看加权主题词的情况（打星号*的地方）。结果见表2-7，从列出的前5篇文献的标题看，与待查课题的吻合度都很高，从主题词字段看，前3篇文献与课题的相关度更高，因为“基层医院”和“医疗废弃物”两个主题词均打了星号（见粗体字），第2篇虽然标题没有看到社区医疗几个字，但反映在了加权主题词上；第4篇和第5篇基层医院没有打*号，从标题看讨论的也确实不只是基层医疗机构。由此提示PubMed检索结果按照相关性排列，越靠前相关性越好，与主题词的加权标引结果完全吻合。说明相关性排序的结果和主题词加权的关系非常密切。

表2-7　前5篇文献的题名和主题词字段

序号	标题	主题词字段MeSH terms
1	Unpacking **healthcare waste management** at rural village health clinics in the Ntcheu District（Malawi） 在Ntcheu区（马拉维）农村卫生诊所拆包医疗废物管理	Developing Countries Rural Population Needles Environmental Monitoring / economics Environmental Monitoring / methods* Humans Incineration Malawi Medical Waste Disposal / economics **Medical Waste Disposal / methods*** Rural Health Services / economics **Rural Health Services / organization & administration***
2	An innovative national **health care waste management** system in Kyrgyzstan 吉尔吉斯斯坦创新的国家医疗废物管理系统	Costs and Cost Analysis **Hospitals，Rural*** Kyrgyzstan Medical Waste Disposal / economics **Medical Waste Disposal / methods*** Recycling / economics
3	Water Supply，Sanitation，and **Medical Waste Treatment** and Disposal at **Commune Health Centers** in Vietnam 越南社区卫生中心的供水、卫生和医疗废物处理和处置	Humans **Medical Waste Disposal / standards*** **Rural Health Services / statistics & numerical data*** Sanitation / standards* Vietnam Water Supply / standards*

续 表

序号	标题	主题词字段MeSH terms
4	**Medical waste management** in Korea 韩国的医疗废物管理	Air Pollutants / analysis* Air Pollutants / chemistry Hospitals，Community Incineration* Korea Medical Waste / adverse effects Medical Waste / prevention & control* **Medical Waste Disposal / methods*** Medical Waste Disposal / standards Plastics / analysis Plastics / chemistry Public Health Sterilization Waste Management / methods*
5	Health-Care Facility Water，Sanitation，and **Health-Care Waste Management** Basic Service Levels in Bangladesh：Results from a Nation-Wide Survey 孟加拉国卫生保健设施供水、卫生和卫生保健废物管理基本服务水平：全国调查	Adult Child Female Male Middle Aged Bangladesh Cross-Sectional Studies Drinking Water / analysis* Health Facilities* Health Personnel Humans Inpatients **Medical Waste*** Rural Health Services Sanitation / methods* Surveys and Questionnaires Urban Health Services Waste Management / methods* Waste Water Water Supply / methods

第五节　文献检索案例分析

前四节详细介绍了文献检索的基本概念、检索原理，文献信息源的种类和特点，常用医学文献数据库的种类和使用方法，并从理论上阐述了文献检索策略的制定，检索式的作用以及提高检索效率的方法和措施等。本节以PubMed数据库为例，通过一个检索案例的介绍让学生实际体验完成一个检索课题应该采取的检索策略、步骤和方法。

检索案例：基于患者参与的医疗差错防范和管理策略研究

一、主题概念分析

主题概念分析是文献检索的第一步，该步骤需要做三件事，第一明确检索目的，提出检索请求；第二背景知识学习，建立自己的关键词列表；第三将待检索的关键词进行进一步的取舍，注意查全率和查准率的平衡。本案例的检索目的是为了申报一个医院管理方面的项目，检索者希望查找到密切相关的、新颖性好的外文文献，文献类型为论著类，对时间没有特别的要求。仔细分析标题以及对相关背景知识（尤其是综述类文献）的查阅，可以了解到，关于医疗差错防范的文献已经很多了，但“患者参与”的研究相对比较少，说明该词是本课题一个重要的主题概念，最后选出的中文关键词和英文关键词见表2-8。

表2-8　检索课题提炼的中英文主题概念

	中文	英文
1	患者参与、病人参与	patient participation
2	医疗差错、医疗事故、医疗错误	medical error、medical malpractice、medical mistake
3	防范、管理、事故处理	prevention、management

二、检索途径

分别从关键词和主题词两条途径进行检索。

（一）关键词检索

一个检索课题超过两个以上检索词时就需要列出明确的检索式。本课题初步检索式：patient participation AND（medical error OR medical malpractice OR medical mistake）AND（prevention OR management）（检索时间2021年10月25日）。在PubMed基本检索框输入该检索式得到检索结果798篇，从“Best match”（最佳匹配）排序中选择前20篇文献，阅读题目和摘要后发现，仅有6篇与检索主题有相关性（表2-9）。

表2-9　6篇相关文献的标题列表

	Title	PMID
1	Evaluation of **Patient and Family Engagement** Strategies to Improve Medication Safety.	28 795 338
2	Patient Safety：**Patient Involvement** Matters	32 049 623
3	Can patient and family education prevent medical errors？ A descriptive study	32 234 042
4	Design of a safety dashboard for patients	31 767 242
5	Patient participation：current knowledge and applicability to patient safety	20 042 562
6	The patient died：What about involvement in the investigation process？	32 406 494

该结果说明初步检索式得到的检索结果查准率过低。改进的思路是，从命中的相关文献的标题中继续找词（如表2-9中加粗的地方），于是增加patient engagement、 patient Involvement等患者参与的同义词，增加与医疗差错相关的词diagnostic errors，并将字段限定在［Title/Abstract］，目的是通过增加同义词提高查全率，通过字段限定增加查准率。此时检索式改为（patient participation［Title/Abstract］OR patient engagement［Title/Abstract］OR patient involvement［Title/Abstract］）AND（medical error［Title/Abstract］OR medical malpractice［Title/Abstract］OR medical mistake［Title/Abstract］OR diagnostic errors［Title/Abstract］）。得到检索结果23篇，浏览标题和摘要，基本都与检索主题相关，说明查准率有了一定的提高。

（二）主题词检索

采用主题词检索首先需要确定的是，哪些是代表主题概念的词，哪些是代表限定概念的词，最后确定代表主题概念的词是Patient Participation和Medical Error，代表限定概念的词是Prevention（选择副主题词需要）。然后进入主题检索途径（MeSH database），将第一个关键词Patient Participation输入检索框，寻找到对应的主题词也是Patient Participation，限定概念省略；第二个关键词是Medical Error，对应的主题词也是Medical Error，对应的副主题词是Prevention and control，两个主题词的检索界面和检索结果见图2-58、图2-59、图2-60、图2-61。

然后在高级检索界面浏览检索式，并将两个检索式#1（27 688篇）用逻辑AND与#2（21 189篇）连接，得到检索结果#3（180篇）（图2-62）。

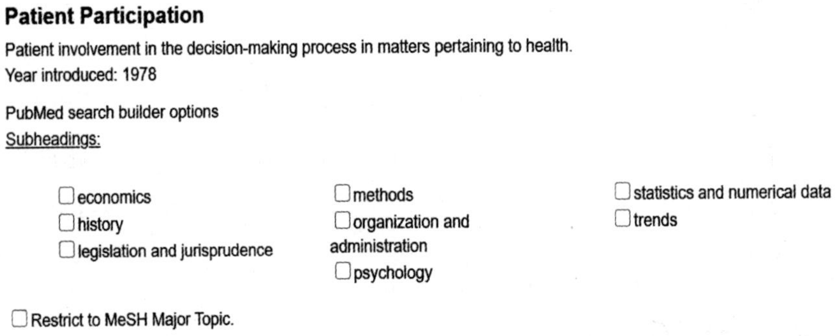

图2-58　主题词Patient Participation检索界面

图2-59　Patient Participation［MeSH］检索结果

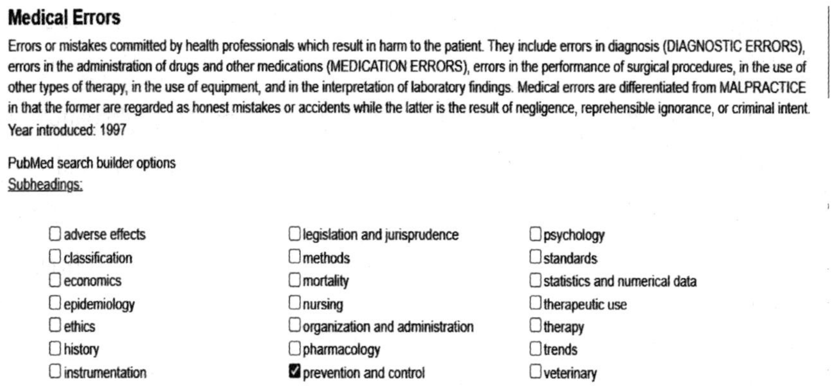

图2-60　主题词Medical Errors和副主题词prevention and control检索界面

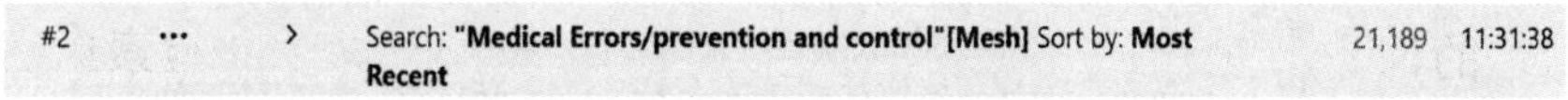

图2-61　Medical Errors/prevention and control［Mesh］检索结果

图2-62　Medical Errors/prevention and control与Patient Participation检索结果

浏览这180篇文献的题目和摘要发现，仍存在一些相关度较低的文献，如患者参与并不作为影响医疗差错降低的主要因素、护理质量提升保障患者安全、重症患者的安全监控等。查看其中相关性低的文献的主题词字段，发现一个共性问题，即“医疗差错”和“患者参与”对应的主题词都没有加权（没有打*号），说明其并不是文章重点讨论的内容，需要对检索式进行调整。具体方法是分别在两个主题词检索界面的副主题词下方的加权检索提示框（Restrict to MeSH Major Topic）前打√，见图2-63、图2-64，再进行PubMed检索，结果见表2-10。

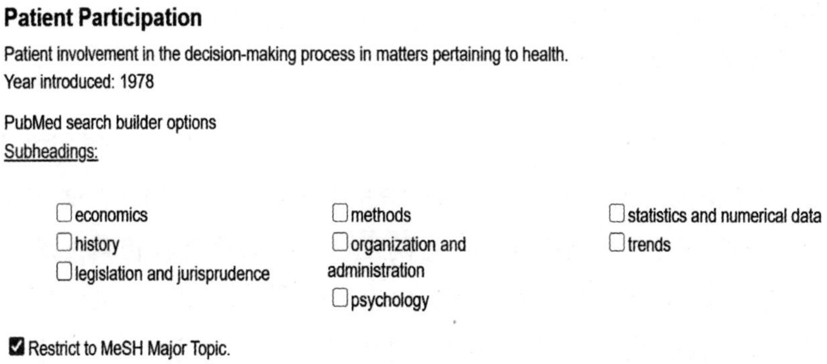

图2-63　将Patient Participation进行加权检索选择

Medical Errors

Errors or mistakes committed by health professionals which result in harm to the patient. They include errors in diagnosis (DIAGNOSTIC ERRORS), errors in the administration of drugs and other medications (MEDICATION ERRORS), errors in the performance of surgical procedures, in the use of other types of therapy, in the use of equipment, and in the interpretation of laboratory findings. Medical errors are differentiated from MALPRACTICE in that the former are regarded as honest mistakes or accidents while the latter is the result of negligence, reprehensible ignorance, or criminal intent.

Year introduced: 1997

PubMed search builder options

Subheadings:

- [ ] adverse effects
- [ ] classification
- [ ] economics
- [ ] epidemiology
- [ ] ethics
- [ ] history
- [ ] instrumentation
- [ ] legislation and jurisprudence
- [ ] methods
- [ ] mortality
- [ ] nursing
- [ ] organization and administration
- [ ] pharmacology
- [x] prevention and control
- [ ] psychology
- [ ] standards
- [ ] statistics and numerical data
- [ ] therapeutic use
- [ ] therapy
- [ ] trends
- [ ] veterinary

[x] Restrict to MeSH Major Topic.

图2-64　将medical errors/prevention and control进行加权检索选择

将#6和 #4进行逻辑AND组配检索时，需要考虑以下情况：①为满足查全率，可将两个主题词中至少一个选择加权检索与另一个未加权的主题词（#2或#3）进行逻辑AND连接，得到两个检索结果#7（134篇）和 #8（113篇）。阅读命中文献的标题和摘要发现，其中大部分文献与研究主题相关。②若想达到更好的查准率，可将两个加权检索的主题词用逻辑AND连接，得到检索结果#9（85篇）（表2-10）。

表2-10　检索式列表及检索结果

	检索式	检索结果
#7	（**"Medical/Errors/prevention and control"［Majr］**）AND（"Patient Participation"［Mesh］）将医疗错误的预防加权	134
#8	（**"Patient Participation"［Majr］**）AND（（"Medical Errors/prevention and control"［Mesh］）将患者参与加权	113
#9	（**"Patient Participation"［Majr］**）**AND**（（**"Medical Errors/prevention and control"［Majr］**）将两个主题词同时加权	85

阅读这85篇文献的标题和摘要可见，几乎所有的命中文献均与研究主题密切相关。

此案例值得思考的是，为什么关键词检索虽然考虑了同义词，在增加限定字段后相关文献只有23篇。而主题词检索即使将两个词同时采用加权检索，最后得到的密切相关文献仍为85篇，检索效率（查全率和查准率）大大高于关键词检索。原因在于，主题词检索具有很好的同义词和下位词扩展检索功能。例如，从本案例两个词的主题词检索界面可以看到，Patient Participation的英文同义词（Entry Terms）有13个，

Medical Errors的英文同义词更是多达49个（表2-11、表2-12）。

表2-11　Patient Participation同义词列表（13个）

Entry Terms：		
• Participation，Patient	• Participation Rate，Patient	• Patient Activation
• Patient Involvement	• Participation Rates，Patient	• Activation，Patient
• Involvement，Patient	• Patient Participation Rate	• Patient Engagement
• Patient Empowerment	• Patient Participation Rates	• Engagement，Patient
• Empowerment，Patient		

表2-12　Medical Errors同义词列表（49个）

Entry Terms：		
• Medical Mistakes	• Surgeries，Wrong-Site	• Incidents，Medical Critical
• Mistake，Medical	• Surgery，Wrong-Site	• Medical Critical Incident
• Mistakes，Medical	• Wrong Site Surgery	• Medical Critical Incidents
• Errors，Medical	• Wrong-Site Surgeries	• Wrong-Patient Surgery
• Error，Medical	• Surgical Errors	• Surgeries，Wrong-Patient
• Medical Error	• Errors，Surgical	• Surgery，Wrong-Patient
• Medical Mistake	• Error，Surgical	• Wrong Patient Surgery
• Wrong-Procedure Errors	• Surgical Error	• Wrong-Patient Surgeries
• Error，Wrong-Procedure	• Critical Medical Incidents	• Never Event
• Errors，Wrong-Procedure	• Critical Medical Incident	• Event，Never
• Wrong Procedure Errors	• Incident，Critical Medical	• Events，Never
• Wrong-Procedure Error	• Incidents，Critical Medical	• Never Events
• Medical Errors of Omission	• Medical Incident，Critical	• Medical Errors of Commission
• Omission Medical Error	• Medical Incidents，Critical	• Medical Error of Commission
• Omission Medical Errors	• Critical Incidents，Medical	• Commission Medical Error
• Medical Error of Omission	• Incident，Medical Critical	• Commission Medical Errors Critical Incident，Medical
		• Wrong-Site Surgery

同时，从树形结构看，Medical Errors有5个直接下位词，4个间接下位词（表2-13），Patient Participation没有下位词。所以，用主题词检索可以将所有和这两个词相关的同义词和下位词的文献全部检出，查全率自然高出很多。同时，还可以通过副主题词限定和加权检索将相关性更高的文献筛选出来。而关键词检索即使考虑了主题词

检索，也不能进行副主题限定和加权检索。因此主题词检索真正做到了全的基础上的准和准的基础上的全。这就是主题词检索即能提高查全率又能保证查准率的主要原因。

表2-13　Medical Errors树形结构表

- Medical Errors
    - Diagnostic Errors
        - Missed Diagnosis
    - Medication Errors
        - Inappropriate Prescribing
        - Medication Reconciliation
        - Near Miss，Healthcare
    - Near Miss，Healthcare
    - Observer Variation
    - Radiotherapy Setup Errors

三、检索结论

该检索案例提示我们，文献检索是一个不断试错的过程，在检索中要勤于总结、寻找规律。尤其要认识到构建检索式是一个复杂的过程，对于PubMed数据库的检索，需要注意：①要学会使用规范化的词表，知道主题语言和分类语言的作用。②尽量同时采用关键词和主题词两种检索途径，以充分发挥各自的优势。③采用关键词检索时，可以借助检出的密切相关文献的标题选择其他同义词。④采用主题途径检索时，除了剖析主题概念外，还要找出其限定概念（副主题词），以保证更好的查准率。⑤通过浏览主题词字段，可以帮助选择其他合适的主题词，补充之前检索式的不足，还可以快速判断该文献讨论的核心内容（通过加权符）。⑥无论命中文献多少，都要养成浏览标题或摘要的习惯，有时甚至需要阅读全文，以确定其相关性。⑦知道如何通过检索策略的调整保证查全率和查准率的平衡，并能将其灵活应用到实际检索中。

本章小结

通过本章学习，我们明确了科研与文献检索的关系。文献检索是为科研服务的，又受制于科学研究。文献检索采用什么方法、工具和途径，与课题处于什么状态有关，因为文献检索贯穿科研的始终。从研究选题的确定，到研究方案的取舍和制定，再到科研进行中随时追踪新的动向，以及最后的成果鉴定等都离不开文献检索。在课题的初始阶段，需要了解课题的意义、国内外现状、存在的问题，这时除了看专著外，应先检索综述性（Review）文献，以此把握全局；而在后续的具体研究中，随着课题的逐渐深入，对文献的查阅越来越有目的性，此时查文献更多是为了解决一些研究中遇到的实际问题，就需要进行更有针对性的检索。但无论处于什么阶段，文献检索都要遵循正确的检索策略。如果把文献检索的每个步骤比喻为珍珠的话，那么检索策略就是串起这些珍珠的长线，对每个步骤需要具备的能力都要认真学习，不断练习，不断总结。同时明确文献检索是一门实践性很强的课程，要达到文献检索全、准、快、便、省、新、优的境界，就要熟悉各种文献信息源的特点，掌握各种检索工具的检索方法，包括提高查全率、查准率、检索新颖性、检索优质文献和判断密切相关文献的方法，以及检索式的编制，检索技术的灵活运用等等。总之，信息时代文献信息源的种类越来越多，检索体系和方法也层出不穷，需要不断地学习，才能做检索的主人！

（张士靖　胡广宇　周志超）

第三章　文献管理软件及应用

学习目标

1. 掌握　NoteExpress和EndNote 软件的基本功能、核心功能及操作流程。

2. 熟悉　NoteExpress和EndNote软件的扩展功能、附加功能及操作流程。

3. 了解　目前主流文献管理软件的特色，以及NoteExpress和EndNote 两款软件的高级功能。

第二章我们系统学习了信息检索的基本知识和检索技巧，然而如何对选中的文献进行有效管理，通过建立个人知识库，高效、准确、便捷地检索、分析、综合、评价和使用文献，是另一种重要研究技能。参考文献管理软件作为文献管理利器，提供了文献信息管理和利用的高效解决方案。参考文献管理软件又叫书目管理软件，其功能通常可以划分为4个层次：基础功能是建立、储存、管理参考文献信息；核心功能是集成搜索、批量导入、批量导出和即插即引；扩展功能为网络共享、写作模板、用户制定、多对象管理；附加功能为文献分析、知识管理以及资源整合等。

第一节　常用软件概览

目前，国内外主流文献管理软件在基本功能和核心功能方面均日益完善和趋同，实现了文献信息的导入、导出、编辑、辅助论文写作等各项功能，但同时又各具特色。为使科研人员能够更好地选择契合自身需求、细节功能优秀、使用体验良好的文献管理软件，本节从基本情况、支撑系统、功能特点、使用特色等方面，介绍了7种国内外高校图书馆较为常用的文献管理软件。同时，重点介绍了NoteExpress和EndNote软件的操作流程。

一、NoteExpress

NoteExpress是国内广泛使用的一款文献管理软件，其特色是支持中文文献信息的规范化管理及常用中文数据库文献资源的软件内检索。NoteExpress属于商业收费软件，同时支持Windows、Linux、iOS、Android系统。NoteExpress内部集成全球300多个收费或者免费的数据库资源，可以通过联机检索，轻松、高效地获得检索结果并保存在本地供随时查阅。内嵌浏览器可以实现自定义网页信息抓取及题录信息在线更新。科研人员可以使用分类、标签、笔记、查找、附件添加等多项功能实现对文献的管理及利用。同时，NoteExpress具有文献信息多字段统计分析的功能，可以帮助研究者快速了解某领域内的重要期刊、专家、研究机构和研究热点等。目前，NoteExpress内置了4000多种国内外学术期刊和高校论文参考文献格式，并支持Microsoft Word和金山WPS两款主流写作软件参考文献的插入和格式的一键转换（具体使用方法详见本章第二节）。

二、EndNote

EndNote是文献管理软件的先驱者，也是目前全球应用最广泛的文献管理工具。EndNote属于商业收费软件，支持Windows、Mac OS系统。EndNote提供桌面版（EndNote Desktop）和网络版（EndNote Web）两个平台，方便用户实现文献信息的同步共享和协同管理。EndNote能够连接上千个数据库，支持目前大部分主流文献题录格式，因此可将在数据库中下载完毕的文献或题录信息直接导入，方便研究者的文献收集和管理工作。EndNote在文献信息导入后可以实现重复文献筛查、分组、排序、添加附件、撰写笔记等编辑操作和文献基本信息（作者、年份、期刊、关键词等）的统计分析工作。

目前，EndNote20提供3980种在线数据库链接（connection files）、699种题录过滤器（import filters）、7000多种参考文献输出样式（output styles）。科研人员可以快速地进行在线检索、批量导入以及在Microsoft Word文档中插入和管理参考文献，以满足不同期刊对参考文献格式的要求。同时，目前部分英文期刊网页提供Endnote的参考文献格式，可满足期刊投稿个性化需求。EndNote对多数英文期刊题录格式支持较好，只支持部分中文题录及期刊格式（具体使用方法详见本章第三节）。

三、Mendeley

Mendeley Reference Manager由来自全球各个学术机构和高校的科研人员、开源软件开发者等组成的Mendeley小组于2008年推出。Mendeley属于免费的开源的跨平台参考文献管理器，支持Windows、Mac OS、Linux系统。Mendeley能够接入网络备份，实现多平台信息同步，使研究者便捷地进行文献管理。Mendeley可以存储、组织、记录、共享和引用参考文献和研究数据，不仅具有较好的网页文献信息抓取和PDF文献信息抓取功能及信息编辑处理功能，还提供在线学术社交平台，支持科研人员广泛便捷地开展学术交流与协作。目前，Mendeley为Microsoft Word与LibreOffice 文字处理器软件提供引文插件及8000多种参考文献输出样式，暂不支持中文题录信息和中文期刊格式。

四、Zotero

Zotero由美国乔治梅森大学的罗伊·罗森茨威格历史与新媒体中心（Roy Rosenzweig Center for History and New Media）于2006年研发，是一款免费的开源文献管理软件，支持Windows、Mac OS、Linux系统。Zotero可作为Firefox扩展插件的形式使用，随浏览器界面支持30多种语言选择（含中文）。同时，支持无限级的子目录分类。此外，Zotero集参考文献的收集、管理、群组共享、引用、自动同步功能于一体，具有自动捕获功能，自动从PDF中获取元信息，帮助用户收集和整理网络浏览器页面中的文献信息，支持添加标签、批注、笔记、附件等内容，并且可以进行高级搜索和数据挖掘。目前，Zotero支持超过100 000种参考文献样式，能够在文字处理器软件Microsoft Word、LibreOffice、OpenOffice.org Writer和Neo Office中实现文献的交叉引用。

五、RefWorks

ProQuest RefWorks是一个基于Web的在线版的个人文献管理器，属于商业收费软件，需要科研人员通过浏览器创建账户登录使用，支持Microsoft Edge、Firefox、Safari、Google Chrome浏览器。RefWorks拥有多语言版本，可直接检索数以千计的国内外文献数据库，并将检索结果便捷导入个人数据库，保存任意网站的参考文献和全文文献。研究者可以通过在线网络随时随地连接到RefWorks，进行数据库建立和管理，实现对参考文献的组织、查找、标记、阅读和注释。RefWorks还具有用户个人数据资源共享功能，不同用户之间能够数据共享、交互协作。在论文撰写时，Write-N-Cite程序能够将RefWorks帐户中的参考代码插入Microsoft Word文档中，生成各种样式的、规范的、符合出版要求的文本引用和参考列表。

六、NoteFirst

NoteFirst是基于知识管理功能的国产团队科研协作软件，用户可免费下载使用基本功能，高级功能需付费购买，支持Windows系统，提供客户端和Web服务，数据可自动同步备份。NoteFirst在分析国内外文献管理、知识管理、协同工作、科学社区等软件功能的基础上，结合中国科研人员的文化特点、使用习惯，实现了团队科研协作和个人知识管理的统一，为科研人员提供文献、笔记、知识卡片、实验记录等资源的便捷管理及文献订阅、参考文献自动形成、电子书自动形成等功能。NoteFirst的RSS阅读器可以订阅自己关注的期刊的最新文章、专家的最新成果和博客；知识卡片功能可把看到的任何有价值的内容保存为知识卡片；团队协作功能方便成员把个人文献分享在团队，实现团队任务管理各机构知识库建设及科研协作。此外，NoteFirst通过文献收藏人数和用户标定的文献价值度加权，来探索文献价值度新方法，解决“被引频次”的数据滞后问题。目前，NoteFirst内置5426种国内外学术期刊和高校论文参考文献格式，并支持在Microsoft Word文档中不同参考文献格式一键转换。

七、医学文献王

医学文献王是一款医学文献检索和管理软件，分为标准版和专业版两个版本，标准版具有软件的核心功能；专业版授权软件的全部功能需付费购买，支持Windows系统。医学文献王综合了国外同类产品的优点，在操作内容上更加本土化，中文的操作界面和对中文数据库的支持及英文主题词汉化等更方便国内用户使用。医学文献王支持软件内检索PubMed、CNKI、万方数据等文献数据库，批量下载文献信息；可设定自动检索任务，追踪关注的课题动态；创建文献管理数据库，对本地文献分多级目录管理、查重、排序；具有全文快速传递的增值服务。目前，医学文献王官方网站提供了4000多种中外医学卫生期刊的著录格式模板供下载使用，可以在Microsoft Word文档中对参考文献进行自动引用、编排、切换投稿期刊格式等操作。

上述7款软件的主要功能见表3-1。

表3-1　常用文献管理软件主要功能一览表

项目	NoteExpress	EndNote	Mendeley	Zotero	RefWorks	NoteFirst	医学文献王
是否收费	√	√	×	×	√	基本功能免费，高级功能收费	基本功能免费，高级功能收费
操作系统	Windows、Linux、iOS、Android	Windows、Mac OS	Windows、Mac OS、Linux	Windows、Mac OS、Linux	Microsoft Edge、Firefox、Safari、Google Chrome浏览器	Windows	Windows
界面语言支持	中文	英文	英文	依托浏览器，支持多种语言	中文、英文、法文、德文、韩文、日文、西班牙文	中文	中文
用户指导	视频及中文用户手册	视频及英文用户手册	视频及英文用户手册	视频及英文用户手册	视频及英文用户手册	中文用户手册	视频
在线检索导入题录	支持中英文数据库	支持英文数据库	支持Mendeley学术文献目录	支持中英文数据库	支持中英文数据库	支持中英文数据库	支持中英文数据库
支持手动导入题录	√	√	√	√	√	√	√
自动更新题录	√	√	部分支持	×	√	√	√
文献查重	√ 可设置查重规则	√ 可设置查重规则	√	×	√ 支持模糊查重	√	√
笔记功能	√	√	√	√	√	√	√
文献信息统计分析	√	√	×	√	×	×	×
浏览器数据抓取	√	×	×	×	×	×	×
团队科研协作	×	部分支持	√	√	√	√	×
用户数据库共享	×	√	√	√	√	√	×
创建群组/线上交流	×	部分支持	√	√	×	√	×
合作阅读/分享笔记	√	×	√	×	×	√	×
参考文献输出样式	4000多种	7000多种	8000多种	100 000多种	3000多种	5426种	4000多种

第二节　NoteExpress

一、NoteExpress简介

NoteExpress拥有4000多种国内外学术期刊和高校论文参考文献格式，同时支持Microsoft Word和金山WPS两款主流写作软件的参考文献插入和管理，适用于中文文献管理和论文撰写。

1．核心功能　①文献收集：用户可以用在线检索、全文导入智能识别更新、格式化文件导入（过滤器导入）、网络捕手以及手工录入功能进行文献收集。NoteExpress内置常用电子资源库的接口，可以快速批量下载题录（文摘）及全文。②管理：分类管理电子文献题录以及全文，实现海量数据有序管理。③分析：对检索结果进行统计分析，达到有的放矢、事半功倍的目的。④发现：提供综述阅读方式，帮助科研人员快速发现有价值的文献，同时，与文献相互关联的笔记功能可以助力知识提取及分析。⑤写作：支持Microsoft Word和金山WPS办公软件，可以实现参考文献序号和格式的一键转换。

2．下载与安装　NoreExpress安装版提供了标准的Windows应用程序安装向导。在官方网站下载安装程序，双击安装文件，根据相关向导即可完成安装。安装完毕后，可通过桌面的快捷方式启动NoteExpress，工作界面见图3-1（本书以NoreExpress V3.3.0.8102版本的软件界面为例）。

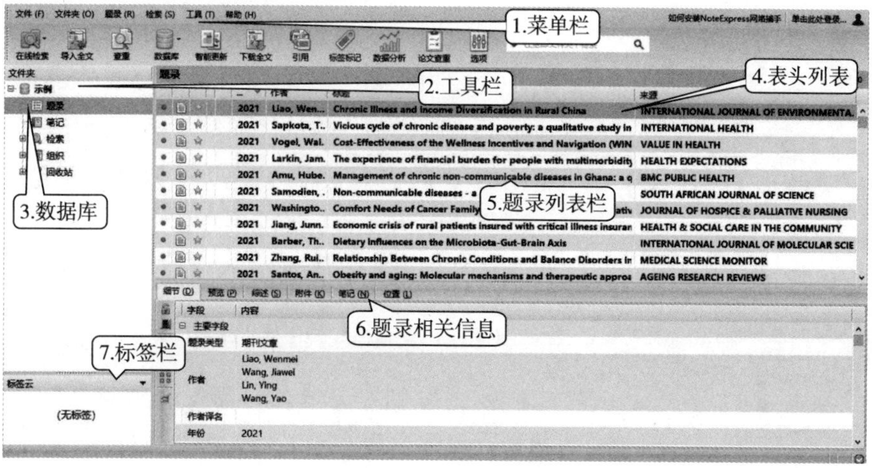

图3-1　工作界面

二、数据库的创建

（一）数据库与文件目录创建

在进行文献题录的收集和管理之前，首先需要创建一个NoteExpress数据库，用于存储题录信息。NoteExpress安装后默认的数据库为“示例数据库.nel”。为更加高效地实现文献题录分类管理和存储，研究者可建立个人数据库，例如，可选择为每个课题项目建立一个数据库，也可以为每个年份建立一个数据库。点击菜单栏“文件”，选择“新建数据库”（图3-2），然后按照提示即可实现新数据库的创建。

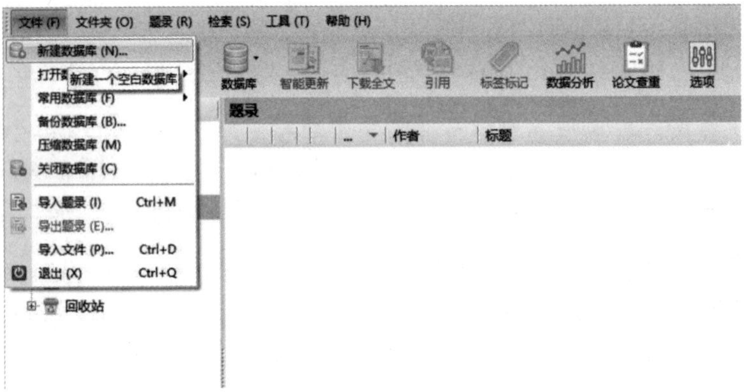

图3-2　新建数据库

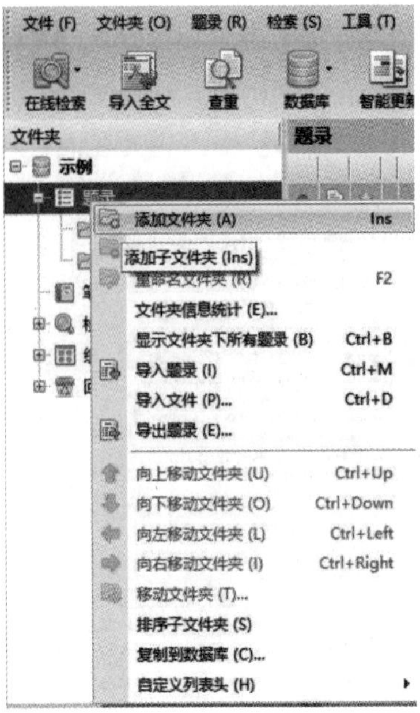

图3-3　文件目录创建

数据库创建完成后，可以点击该数据库的“题录”，选择“添加子文件夹”即可根据需求建立不同文件夹，实现文献的分类存放和管理，见图3-3。因为，即使同一主题下，题录信息的细分领域也各不相同，需要根据研究目的建立题录存放的逻辑。例如，可按照文献类型，将综述研究、案例研究等分别建立不同的文件夹进行存放，也可按照理论研究、方法研究等，建立不同的文件夹进行管理，为题录的有序管理和高效应用奠定基础。

（二）文献题录的创建与导入

数据库创建完成后，需要在数据库内建立文献题录。目前主要有手工录入、全文导入、格式化导入（过滤器导入）、在线检索和网络捕手等方式，具体应用时可根据每种方式的特点，灵活选择合适的题录导入方式，通常多种方式可以交互使用，以提高文献题录的收集效率。

1. 手工录入 手工录入方式主要适用于个别没有固定格式导出的题录或者由于其他原因需要手工编辑的少量题录。由于单条导入流程较为烦琐，需自行录入信息，因此，科研人员通常很少建立一条全新的题录信息，而是在原有题录的基础上进行编辑和修正。

第一步：选择好需要导入新题录的文件夹，在该文件夹右方题录列表中点击右键，选择“新建题录”，选择题录类型，见图3-4。

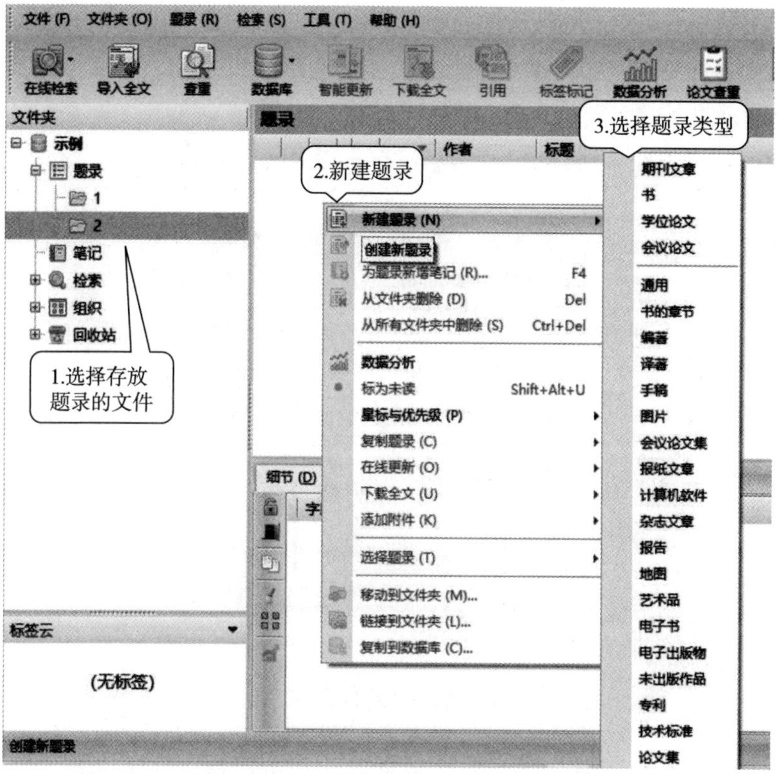

图3-4 选择文件夹新建题录

第二步：根据选择的题录类型，填写相关字段内容，字段内容可以为空。填写完毕后保存并关闭新建题录，单条题录信息即导入完毕。重复以上步骤可以继续导入题录，见图3-5。

2. 全文导入 全文导入即基于已经下载到本地的文献全文（如PDF文件），通过单个或批量导入的方式建立每篇全文对应的题录信息。主要适用于已经获取全文，但是尚未建立题录的情况，是研究过程中常用的建立文献题录方式。其特点是在建立题录的同时，实现了题录和全文的匹配，无须对每个题录附加全文。

第一步：点击菜单栏“文件”—“导入文件”，见图3-6。

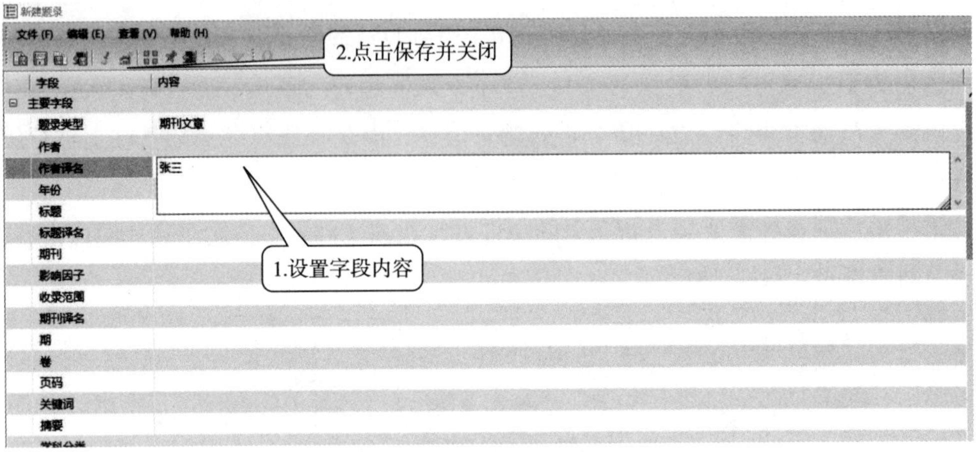

图3-5 根据题录类型填写题录信息

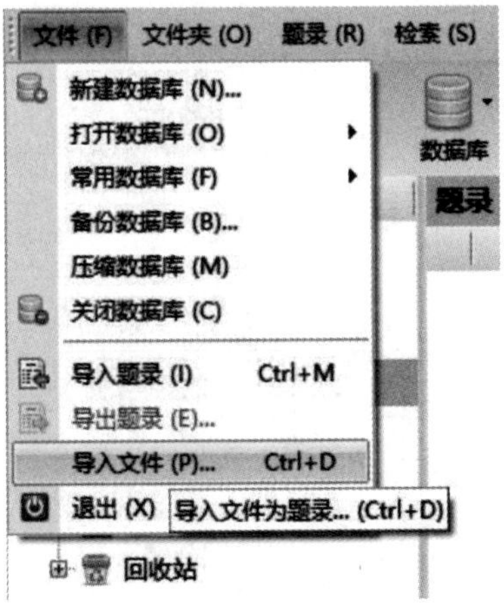

图3-6 打开导入文件

第二步：单个和批量导入。点击“添加文件”可以导入选中的单个文件，该步骤可重复操作直至导入全部所需文件；点击“添加目录”则可以导入某个文件夹中的全部文件。文件添加完毕后可选择设置“题录类型”和“字段默认值”，最后点击“导入”，见图3-7。

3. 格式化导入 格式化导入通常指将检索到的文献题录以某一格式批量下载到本地文件，然后将题录文件导入到软件，以实现文献题录的批量导入和高效管理。目前，文献数据库在各高等院校和科研机构中普遍使用，在这些数据库完成检索后，可将题录按照一定文件格式批量下载到本地，然后选择适当的题录过滤器将下载的题录批量导入。因此，在下载文献题录信息时需要注意选择文献管理软件过滤器支持的格式，如NoteExpress或者EndNote格式都是目前数据库普遍提供的文献题录下载格式。

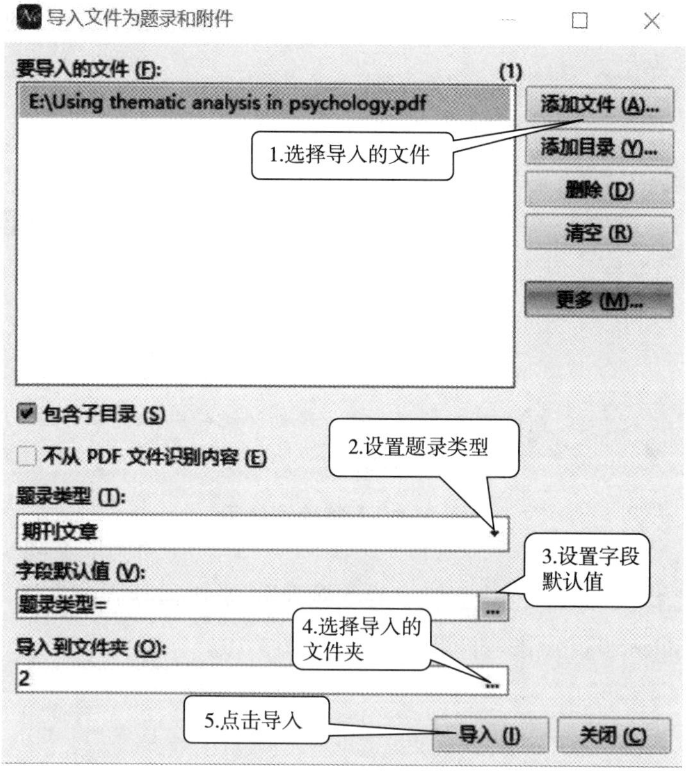

图3-7　导入对话框

以Web of Science数据库为例。

第一步：进入Web of Science数据库，选择“Web of Science Core Collection”，选择需检索的数据库种类（如SCI、SSCI或AH&CI），点击进入“Advanced Search”进行检索，见图3-8。

图3-8　进入Web of Science数据库检索

第二步：输入检索条件，检索相关文献，选择“Plain text file”格式，并下载检索结果，见图3-9。

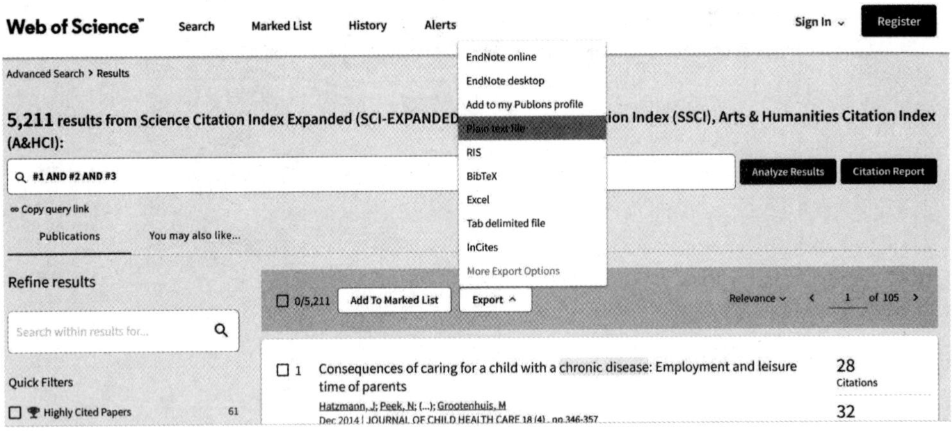

图3-9　下载检索结果

第三步：选择文件夹，点击右键“导入题录”，选中需导入的文件，设置数据库过滤器“Web of Science”，点击“开始导入”，见图3-10。

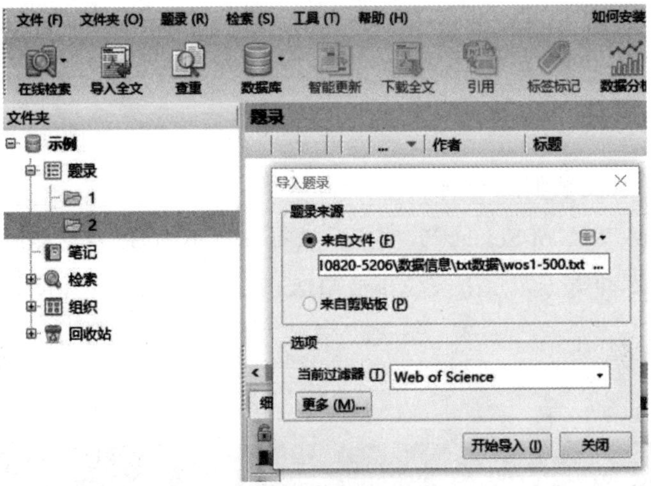

图3-10　导入题录

4. 在线检索　NoteExpress中内嵌了常用数据库，如中国知网、万方、维普、PubMed、Web of Science、ProQuest等，可以在NoteExpress中通过在线检索的方式将检索到的题录直接导入软件内。其优点是可以在软件中实现快速检索和导入，不足是仅支持数据库的基本检索功能，不支持高级检索方式。

以中国知网为例。

第一步：点击菜单栏“检索”—“在线检索”，在“选择在线数据库”下点击选择“CNKI中国知网”，见图3-11。

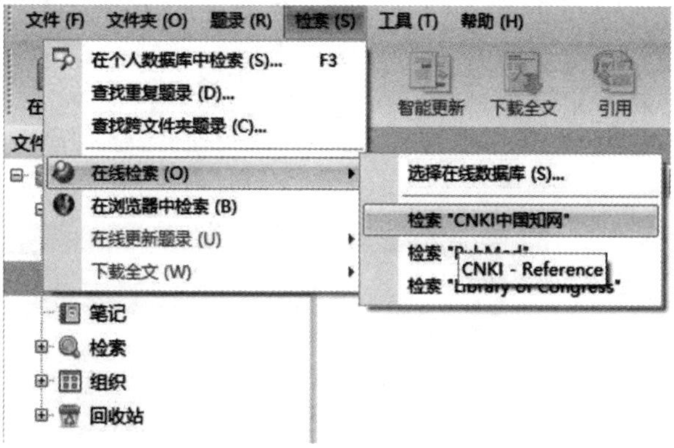

图3-11　选择CNKI中国知网

第二步：根据需要输入检索条件，开始检索，在检索结果中选择需要的题录，并保存到指定的文件夹中（也可新建文件夹），见图3-12。

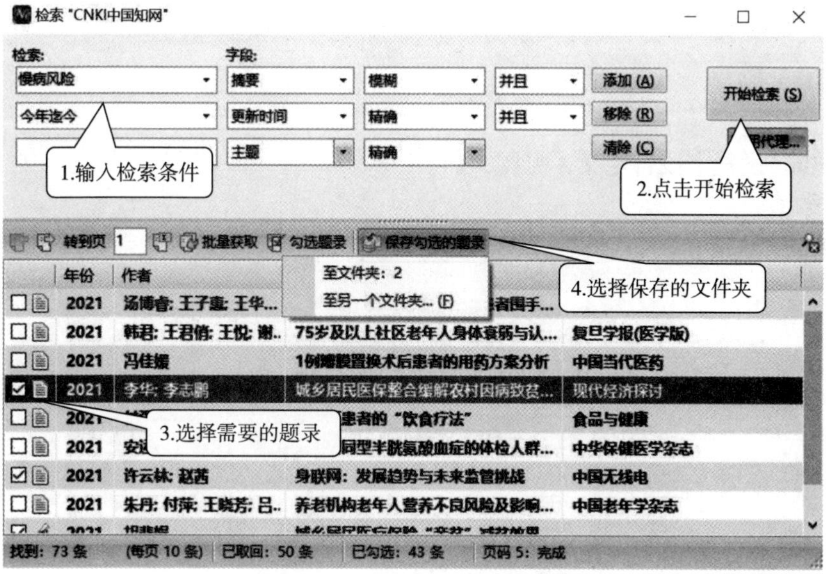

图3-12　检索对话框

三、数据库的管理

（一）表头自定义及排序

表头自定义功能可以实现题录信息的个性化展示。通常题录字段会达到几十甚至上百个，尽管均存储在数据库中，但是在题录信息栏无法同时显示，因此科研人员通常会根据目的选择显示感兴趣的题录及其之间的排序关系。最新版本的NoteExpress可以实现不同文件夹显示不同表头字段。同时，点击表头题录的字段，可实现根据该字段对题录进行排序。

第一步：在菜单栏点击“工具”—“选项”，选择“自定义”，见图3-13。

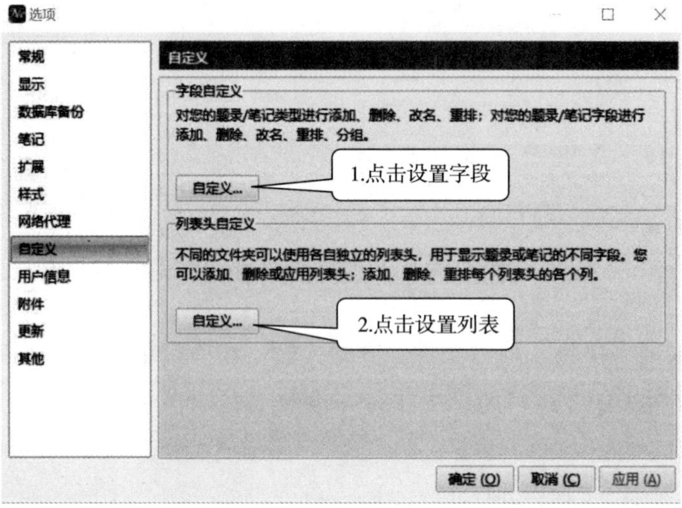

图3-13　选择自定义对话框

第二步：设置字段自定义，见图3-14。

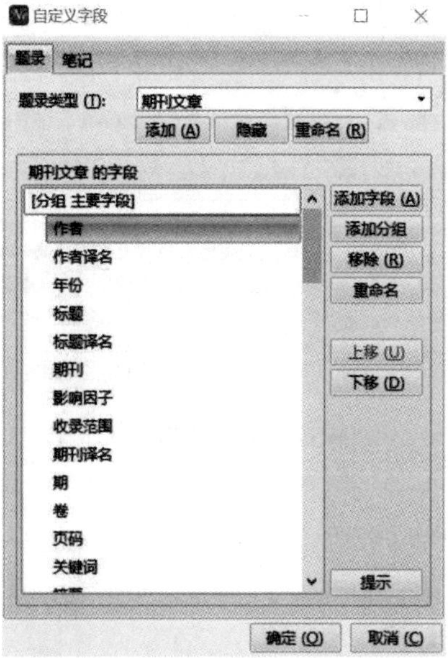

图3-14　自定义字段对话框

第三步：设置表头自定义，见图3-15。

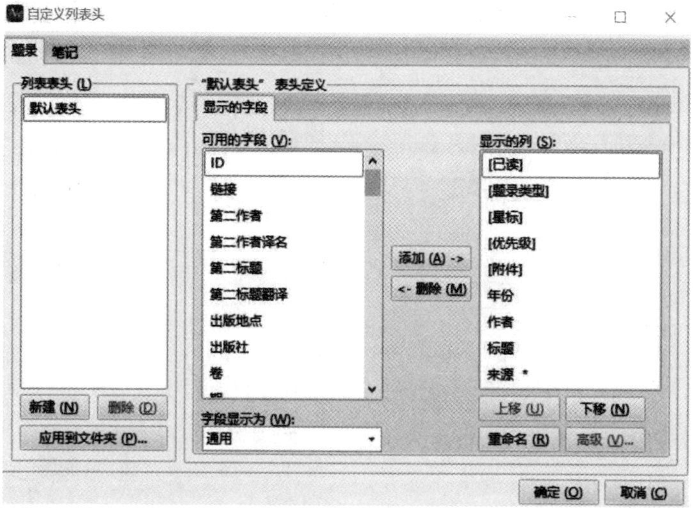

图3-15　自定义列表表头对话框

第四步：点击表头字段，进行题录排序，见图3-16。

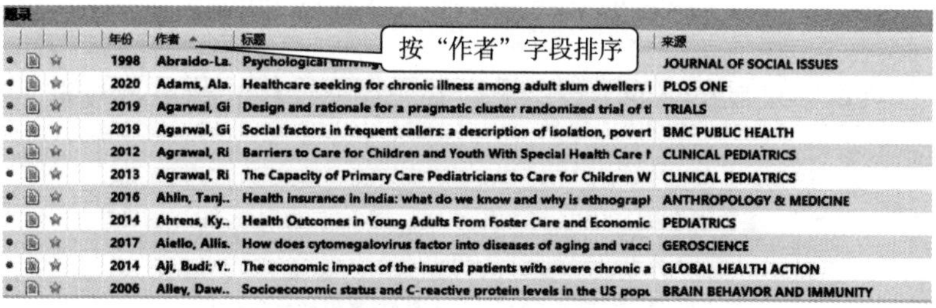

图3-16　题录排序

（二）查找重复题录

通常情况下，围绕同一主题在不同数据库进行检索时，或者相同的数据库用不同的检索策略进行检索时，都会不可避免地出现文献题录的重复下载和导入。查找指定数据库内同一个或者多个文件夹中重复题录并去重，可提高文献管理的规范性和阅读效率，减少存储空间浪费。

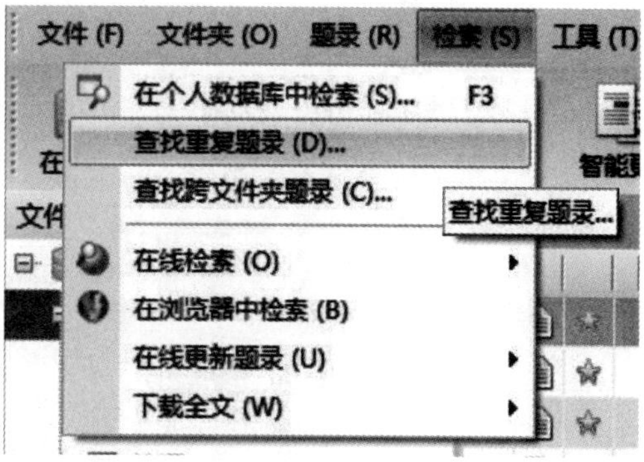

图3-17　查找重复题录

第一步：点击菜单栏"检索"—"查找重复题录"，或者点击工具栏中"查重"，见图3-17。

第二步："查找重复题录"对话框弹出，选择待查重文件夹，选择待查重字段，见图3-18。

（A）　　　　　　　　　　（B）

图3-18　选择待查重文件夹及字段

（A）查找重复题录对话框;（B）待查重字段列表

第三步：查重结果显示见表3-19，根据需要管理重复的题录。例如，通过点击右键可以删除重复题录。

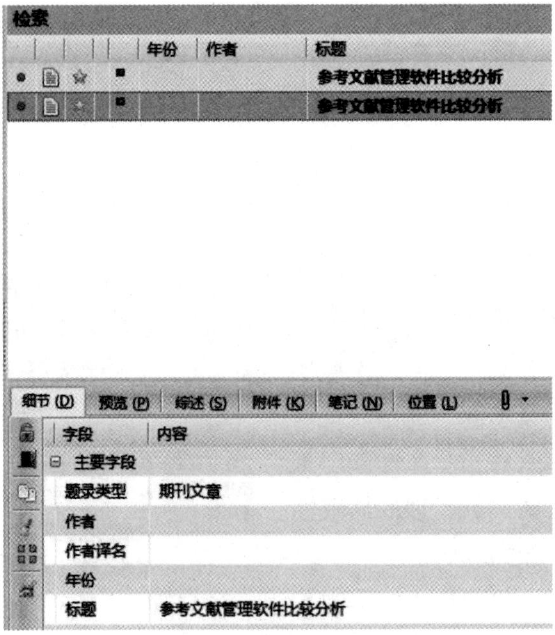

图3-19　查重结果显示

（三）在线更新

通过手动更新或自动更新，可以更新和补充题录缺失的信息。手动更新用于更新单条题录；自动更新（包括智能更新）用于更新多条题录。

1. 手动更新　选中需要更新的题录，在菜单栏点击“检索”—“在线更新题录”—“手动更新”，在弹出的对话框中点击“检索”，完成更新，见图3-20。

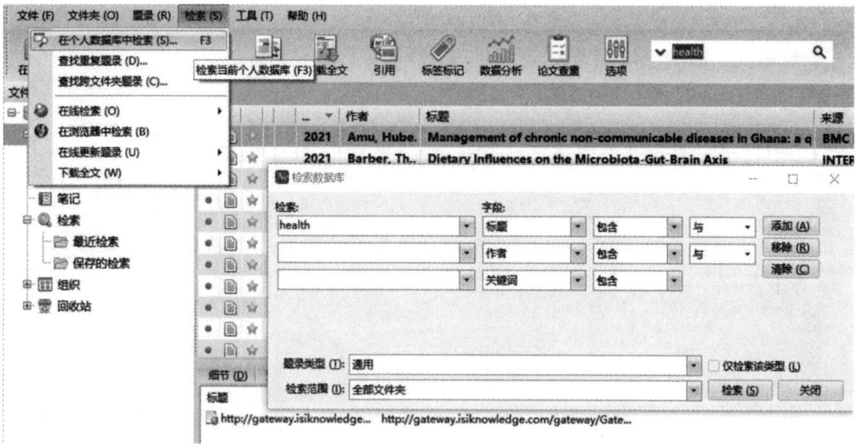

图3-20　手动更新

2. 自动更新　选中需要更新的多条题录，在菜单栏点击“检索”—“在线更新题录”—“自动更新”。在弹出的对话框中选择数据库，点击“查找更新”。查找后会显示出对每条题录的更新结果，选择需要更新的题录，点击“应用更新”，见图3-21。

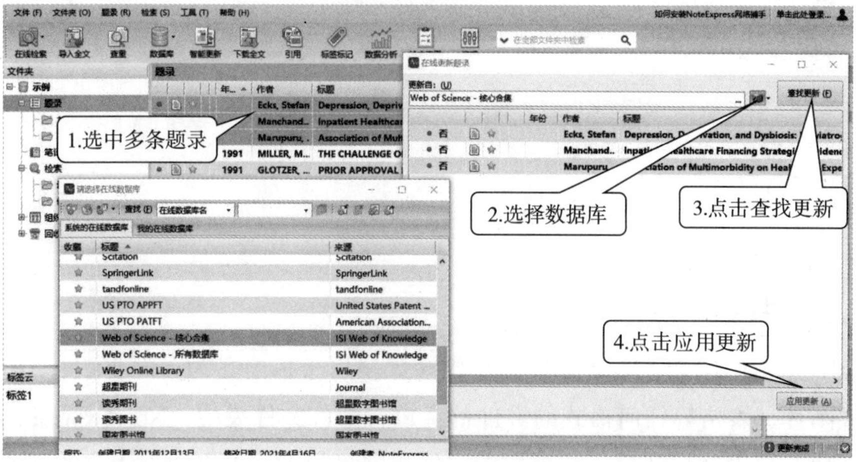

图3-21　自动更新

3. 智能更新　在管理文献资料的过程中，经常在本地保存有大量的PDF或CAJ格式文献资料，NoteExpress默认开启智能识别功能（也可以设置不开启），支持从导入的PDF以及CAJ全文中抽取关键信息同时根据文献的信息通过网络智能更新题录信息，做到一次导入自动完善所有题录信息，从而大幅提高文献题录的管理效率。此功能在“全文导入”的第二步中实现，即在“导入文件为题录和附件”的对话框中，不勾选“不从PDF文件识别内容”即可实现导入后智能更新，见图3-22，反之勾选后则不会智能更新。

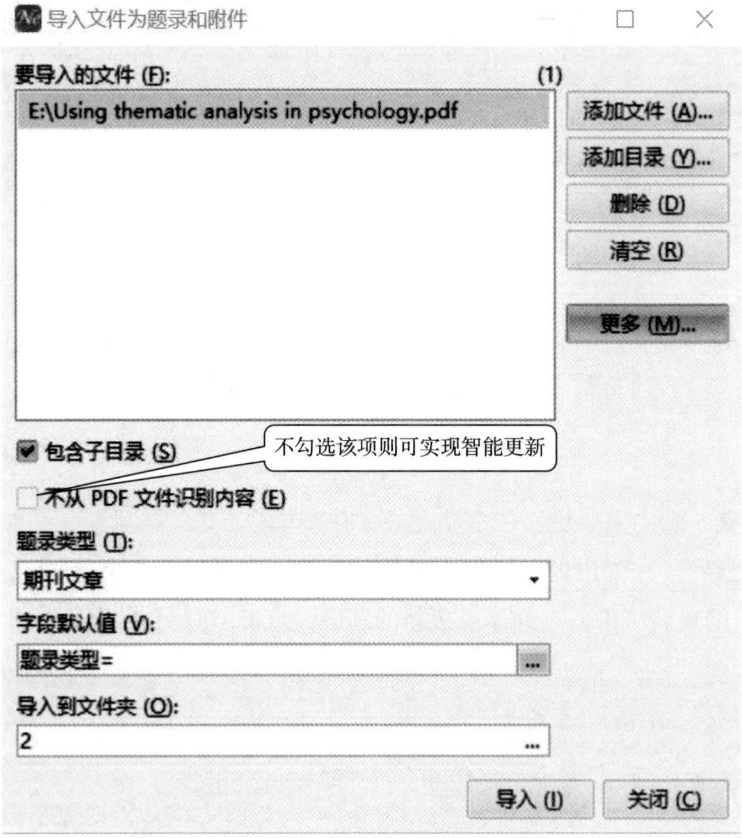

图3-22　智能更新设置

（四）附件的添加及管理

NoteExpress的题录、笔记等信息存放在数据库（扩展名为.nel的文件）中，而全文文件、图片、表格等任何格式的文件都存放在附件文件夹中，NoteExpress的附件文件夹在新建数据库时自动建立在数据库文件相同目录下，可以根据用户的需要重新设置存放位置（但是一般很少这样做）。添加附件的具体步骤见图3-23。

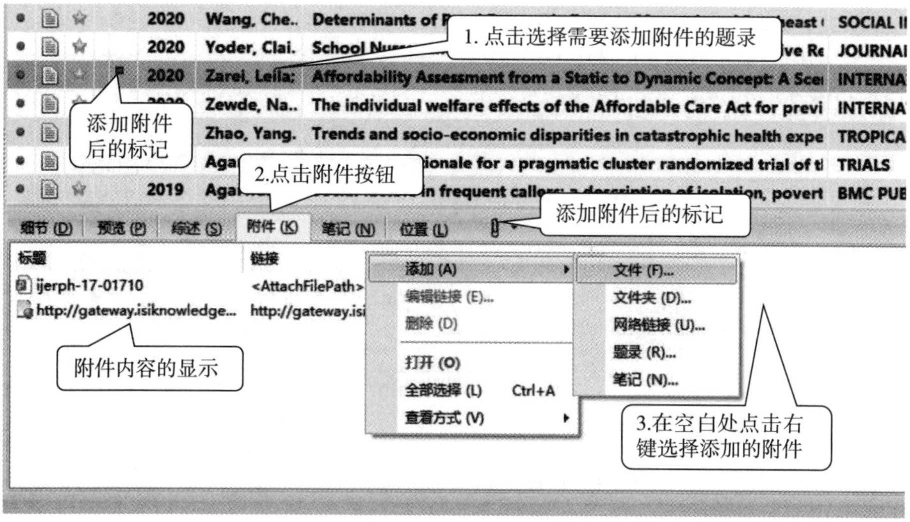

图3-23　添加附件

附件管理需要注意：①添加附件时的关联操作；②题录/笔记变更时的关联操作。选中需添加附件的题录，点击工具栏“选项”—“附件”，根据添加需要，选择添加附件的操作，或题录、笔记变更时附件的关联操作，见图3-24。

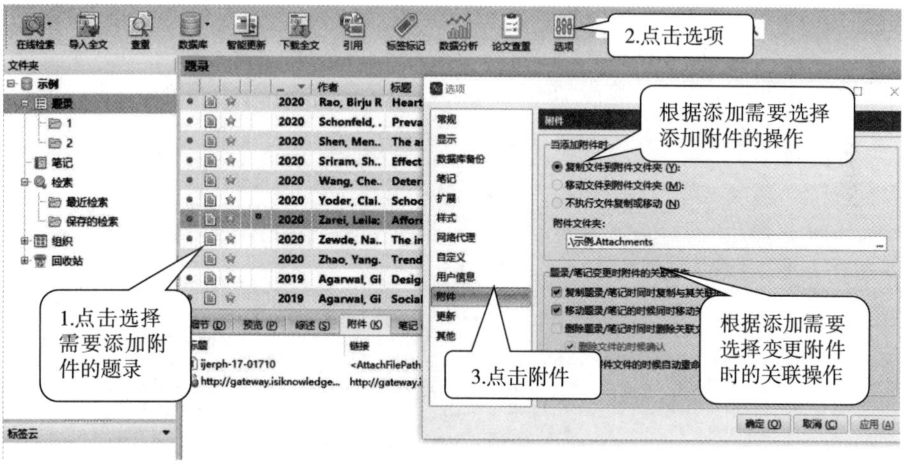

图3-24　附件管理时的关联操作

（五）标签标记

对题录设置特定的标签予以标记，可便于检索。例如在文献的阅读过程中，可以根据文献的重要性分别标记不同的等级，以提高后续文献阅读和信息提取的效率。在需要添加标记的题录上点击右键，在工具栏点击“标签标识”或点击右键选择“星标与优先级”，可以进行星标或者不同等级的标记，见图3-25。

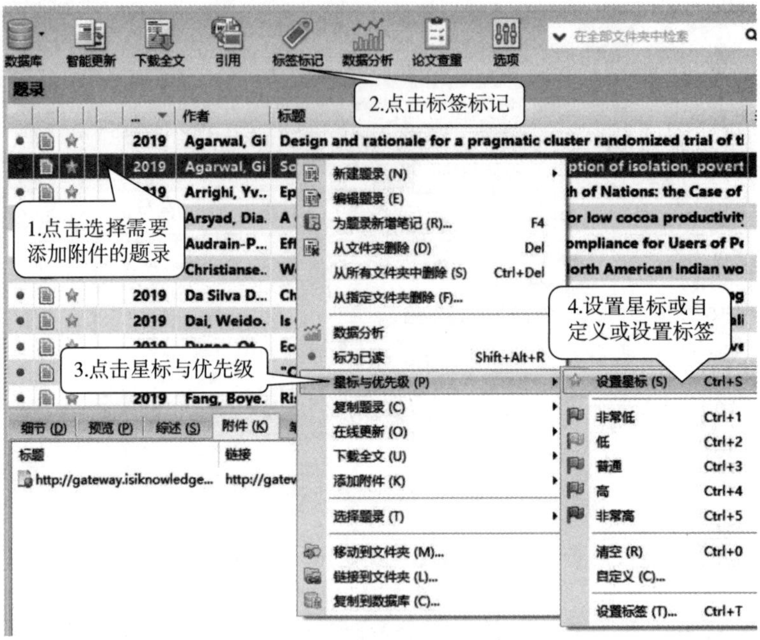

图3-25　选择星标与优先级

如需添加标签可以继续点击“设置标签”或选择添加标记的类型，还可以删除标记或选择“自定义”编辑个性化的标记类型（图3-25），在编辑标签中输入标签，输入后的标签会在标签云栏显示，见图3-26。

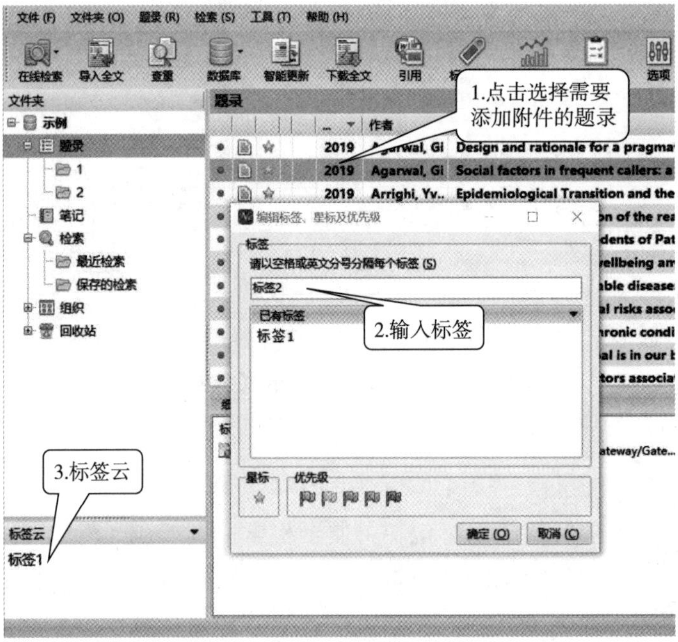

图3-26　输入标签及标签云栏显示

（六）虚拟文件夹

虚拟文件夹即同一条文献题录信息可以在多个文件夹中显示，但是数据库中只保存一条（包括其附件等信息），为同一题录的多维属性分类提供了良好的解决方案。同时，修改任何文件夹中的该条题录，在其他文件夹下都会同时修改；删除其中一个文件夹下的这条题录，其他文件夹中仍然存在，只有将所有文件夹下的这条题录均删除掉，这条题录才会彻底从数据库中消失。更重要的是在论文撰写过程中，无论从哪一个文件夹引用这条文献（包括在同一篇文章中的多次引用），该参考文献的序号是唯一的，避免同一篇参考文献出现不同的序号。

第一步：在“示例”数据库中点击选择“题录”文件中的一条或多条题录，点击鼠标右键，选择“链接到文件夹”，见图3-27。

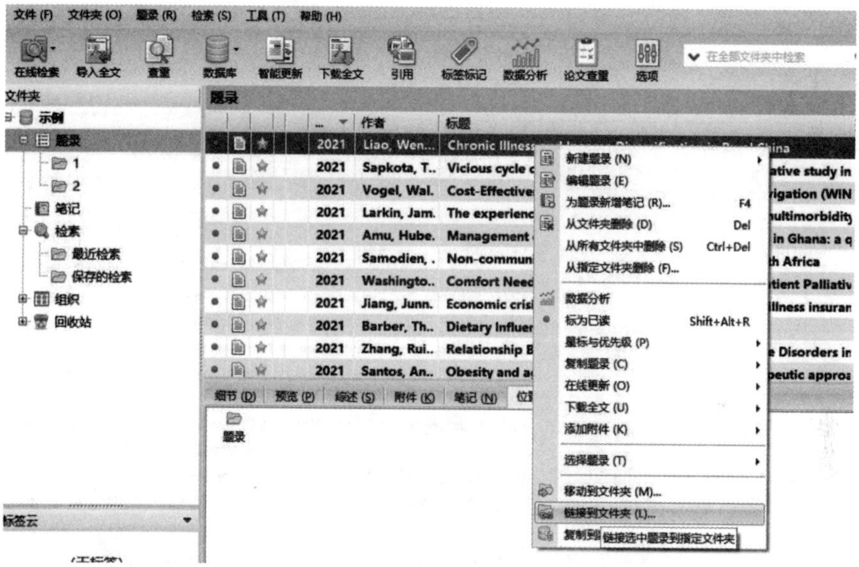

图3-27 链接到文件夹

第二步：在弹出的“选择文件夹”对话框中，选择需要保存的文件夹“2”，点击“确定”，见图3-28。

第三步：这样所选择的这条题录就同时出现在“题录”和“2”两个文件夹中，但在数据库中实际只保存了一条记录，见图3-29。

（七）本地检索

通过快速检索和高级检索两种方式，可快速查找本地数据库题录。

1. 快速检索 在工具栏检索框输入检索条件，选择检索范围并开始检索，见图3-30。

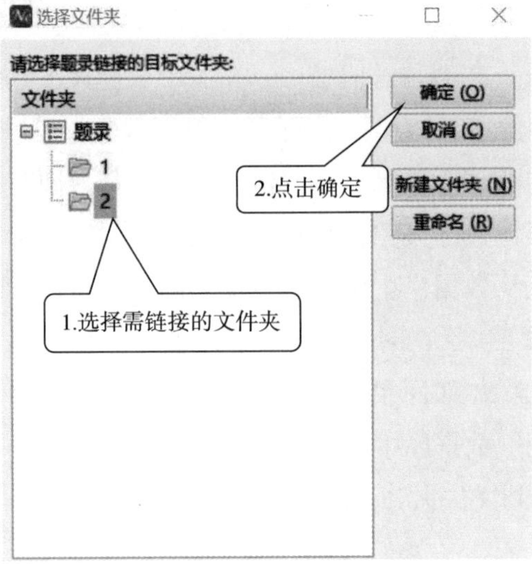

图3-28　选择文件夹对话框

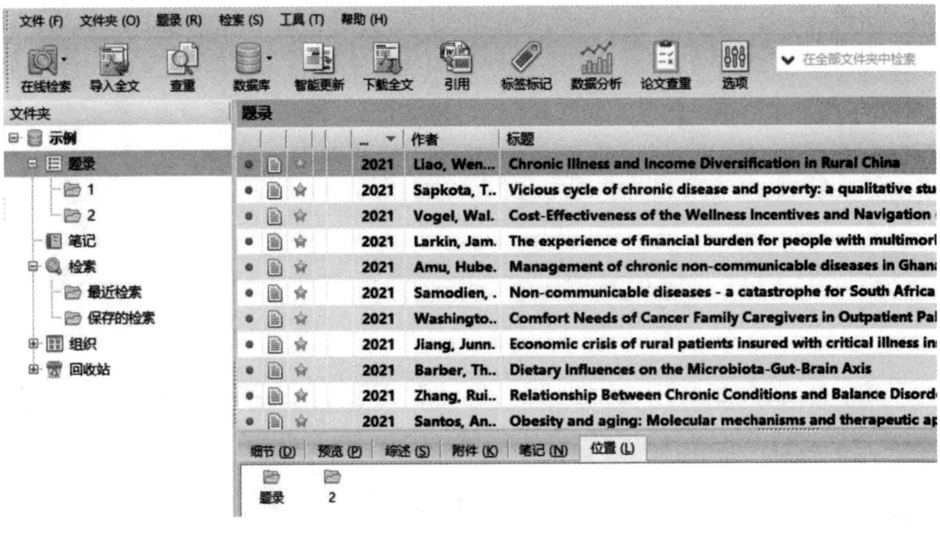

图3-29　题录存放在两个文件夹中

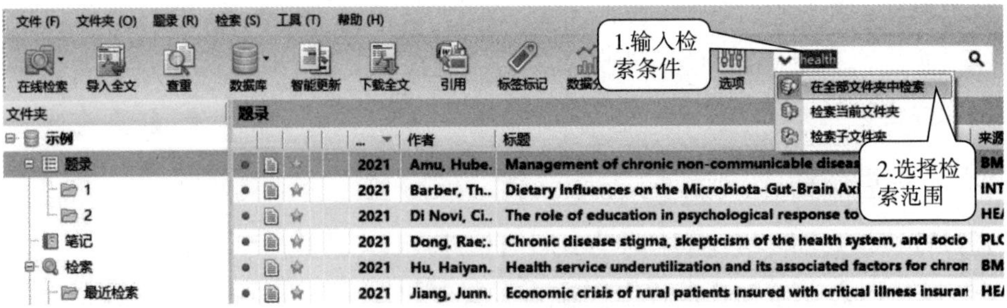

图3-30　快速检索

2. 高级检索　在菜单栏，点击“检索”—“在个人数据库中检索”对话框，在对话框中输入检索条件，选择题录类型及检索范围，见图3-31。

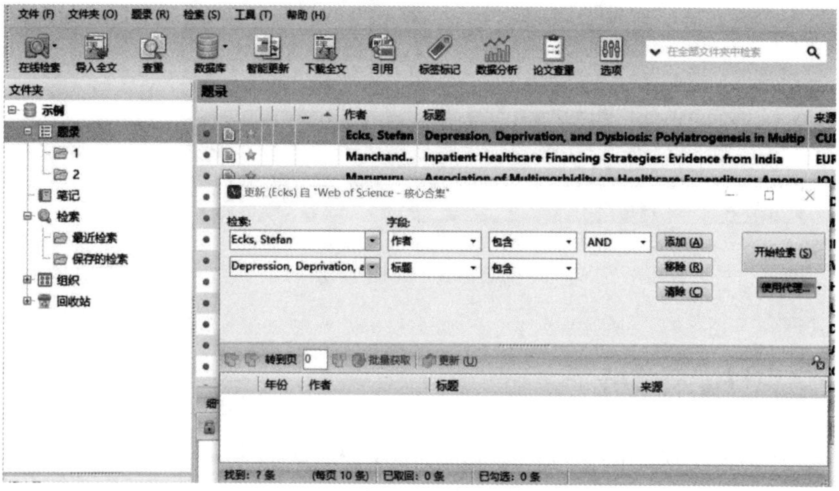

图3-31　高级检索

（八）笔记

笔记功能提供了阅读文献过程中记录信息的方式，并为后期的集中分析提供了基础。在题录相关信息区，可随时通过笔记功能记录文献阅读过程中的心得体会和灵感等，在笔记面板各项工具栏，可以对笔记进行多样化编辑处理，见图3-32。

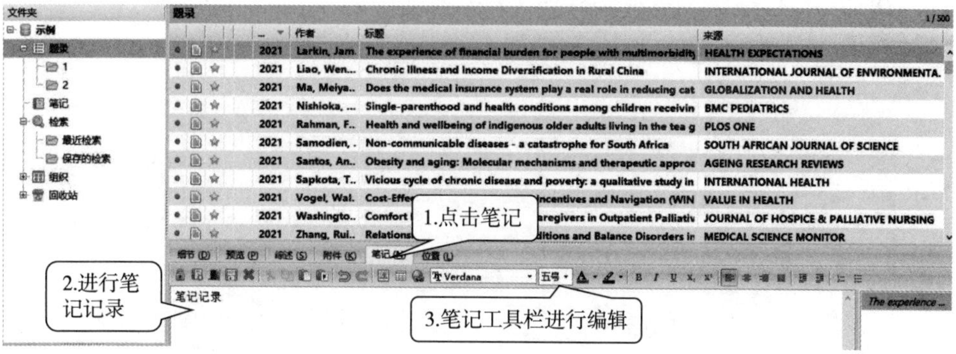

图3-32　笔记功能

（九）数据库备份

数据库备份可以实现在不同计算机之间数据的迁移，防止数据丢失。点击菜单栏“文件”—“备份数据库”，便可以压缩文件的形式储存在计算机或移动存储器中，见图3-33。

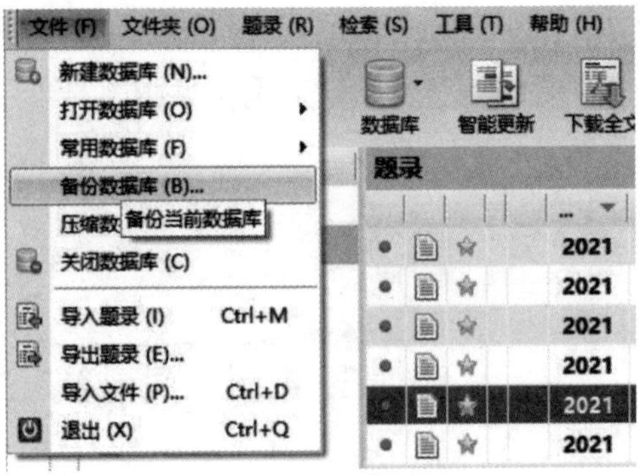

图3-33 数据备份

四、信息统计及分析

NoteExpress提供基本的字段信息统计功能，为初步了解题录的外部特征和总体情况提供了重要途径。例如，年份分布统计可展示研究的热度趋势；关键词分布可展示研究主题的分布情况；来源分布展示了哪些期刊更关注这类研究的进展；通过计算关键词的共现频次矩阵，可以得到相关系数矩阵，进一步进行聚类分析及可视化展示各要素之间的相关关系。对这些字段信息的统计可清晰展示所关注研究领域文献的概况。

（一）信息统计功能

字段频次统计可以使用文件夹信息统计功能，选中目标文件夹点击鼠标右键，选择“文件夹信息统计”，选择感兴趣的字段，如“年份”，可对当前文件夹内所有题录的年度分布情况进行统计展示，见图3-34。

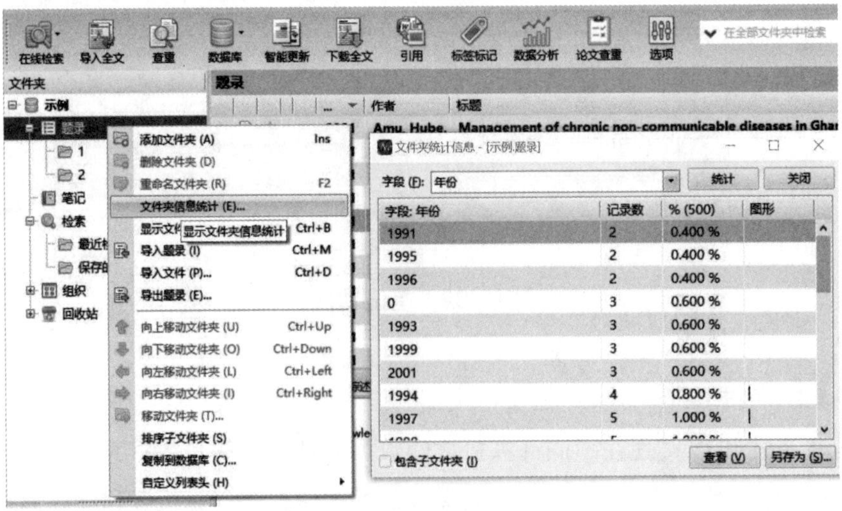

图3-34 文件夹信息统计

（二）数据分析功能

可以计算多值字段的共现频次矩阵、相关系数和相异系数矩阵，以及绘制词云图和路径关系图。

第一步：在题录列表中选中需要分析的题录，点击工具栏里的“数据分析”或点击右键选择“数据分析”，见图3-35。

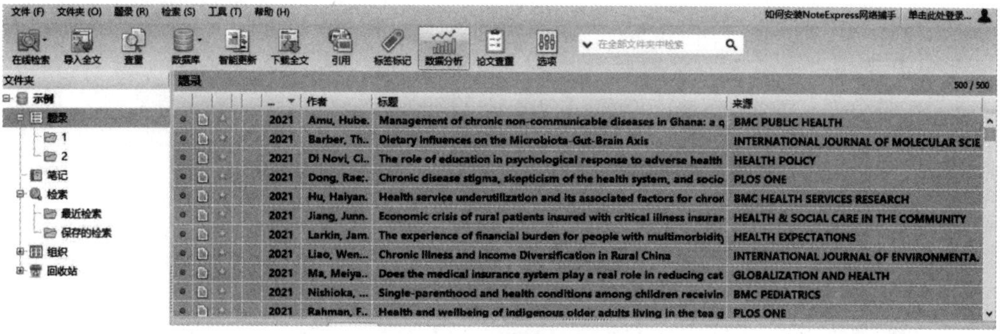

图3-35　数据分析

第二步：选择“分析字段”，选择分析字段的所有值或者按出现频次倒序前多少位（如频次倒排序100位的关键词）的值进行分析，如需对题录信息进行修改，则在“文章列表”中选择题录，可在右侧“文章详情”中双击详细字段值进行编辑。参与分析的题录点击“另存为”单独储存为一个扩展名为xml的文件，下次可以通过“打开”，载入之前保存的xml文件，见图3-36。再点击“下一步”进行词频统计。

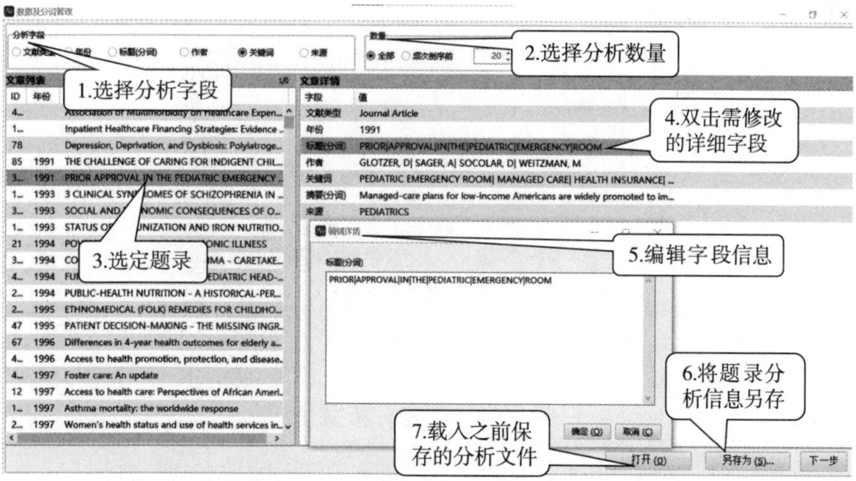

图3-36　数据及分析管理对话框

第三步：同义词规范化。双击可以对同义词进行词规范化，右侧查看规范化后的词频统计结果，见图3-37。点击“下一步”选择分析方法。

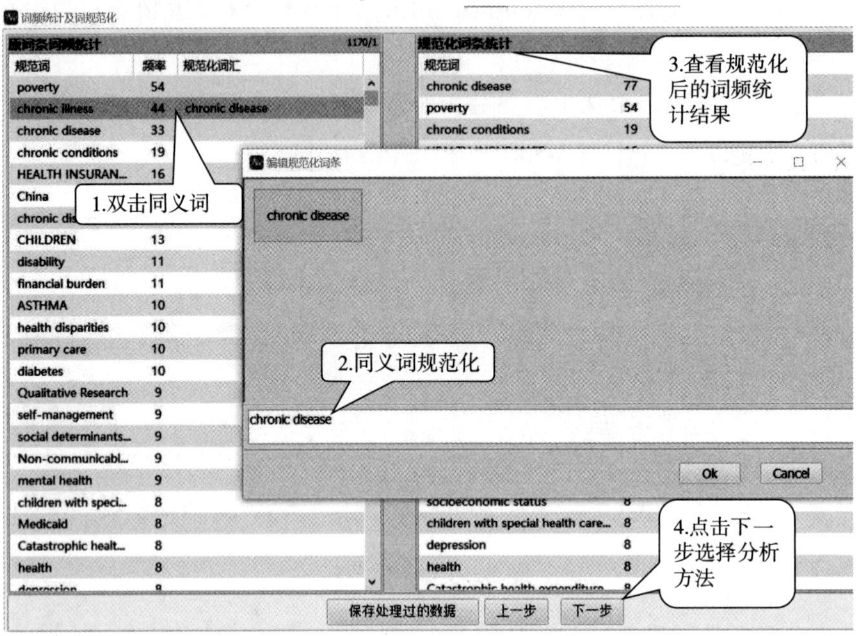

图3-37　词频统计及词规范化

第四步：选择分析方法，可选择的分析方法见图3-38。选定后点击“下一步”，可生产各类统计图表，支持导出以供进一步使用。

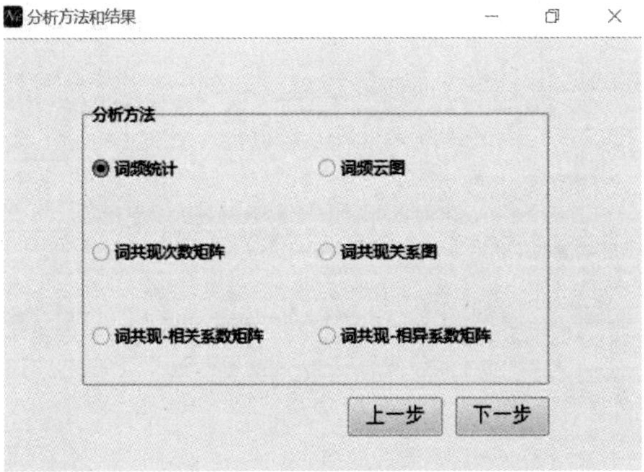

图3-38　选择分析方法

以500条Web of Science数据库的“慢性病经济风险”研究的题录数据为例，选择“关键词”，设置“频次倒数前100”，进行“词共现次数矩阵”分析结果见图3-39。

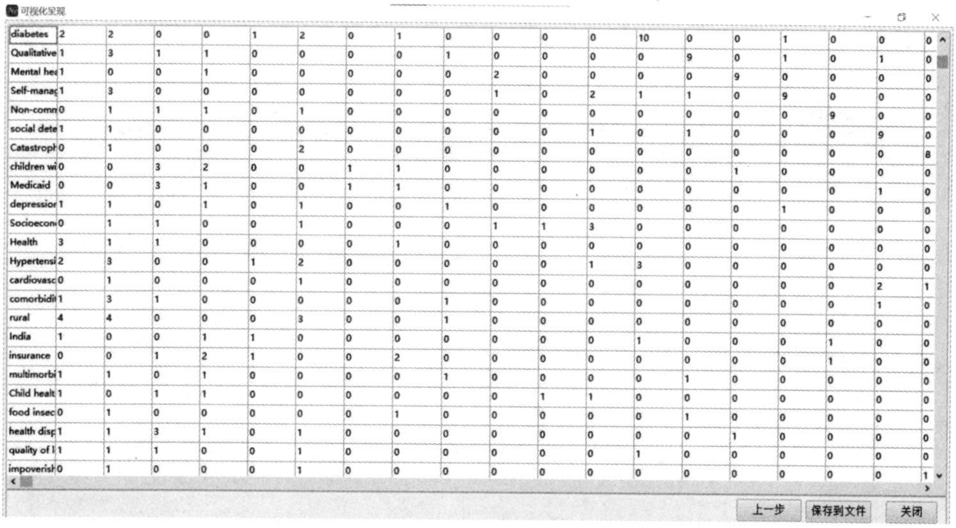

diabetes	2	2	0	0	1	2	0	1	0	0	0	0	10	0	0	1	0	0	0
Qualitative	1	3	1	1	0	0	0	0	1	0	0	0	0	9	0	1	0	1	0
Mental hea	1	0	0	1	0	0	0	0	0	2	0	0	0	0	9	0	0	0	0
Self-manag	1	3	0	0	0	0	0	0	0	1	0	2	1	1	0	9	0	0	0
Non-comm	0	1	1	1	0	1	0	0	0	0	0	0	0	0	0	0	9	0	0
social dete	1	1	0	0	0	0	0	0	0	0	0	1	0	1	0	0	0	9	0
Catastroph	0	1	0	0	0	2	0	0	0	0	0	0	0	0	0	0	0	0	8
children wi	0	0	3	2	0	0	1	1	0	0	0	0	0	0	1	0	0	0	0
Medicaid	0	0	3	1	0	0	1	1	0	0	0	0	0	0	0	0	0	1	0
depressior	1	1	0	1	0	1	0	0	1	0	0	0	0	0	0	1	0	0	0
Socioecon	0	1	1	0	0	1	0	0	0	1	1	3	0	0	0	0	0	0	0
Health	3	1	1	0	0	0	0	1	0	0	0	0	0	0	0	0	0	0	0
Hypertensi	2	3	0	0	1	2	0	0	0	0	0	1	3	0	0	0	0	0	0
cardiovasc	0	1	0	0	0	1	0	0	0	0	0	0	0	0	0	0	0	2	1
comorbidit	1	3	1	0	0	0	0	0	1	0	0	0	0	0	0	0	0	1	0
rural	4	4	0	0	0	3	0	0	1	0	0	0	0	0	0	0	0	0	0
India	1	0	0	1	1	0	0	0	0	0	0	0	1	0	0	0	1	0	0
insurance	0	0	1	2	1	0	0	2	0	0	0	0	0	0	0	0	1	0	0
multimorbi	1	1	0	1	0	0	0	0	1	0	0	0	0	1	0	0	0	0	0
Child healt	1	0	1	1	0	0	0	0	0	0	1	1	0	0	0	0	0	0	0
food insec	0	1	0	0	0	0	0	1	0	0	0	0	0	1	0	0	0	0	0
health disp	1	1	3	1	0	1	0	0	0	0	0	0	0	0	1	0	0	0	0
quality of l	1	1	1	0	0	1	0	0	0	0	0	0	1	0	0	0	0	0	0
impoverish	0	1	0	0	0	1	0	0	0	0	0	0	0	0	0	0	0	0	1

图3-39　词共现次数矩阵结果图

五、NoteExpress助力论文撰写

NoteExpress内置多种国内外学术期刊、学位论文和国标的规范化格式，通过选择所需的输出格式，可以自动生成规范化引文和参考文献，并根据需要随时调整参考文献的格式。同时软件提供多国语言模板功能，可自动根据所引用的参考文献语种实现不同格式的参考文献输出。

（一）插件功能

NoteExpress以插件的形式可实现与金山WPS与Microsoft Word软件的功能集成。安装NoteExpress 软件后，打开Microsoft Word文档时，工具栏将显示“NoteExpress”插件，见图3-40。功能依次包括转到 NE、论文查重、选择引用、检索引用、插入笔记、格式化参考文献、编辑引文、更新题录、样式选择、定位引文、查找引文、清除域代码、去除格式化、设置、帮助。

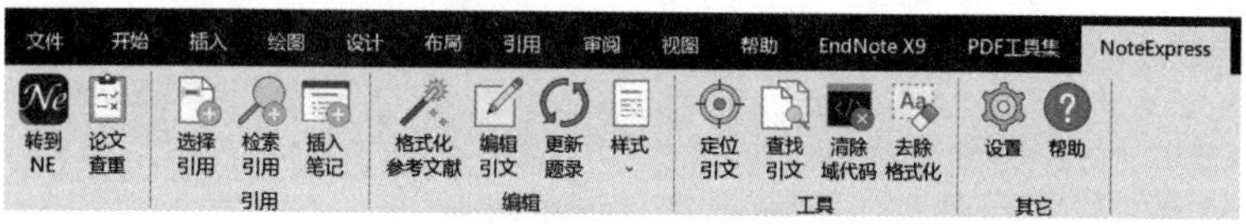

图3-40　插件页面

（二）参考文献插入与管理

1. 插入参考文献　首先将光标移至需要插入引文的位置，再点击插件中的“转到

NE”按钮切换至NoteExpress数据库，选中要插入的题录，激活Microsoft Word文档窗口，点击插件中的“选择引用”按钮，见图3-41。

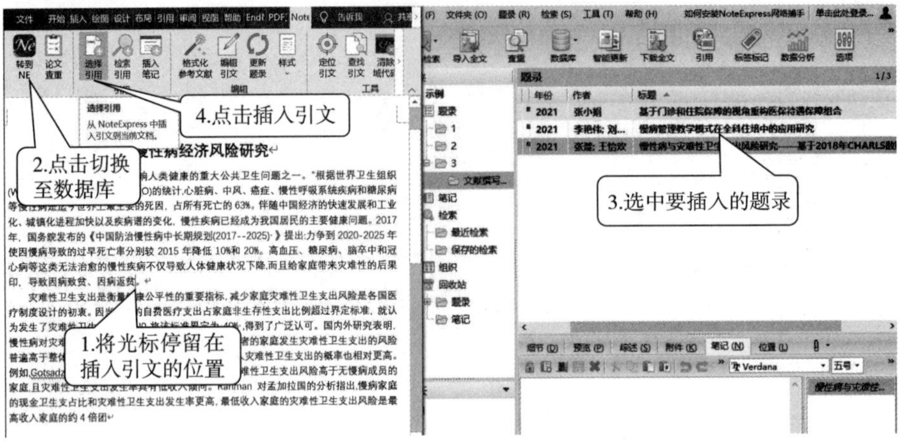

图3-41　插入引用

2. 样式管理　插入引文后，在论文后面会自动生成对应的参考文献，格式为默认，此时可根据需要进行更改，点击插件上的“样式”，选择输出样式。研究者也可自行制作所需文献输出式样并设置使用（输出样式的制作见本节知识链接）。文献格式选择完毕后，点击确认完成参考文献的格式化，见图3-42。

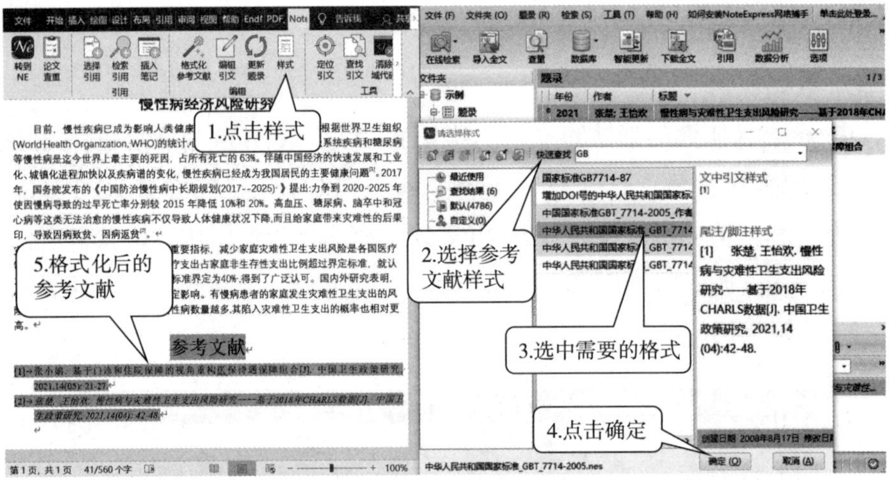

图3-42　样式管理

3. 编辑引文　将光标停留在需要编辑的引文处，点击插件中的“编辑引文”，在弹出的对话框中根据需要进行设置，见图3-43和图3-44。如果某一区域需要标引多条参考文献，还可对该区域任意一条文献进行排序、删除和编辑等，避免因一条参考文献的变化而删除同一区域的所有参考文献。

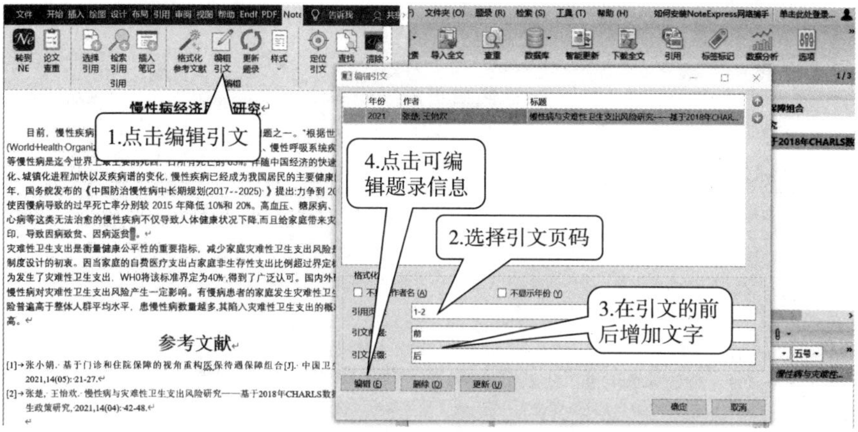

图3-43 编辑引文

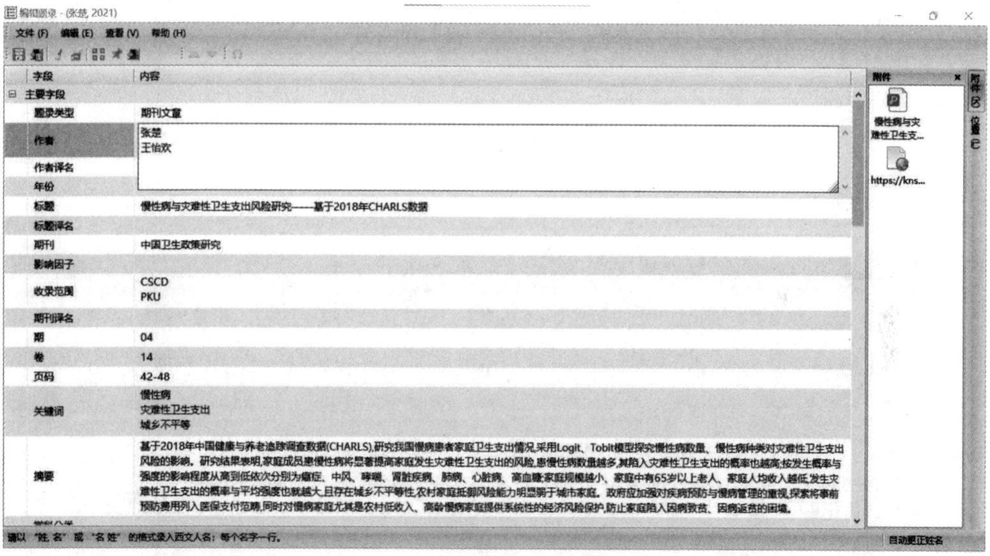

图3-44 编辑题录对话框

4. 定位引文 将光标停留在待查找的引文处，再点击插件中的“定位引文”，就会在参考文献列表中得到对应的显示，见图3-45。

NoteExpress高级功能还可自定义题录类型、批量编辑字段、自定义过滤器、自定义参考文献输出样式、设置双语参考文献输出格式等，满足科研人员的个性化需求。

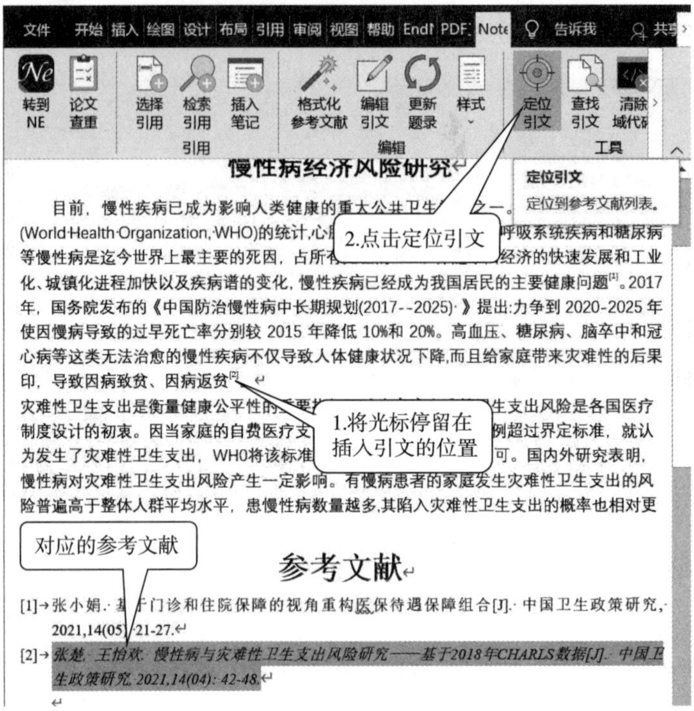

图3-45 定位引文

知识链接

NoteExpress软件提供了输出样式的制作功能，以满足参考文献输出样式的个性化需求。尽管NoteExpress软件已经提供了大量行业标准、期刊、学位论文参考文献的格式，基本能够满足期刊投稿的要求。然而，新期刊的出现、不同高校参考文献格式要求的变化，以及不同科研和项目管理部门对于文献格式的不同要求，导致NoteExpress提供的格式仍然无法完全满足现实需求。这就需要科研工作者掌握输出样式的制作，以满足实际科研过程中的需求。具体制作方式可参见网址：

http：//www.inoteexpress.com/wiki/index.php/%E5%88%B6%E4%BD%9C%E8%BE%93%E5%87%BA%E6%A0%B7%E5%BC%8F

通常我们会选择一个和目标输出格式最为接近的输出样式，在其基础上进行修正并保存为新样式，以提高制作效率。但是需要注意的是，如果重新安装了软件，则此输出样式就会被清除。因此如果想保留自定义样式，需要到相应文件夹找到该样式的文件，在卸载和重新安装软件前保存起来，然后重新安装后，再复制到输出样式的文件夹里。

第三节　EndNote

一、EndNote简介

EndNote提供桌面版（EndNote Desktop）和网络版（EndNote Web）两种版本，方便用户实现文献信息的同步共享和协同管理。EndNote20提供3980种在线数据库链接（Connection Files）、699种题录过滤器（Import Filters）、7000多种参考文献输出样式（Output Styles）。同时，部分英文期刊网页提供Endnote的参考文献格式文件，以满足期刊投稿个性化需求。

1. 核心功能　①数据收集：用户可以通过在线检索、全文导入智能识别更新、格式化文件导入（过滤器导入）、EndNote网络捕手以及手工录入多种方式收集或创建参考文献。②数据导入：EndNote能连接上千个数据库，有多种过滤器，可将在数据库中下载的文献或题录信息导入，方便研究者建立参考文献数据库。③数据管理及分析：在文献信息导入后可以实现重复文献筛查、分组、排序、添加附件、撰写笔记等编辑操作和文献基本信息（作者、年代、题名等）的统计分析。④写作支持：支持用户在Microsoft Word文档中便捷插入引用文献，并生成指定格式的参考文献目录。

2. 下载与安装　在官方网站下载安装程序，根据程序安装向导安装EndNote，安装完成后可通过桌面的快捷方式启动EndNote，其工作界面见图3-46（本文使用版本为EndNoteX9.3，由La Trobe University提供，特此致谢）。

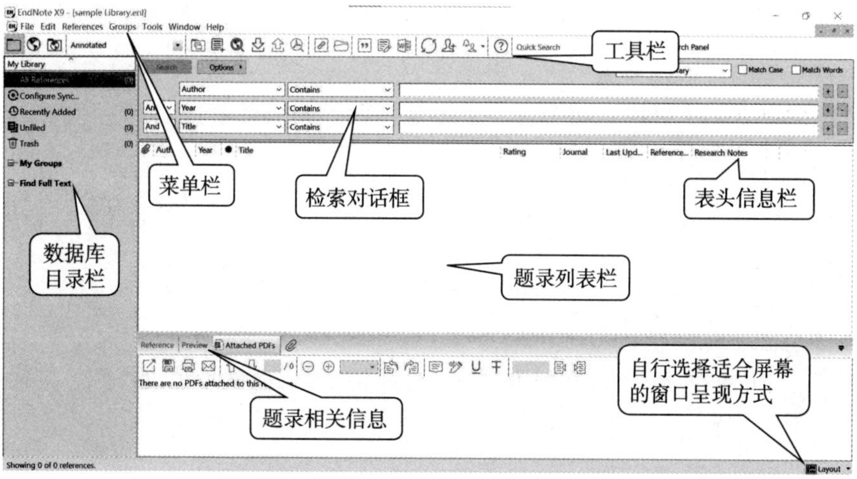

图3-46　EndNoteX9.3启动界面

菜单栏主要的功能选项如下：①File 用于新建或打开已有数据库、另存数据库、导出或导入题录数据等。②Edit 用于拷贝、粘贴数据、编辑输出式样、编辑导入过滤器等。③References 用于新建、编辑、检索参考文献、删除组、插入对象（如图、表、文件等）、筛选重复文献、建立文献与网页或PDF文件的链接、打开已建立的链接等。④Groups 用于新建、重命名、编辑、删除、隐藏、显示文件夹群组或文件夹群组集，将参考文献移动至不同分组。⑤Tools 用于联机文献检索、恢复破坏的EndNote数据库文件、选择论文模板等。

二、数据库的创建

通过创建EndNote个人数据库，可以将收集的文献资料导入数据库进行便捷地管理、编辑和应用。本节主要介绍数据库与文件目录的创建，以及数据收集的四种方式：数据库格式化文件导入、联网在线检索导入、手动导入和全文导入及智能化更新。

（一）数据库与文件夹目录创建

数据库和文件夹目录的创建是文献管理的前提和基础，只有建立数据库和文件夹目录才能够为文献题录的存储提供空间。其具体步骤如下。

第一步：建立本地数据库。启动EndNote软件，在菜单栏点击“File”—“New”，然后选择数据库的保存路径并输入数据库名称，数据库即创建完毕。

第二步：创建文件夹目录。在菜单栏点击“Groups”—“Create Group Set”；或在数据库目录栏点击右键“Create Group Set”，即可创建文件夹的群组集。在菜单栏点击“Groups”—“Create Group”；或在数据库目录栏点击右键“Create Group”，即可创建群组。本质上群组和群组集可以理解为我们通常意义所说的文件夹，群组集为一级文件夹目录，群组为二级文件夹目录，见图3-47。然而，EndNote只支持二级目录，一个群组集下可以设置多个群组，每个群组下不能再设下一级目录。

（二）文献题录的创建与导入

1. 直接导入EndNote 目前，很多文献数据库均支持将检索结果的文献题录信息下载为EndNote文件格式，直接打开即可导入到EndNote软件中。

以Web of Science数据库为例：

第一步：在数据库检索文献信息，选择需要保存的文献题录，在输出记录“Export”中选择“EndNote desktop”，见图3-48。

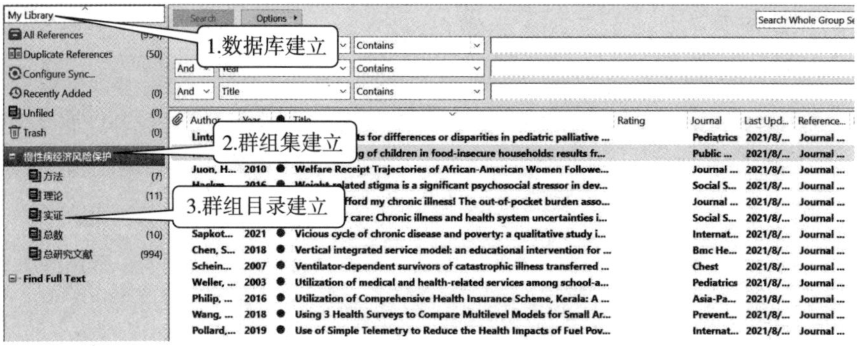

图3-47　EndNote目录群组集

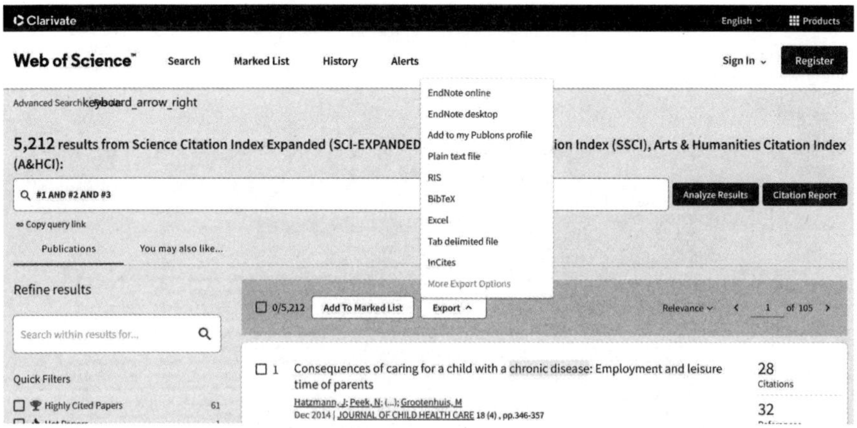

图3-48　选择EndNote desktop

第二步：在对话框中选择需要的题录信息字段格式，此处示例选择“Full Record and Cited Reference”，即“全文信息+引用文献”信息，此种格式属于最完整的数据信息，包含全部引文信息，选择完毕后点击“Export”将题录数据保存到本地，见图3-49。

第三步：双击或者右键选择EndNote软件打开导出的文献题录数据文件，即可在EndNote Library中查看到题录，见图3-50。

2. 纯文本格式导入 EndNote提供了丰富的数据格式过滤器接口，可通过EndNote中的“Filter”过滤器功能，以EndNote支持的数据文件格式，将下载的题录数据导入到数据库中。以中国知网为例：

第一步：在检索结果的界面中依次点击“导出与分析”—“EndNote”，见图3-51。

第二步：在跳转页面点击“导出”，导出文件为txt纯文本格式，见图3-52。

第三步，在EndNote菜单栏点击“Import”—“File”，见图3-53。

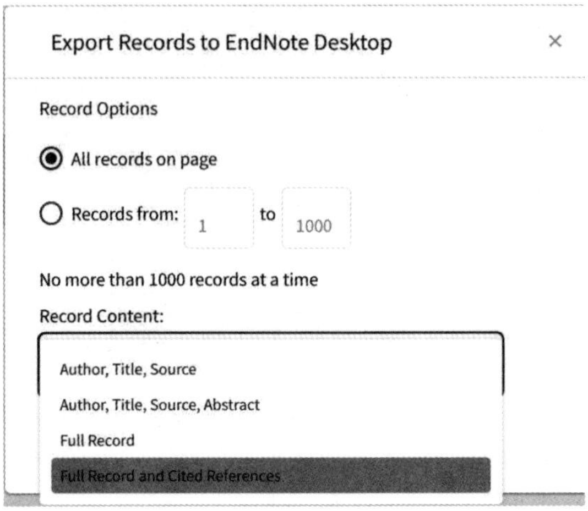

图3-49　选择数据导出格式

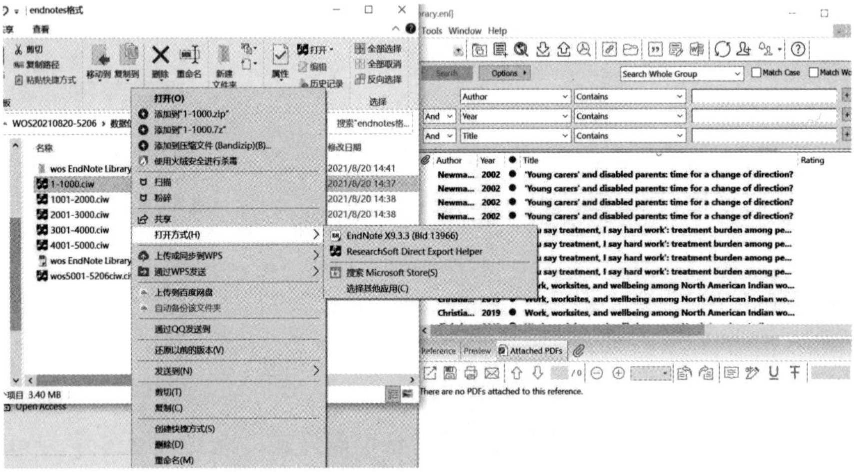

图3-50　在EndNote中打开导出数据

图3-51　进入中国知网检索结果后选择文献导出

图3-52　导出数据

图3-53　点击输入搜索命令

在弹出的Import File对话框中设定导入条件，主要包括过滤器格式和语言等选项：在“Import Option”选项选择“EndNote Import”；在“Text Translation”选项选择“Chinese Simplified（GBK）”。再点击“Import”，数据即导入完毕，见图3-54。

3. 联网检索导入　EndNote可以利用内置数据库检索链接进行在线检索，并将题录数据直接保存。以PubMed为例：

第一步：在EndNote工具栏找到“Online Search”，在“Choose A Conncction”弹窗中选择需要检索的数据库，点击“Choose”即可在左侧目录栏显示，见图3-55。

第二步：在检索对话框，输入检索策略，点击“Search”键即可进行在线检索，见图3-56。

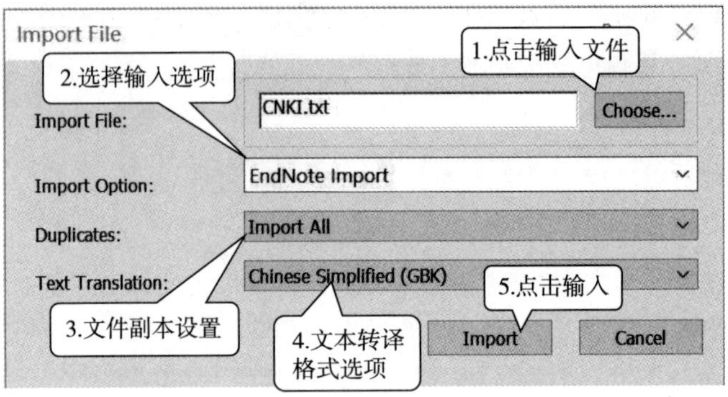

图3-54　设定导入条件及数据导入

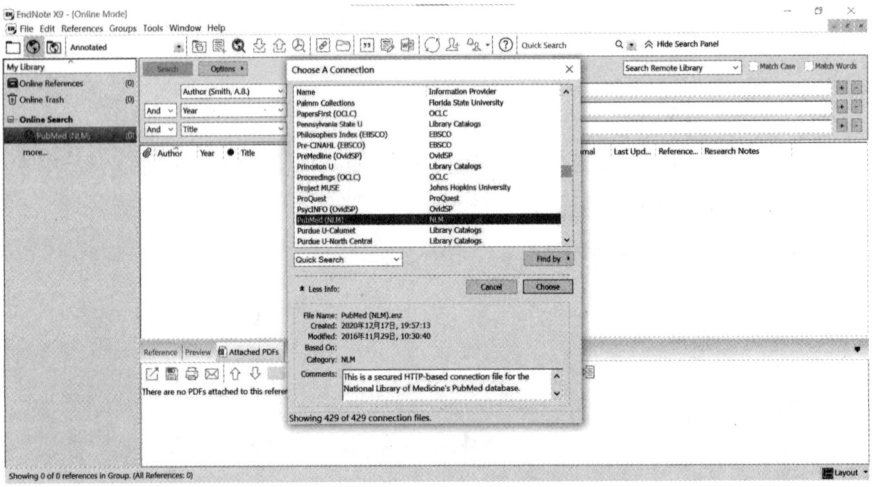

图3-55　选择在线检索数据库

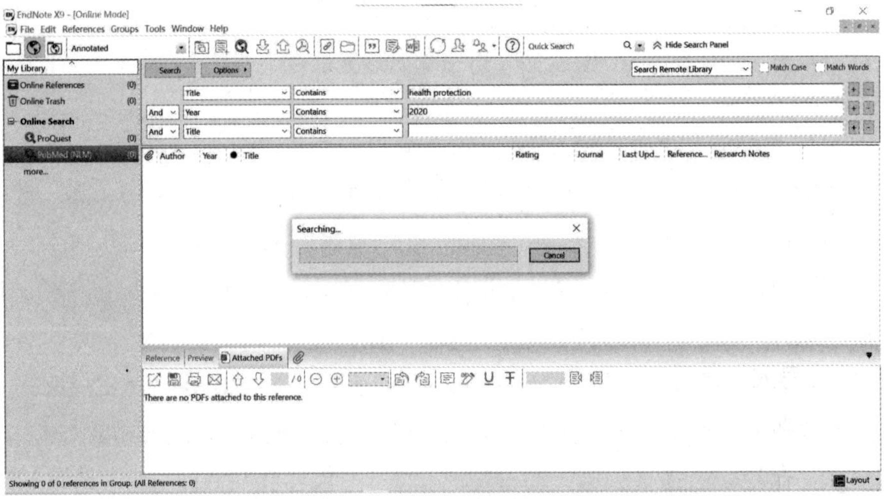

图3-56　数据库在线检索

第三步：检索完毕后，会出现检索结果输出对话框，其中的数字（如图3-57中的“146”）表示共检索到的符合条件的文献总数，可根据需要选择保存的题录数量。点击“OK”便可全部下载，见图3-57。

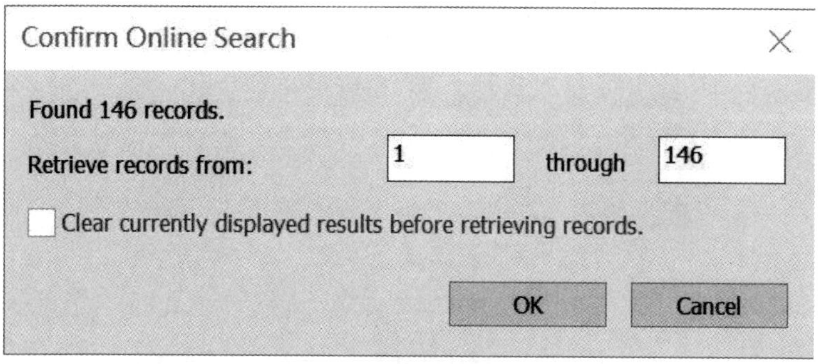

图3-57 检索结果输出设置

第四步：文献信息自动下载，显示在EndNote题录信息区，此时如果想对题录信息进行分组保存，可以选中题录，点击右键选择“Add Reference To”选择文件夹群组即可，见图3-58。

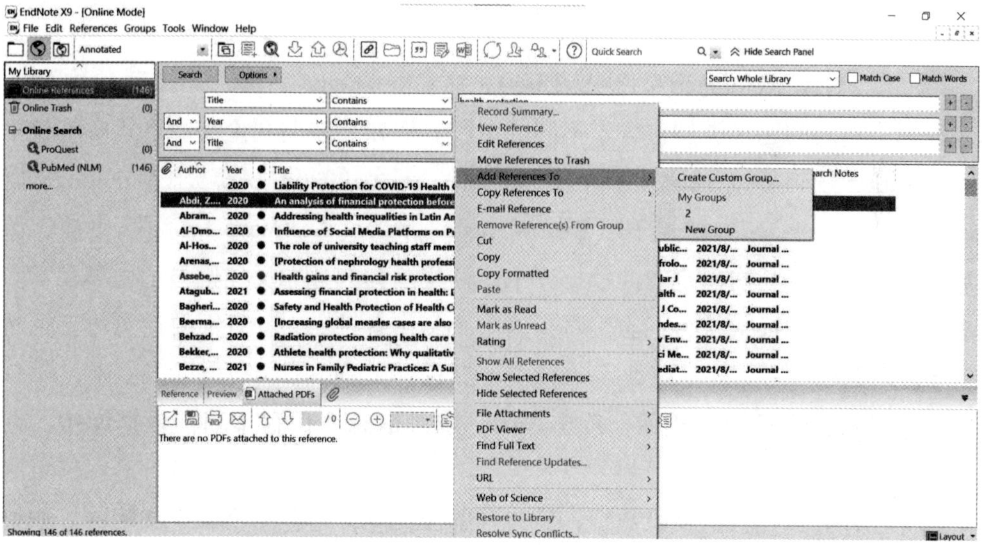

图3-58 文献检索结果

4. **手动导入** 手动导入适合少量无法从相关数据库下载或导出符合过滤器条件的题录，这部分题录可通过新建题录的方式，手动录入文献信息建立题录。

第一步：在EndNote菜单栏点击“Reference”—“New Reference”，见图3-59。

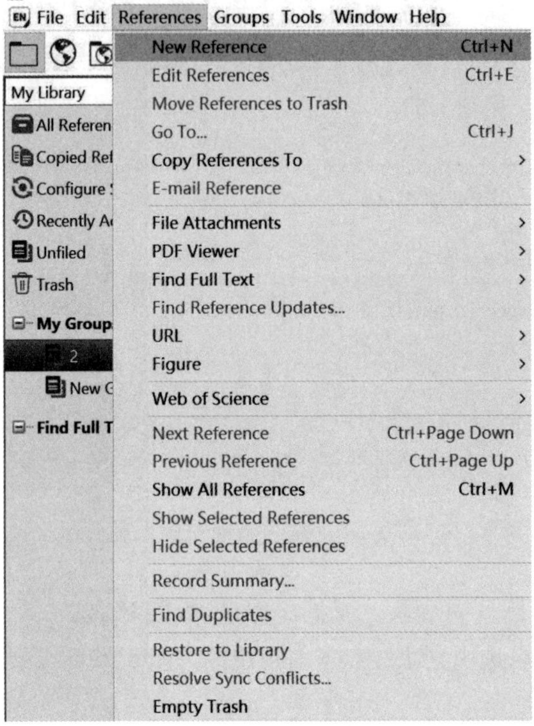

图3-59　菜单选项

第二步：New Reference窗口见图3-60。在“Reference Type”下拉菜单中可选择题录类型，不同的题录类型包含了不同的字段。例如，在期刊论文的格式中就包括了作者（Author）、年份（Year）、期刊（Journal）、题名（Title）、卷次（Volume）、期次（Issue）、页码（Pages）、关键词（Key Words）、摘要（Abstract）等字段。（注：作者姓名或期刊名如果首次出现在此数据库中，则显示为红色，反之则显示为黑色；多个作者姓名的输入以换行符为标志，每行输入一个作者姓名，并且需要注意作者姓名的先后顺序问题。）

第三步：信息输入完毕后，点击关闭，题录信息将保存于当前数据库中，见图3-61。

以上三种方式导入的文献数据，只包含题录信息，不包括文献全文附件。如果需要获取全文，可以选中题录并右键点击“Find Full Text”，见图3-62。随后EndNote会联网进行检索并自动下载，以附件形式将PDF全文添加到对应题录，见图3-63。需要注意的是，此功能取决于研究者所在机构采购的第三方相关文献数据库资源的授权使用范围，授权机构范围内的用户方可从相应全文数据库下载全文，而无须登录不同的数据库，逐篇下载。用户也可以附件添加的方式管理文献，具体方法详见本节附件的添加及管理部分。

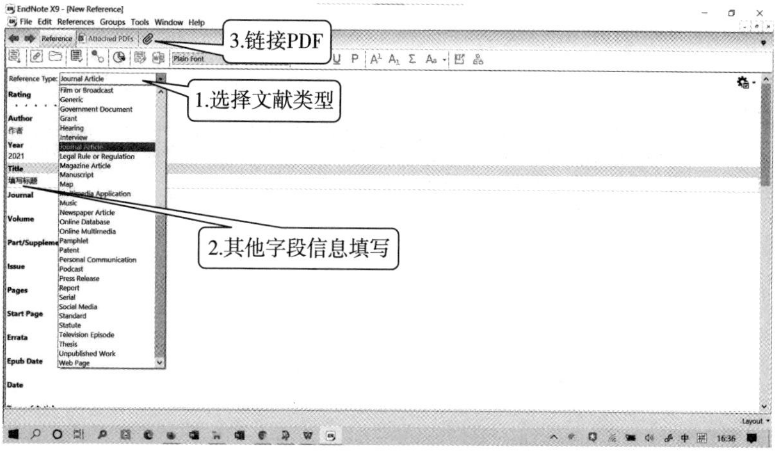

图3-60　New Reference窗口

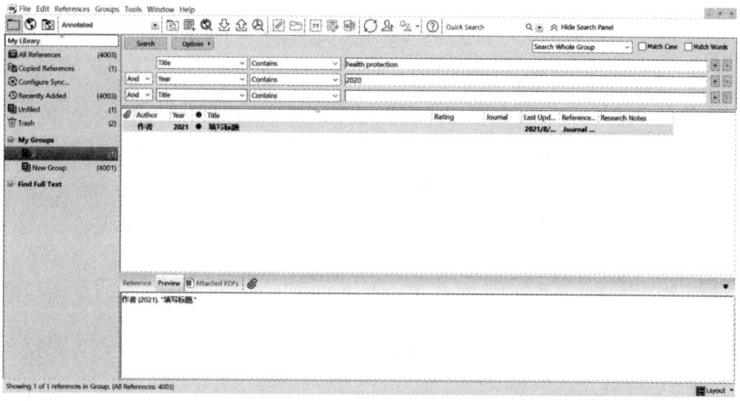

图3-61　导入后的数据库显示

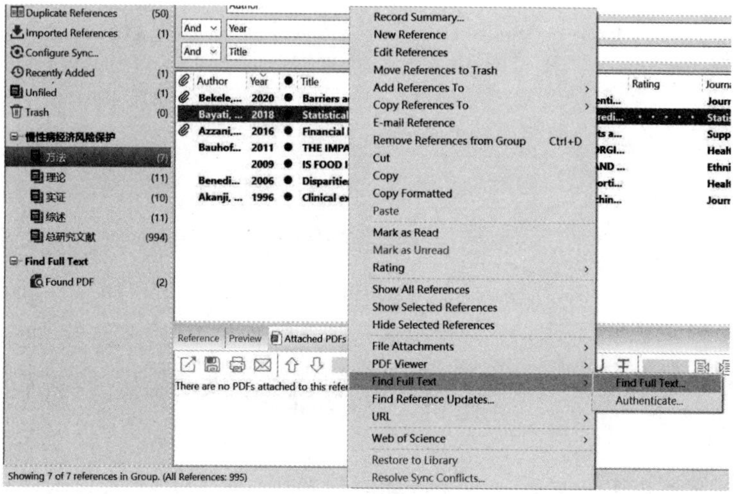

图3-62　进行全文检索

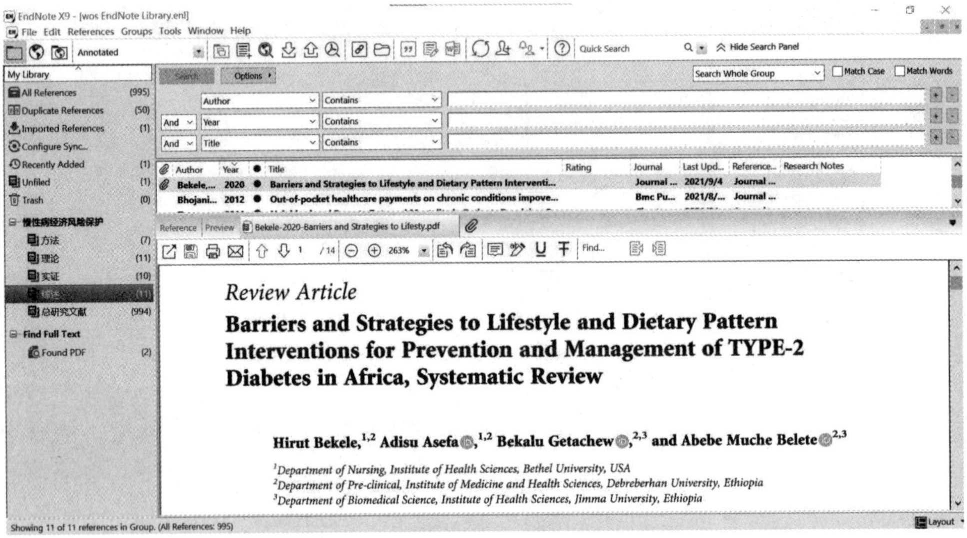

图3-63　全文获取

5. **全文导入**　全文导入方式适合文献全文已经下载到本地的情况。对于文献资料搜集后在本地保存的大量PDF文件，EndNote默认开启全文导入的题录信息智能识别功能，支持从导入的PDF全文中抽取关键信息并通过网络智能更新题录信息，实现一次导入自动完善所有题录信息。单篇全文的导入方式如下。

第一步：点击菜单栏“File”选项选择“Import”—“File”，点击“Choose”在本地文件中选择需要导入的PDF文件，见图3-64。如果导入某个文件夹里的多篇全文，则选择“Import”—“Folder”。

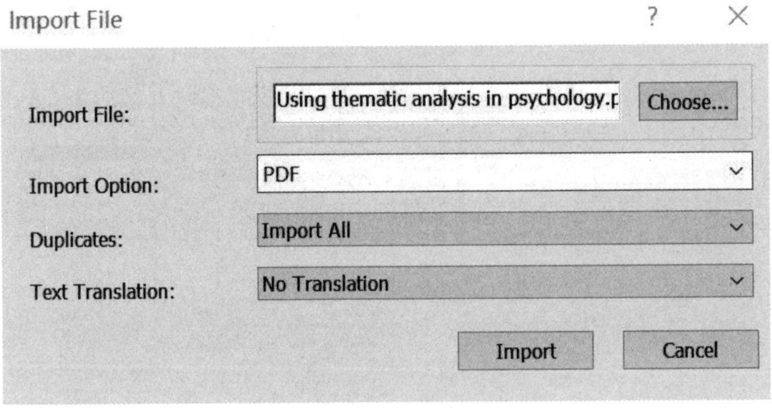

图3-64　导入PDF文件

第二步：导入PDF全文后，题录自动更新显示，且PDF文件以附件形式存在，见图3-65。

图3-65　全文导入题录显示

三、数据库的管理

EndNote可以对数据库中的参考文献进行排序和编辑管理。鼠标右键的快捷菜单中提供删除记录“Delete Reference”、编辑记录“Edit Reference”、剪切“Cut”、复制“Copy”等功能。对选中的参考文献可添加多种格式的附件，并进行编辑管理。在数据库中还能实现快速地文献检索和基本文献信息统计与分析。

（一）文献题录的编辑

1. 编辑管理　在菜单栏点击“Reference”可以对数据库中的文献题录信息进行新建、修改、删除、复制等。利用“Find Duplicates”功能可以查找和处理重复文献，见图3-66。

对单一参考文献，选中后可点击右键进行添加、移动、删除、复制、剪切、标记已读/未读状态、标记星标等级等操作，见图3-67。同时可在文献题录中插入个性化标识字段信息，满足个性化文献管理需求。

2. 排序管理　EndNote可以按照题录信息中的某一字段进行排序，以提高阅读效率。如每条参考文献都包含作者、年代、题名或杂志期刊名称等多个字段信息，按照个人需求，双击字段信息栏，即可以按照字段信息进行升序或降序排列。如图3-68所示，单击标题栏“Year”字段，文献即可按照年代升序或降序排序。

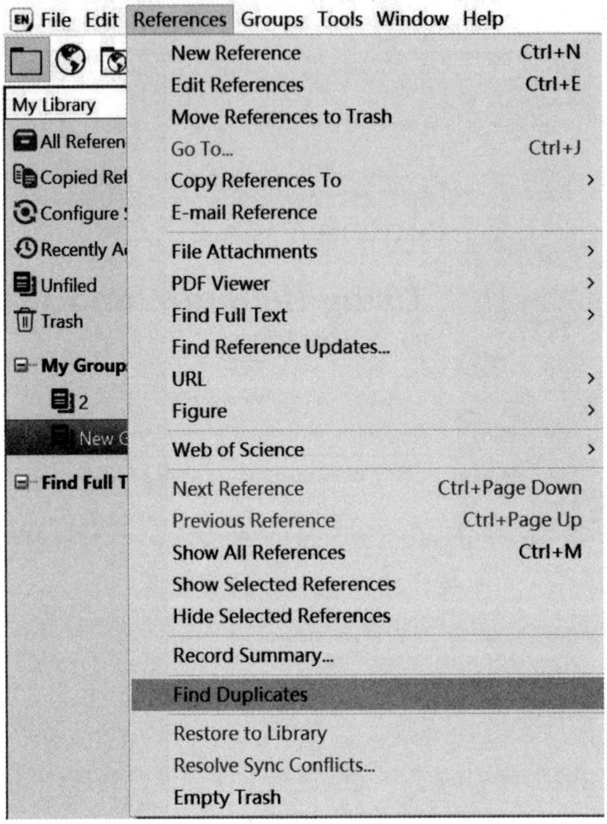

图3-66　编辑管理的菜单选项

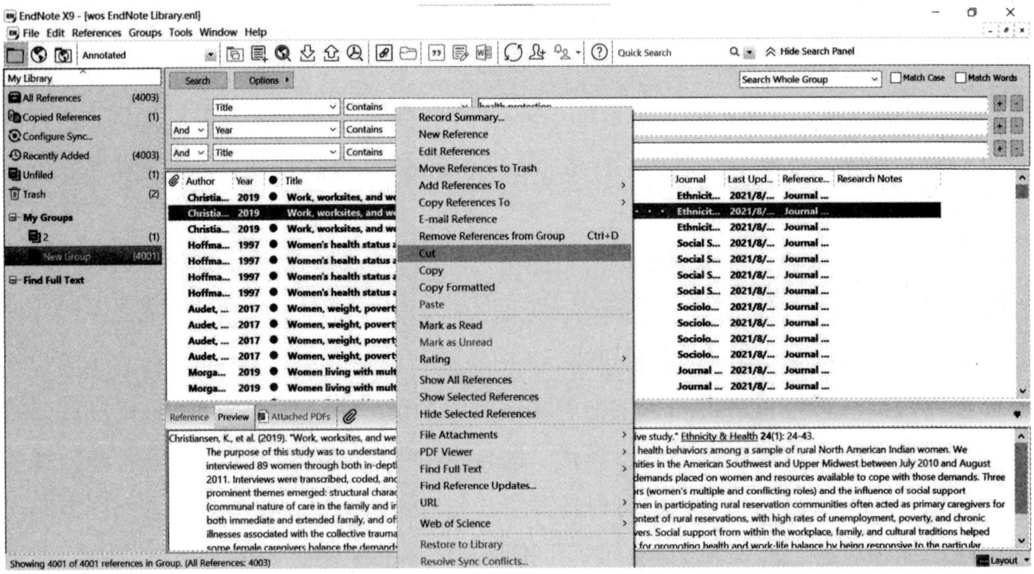

图3-67　选中参考文献编辑

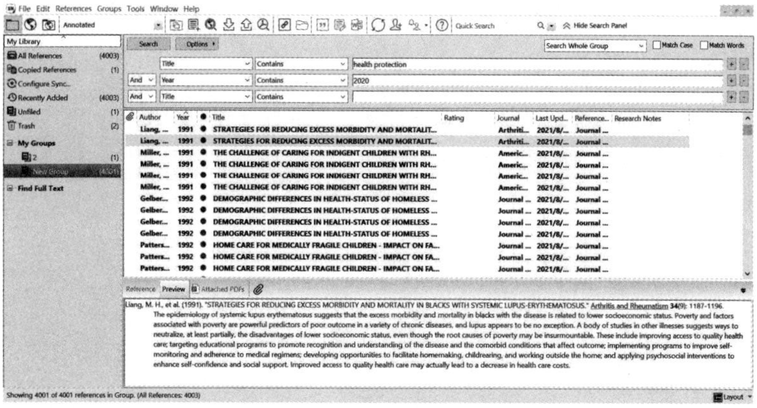

图3-68　文献按照年代排序

（二）附件的添加及管理

EndNote支持对文献添加附件及笔记，其支持附件的文件类型包括pdf、docx、xlsx以及jpg等多种格式，便于进行全文阅读，查找相关的图片、表格及记录科研心得。添加附件有两种方式，一种是将附件的地址记录在EndNote中，需要使用时打开链接即可；另一种是将附件链接到EndNote对应题录。第一种方式不对文件备份，占用空间小，但数据文件地址变动会引起链接的丢失；第二种方式需要将文件下载到本地，占用一定空间，但数据库转移时附件将被一同转移，较为安全。

1. 添加附件　选中需添加附件的文献题录，在下方文献信息处点击添加符号（回形针样式）选择添加附件，或点击右键选择“File Attachments”—“Attach File”，在弹出的附件链接对话框中选择需要添加的文件，可以添加45个不同格式的附件（不支持以文件夹形式添加）。需要注意的是，添加附件对话框下有勾选框，按个人需要选择是否保存附件在当前数据库中。附件添加完毕后会在表头显示附件符号（回形针样式），见图3-69。

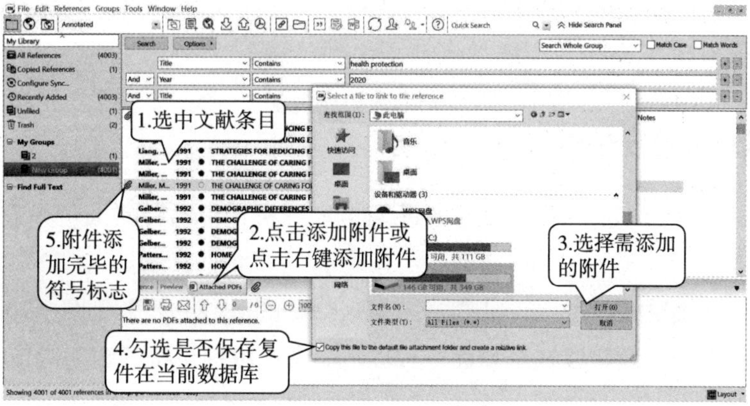

图3-69　选择添加附件

除此之外，还可以在文献题录信息的多个字段里点击选择“File Attachments”—“Attach File”添加附件信息，图3-70。

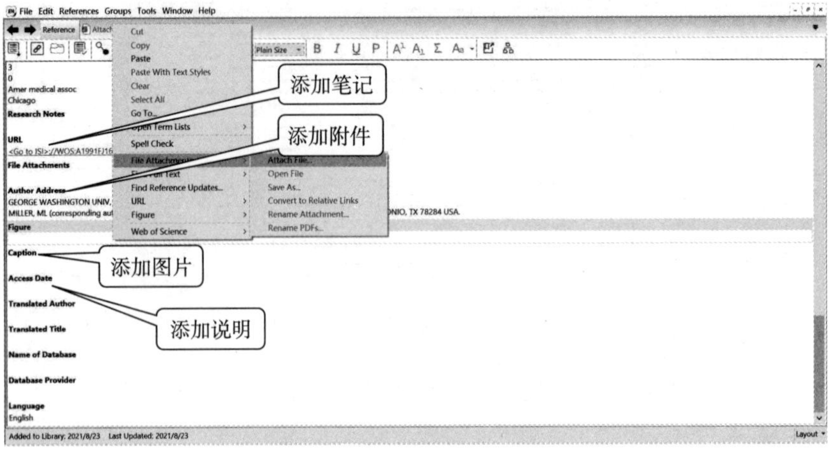

图3-70 文献添加多种信息

2. 附件管理 附件添加完毕后，如要快速知道哪些文献包含附件，点击附件标记（回形针样式）对应的文献题录标题，即可进行升序或降序排列，快速定位包含有附件的文献。

可对文献的附件进行管理。例如，如果要删除附件，找到附件所在栏目，即可进行删除操作。删除有三种方法：①选择附件，点鼠标右键选择“Clear”。②选择附件，按键盘Delete键。③选择附件，按键盘Backspace键。需要注意的是添加为附件的文件不能拷贝。如需拷贝可在数据库中寻找原文件进行操作。

（三）数据库内检索

随着资料的积累，数据库内的文献数量不断增加，通过EndNote快速查找功能可以快速检索文献。在检索对话框，输入搜索项，点击“Search”即可进行检索，并显示检索结果，图3-71。

四、信息统计及分析

EndNote软件可以进行一些简单的题录信息分析，帮助科研人员了解文献的总体情况。

第一步：在菜单栏点击“Tools”—“Subject Bibliography”，见图3-72。

第二步：出现主题字段选择界面，可以将参考文献题录按一定字段信息（如作者、年代、题名等）分类统计。可以多选字段，也可以选择单一字段，如图3-73中只选择“Year”字段，点击“OK”进入下一界面。

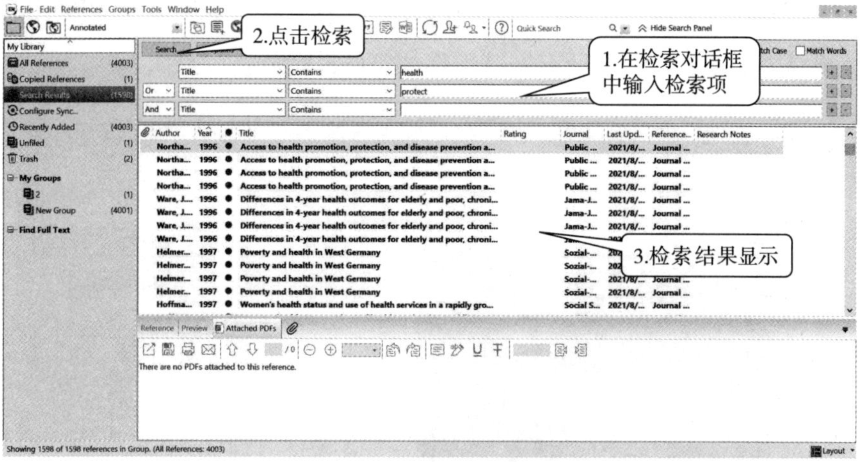

图3-71　数据库内检索

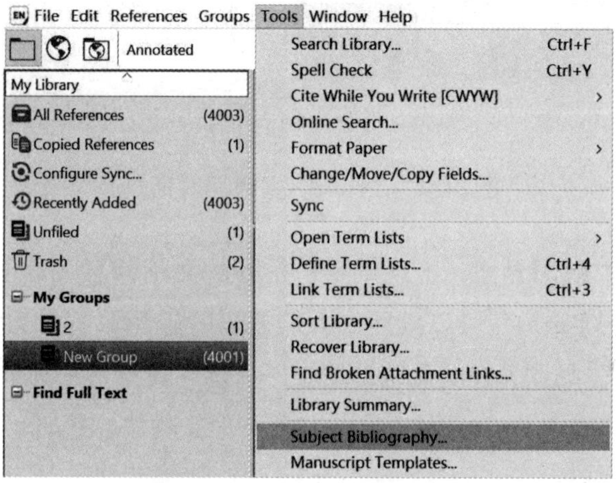

图3-72　主题分析菜单栏

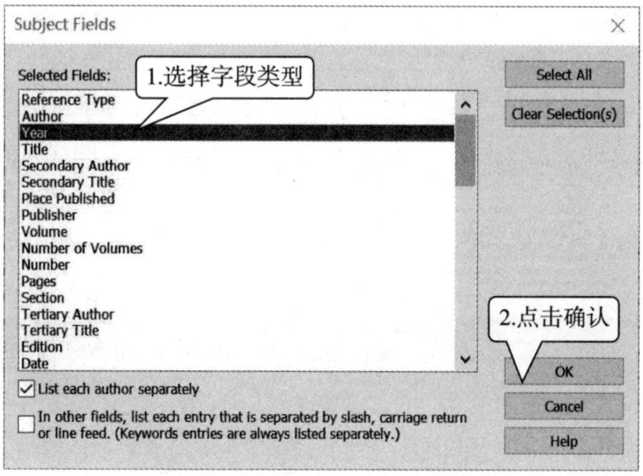

图3-73　主题字段选择界面

第三步：选择“Year”字段后，在主题词对话框界面，出现按年份统计的文献数量信息，选择“Select All”对所有文献出现的年份进行分析，见图3-74，点击“OK”，进入下一界面。

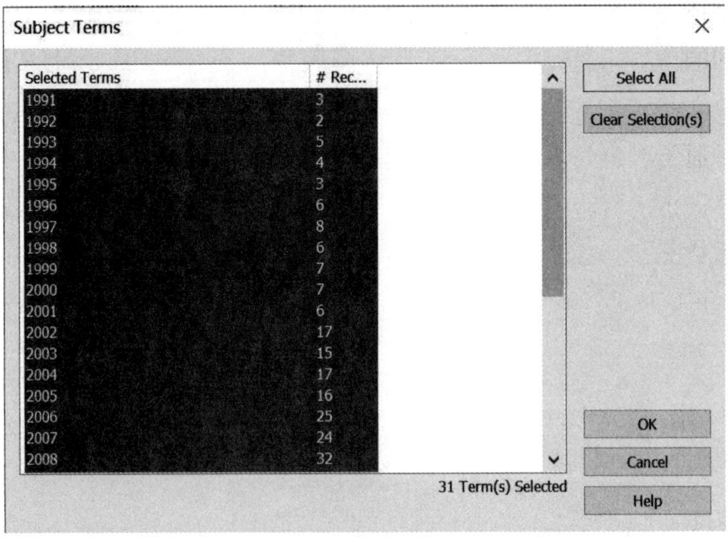

图3-74 “Year”主题词对话框

第四步：进入主题词界面，出现按年份排列的文献信息，点击“Layout”可以设置显示格式；点击“Terms”可以按照个人需要设置输出形式，设置完成后点击“确定”，即可输出结果，见图3-75。此统计结果——以年份进行格式化汇总的出版文献信息（标题、作者、摘要）——可以拷贝粘贴到其他文件中。统计结果根据数据库内容以及统计方法而定。

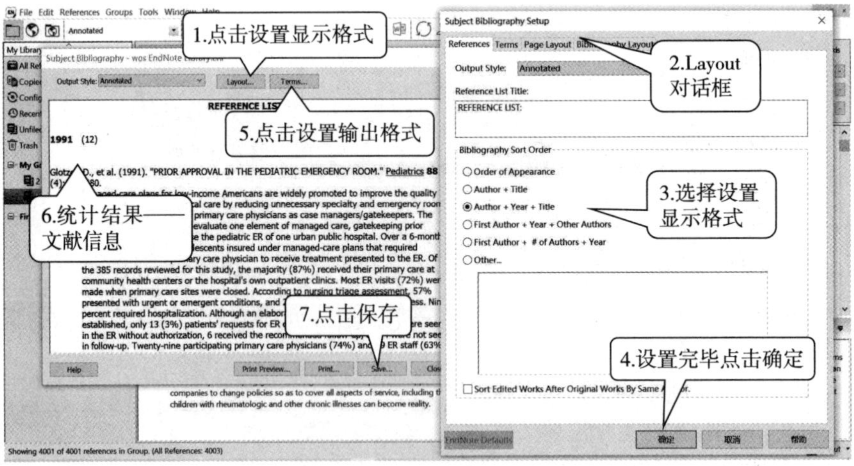

图3-75 按年份排列的文献统计信息

五、EndNote助力论文撰写

不论是撰写学位论文，还是期刊论文、会议论文，都需要参考规定的格式撰写，包括段落、字体、字型、行距及引用文献格式等。通过EndNote撰写论文，可以随时选择目标期刊的论文模板，还可以很快地找到相关的图片、表格，将其按照期刊要求的格式插入论文相应的位置，并将所引文献形成标准化的参考文献格式。另外，尽管在论文撰写时通常已经选定目标期刊并按照相关格式调整题录，但是一投即中的幸运儿凤毛麟角，被拒稿后转投其他期刊在所难免，投稿失败后的失落以及重新投稿时大量的参考文献格式调整对于投稿人来说无疑是雪上加霜。然而，利用EndNote软件管理参考文献，可一键将论文参考文献格式转换成拟转投期刊的格式，从而大大提高论文撰写和参考文献管理的效率。

（一）期刊论文模板应用

EndNote软件中内置有上百种期刊模板，科研人员可以根据个人需求，选择相关模板进行论文的撰写，达到事半功倍的效果。

第一步：在菜单栏选中“Tools”—“Manuscript Template”，见图3-76。

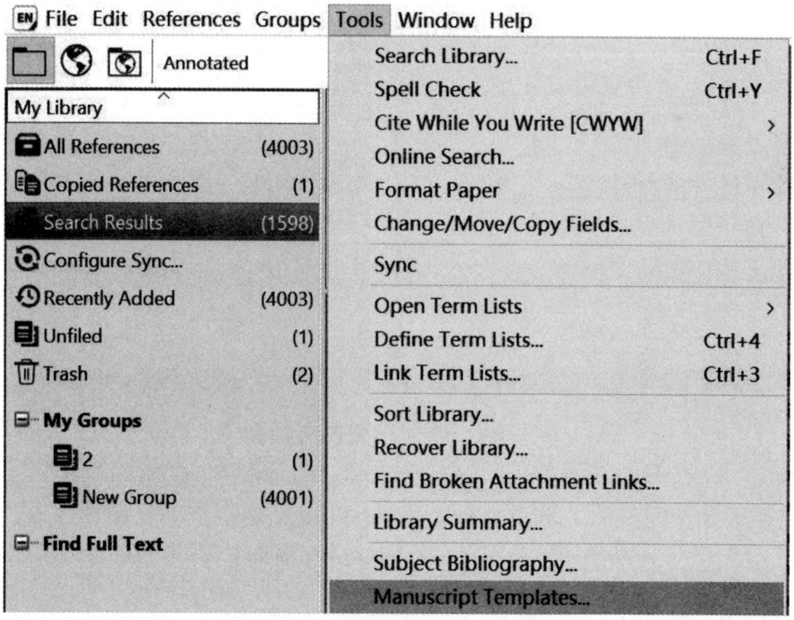

图3-76　菜单操作选项

第二步：出现文件夹，内置上百种期刊模板，选择需要的模板，点击“打开”，见图3-77。此处以Nursing Health Science.dotm为例。

图3-77　选择需要的期刊模板

第三步：模板在Microsoft Word中打开，按向导指引，在对应模块输入相应内容，如论文名称、论文作者、关键词，直至论文完成，见图3-78。

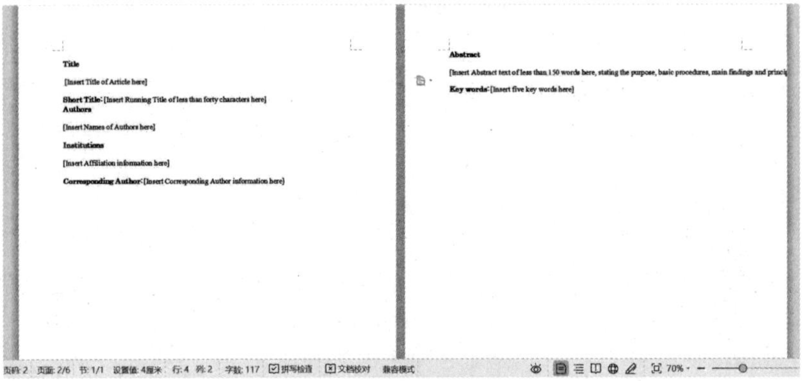

图3-78　论文模板部分内容

当按照模板操作完成后，软件会建立一个Word文档，作者只需要在相应位置添加内容即可高效完成论文，可以在论文排版上节约大量时间。

（二）参考文献插入与管理

1. 在Microsoft Word中插入文献　EndNote软件安装完毕后，在Microsoft Word的工具栏中会自动出现软件的快捷菜单，在文档撰写时可以便捷地调用EndNote进行参考文献的插入和管理。

第一步：打开Word文档，将鼠标选中需要插入参考文献的部分，点击EndNote快捷菜单区“Go to EndNote”将EndNote数据库打开。再点击快捷菜单区“Insert Citation”，出现检索参考文献的弹窗，选中字段自动出现在检索框中，点击“Find”出现一系列检索结果，选中对应的文献点击“Insert”，即可在文档中插入所需引文，见图3-79。重复此步骤可以在同一处引文插入多篇参考文献，也可以一次选定多篇文献一次性插入，提高效率。

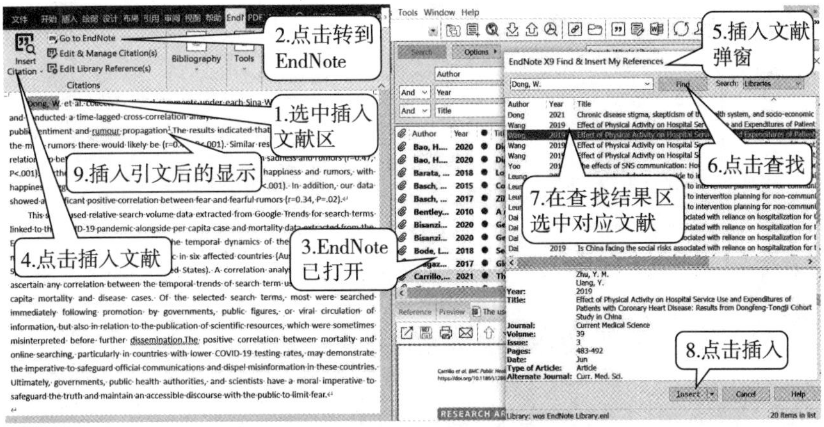

图3-79　在Word中插入文献

第二步：文献插入完毕后，选择参考文献的格式。打开已插入文献的Word文档，点击EndNote快捷菜单区“Style”，此工具栏提供了不同学科的国际文献中常用的参考文献著录和标引格式，如果没有所需格式可点击“Select Another Style”，在出现的参考文献格式对话框中选中合适的格式即可，见图3-80。

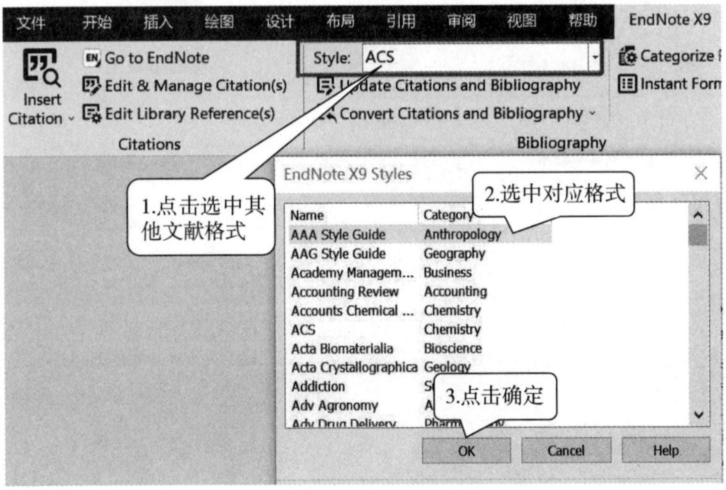

图3-80　编辑文献格式

2. 参考文献编辑 已插入内文的参考文献会出现需要修改增删的问题，首先必须启动参考文献的编辑功能：单击Word中的“EndNote X9”功能区—“Edit & Manage Citation（s）”命令，或在引文上单击鼠标右键，在弹出的快捷菜单中单击“Edit Citation（s）”—“More”命令，如图3-81所示。

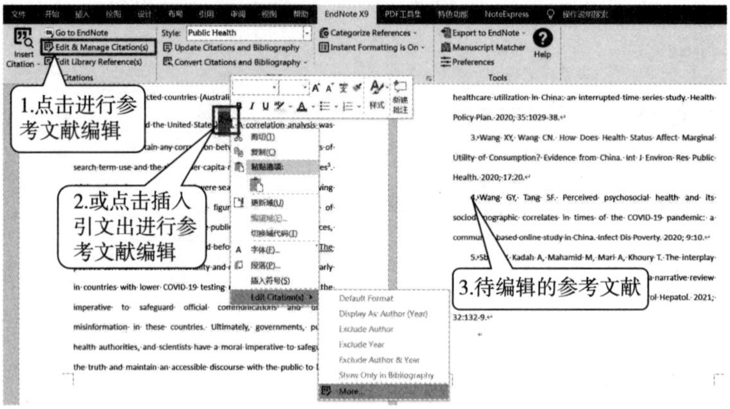

图3-81 点击编辑参考文献

在弹出的“EndNote X9 Edit & Manage Citations”对话框中，出现的是以作者、出版年以及编号为提示的文件中的所有参考文献，见图3-82。在此对话框中可以进行的主要操作如下：①改变文献先后次序。②删除引用文献。

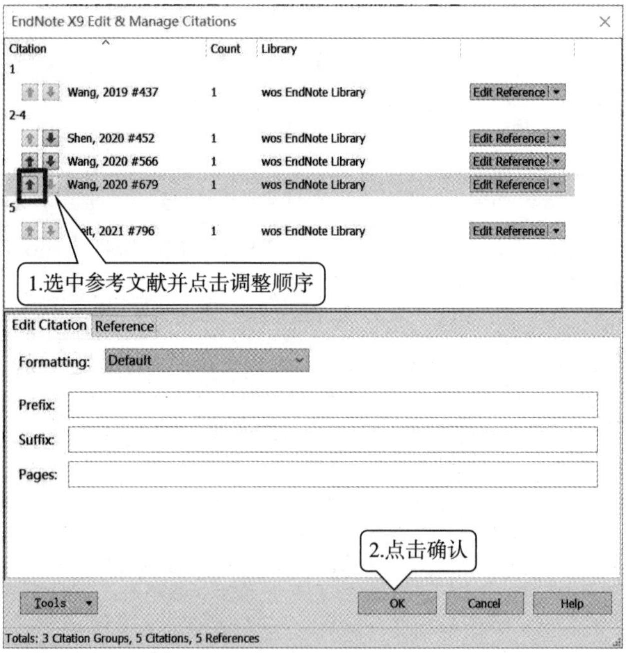

图3-82 “EndNote X9 Edit & Manage Citations”对话框

（1）改变文献先后次序：同一处引文插入多篇参考文献，需要调整其内部顺序时，在“EndNote X9 Edit & Manage Citations”对话框选中待调整顺序的参考文献，点击左侧的上下键进行先后次序调整，然后点击“OK”关闭编辑界面。如图3-82对第4篇参考文献进行调序，调整完毕后，结果显示第4篇参考文献上移至第2位（图3-83）。

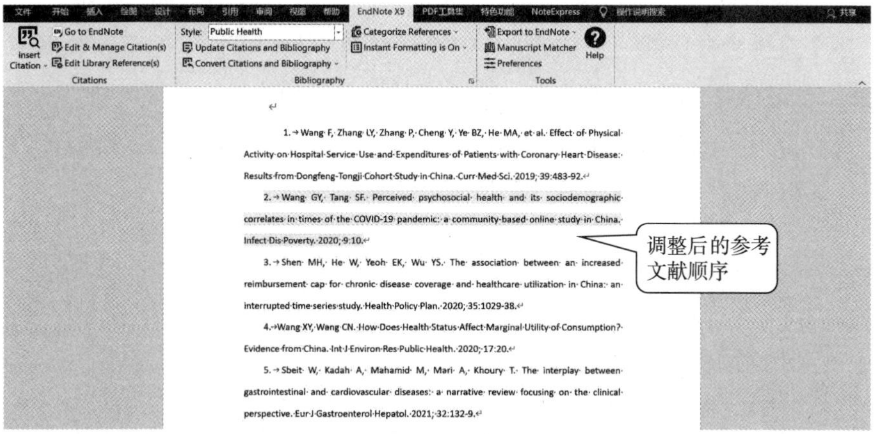

图3-83　参考文献次序调整结果

（2）删除引用文献：在“EndNote X9 Edit &Manage Citations”对话框中选定要删除的参考文献后，点击右侧“Edit Reference”—“Remove Citation”选项即可，如图3-84。

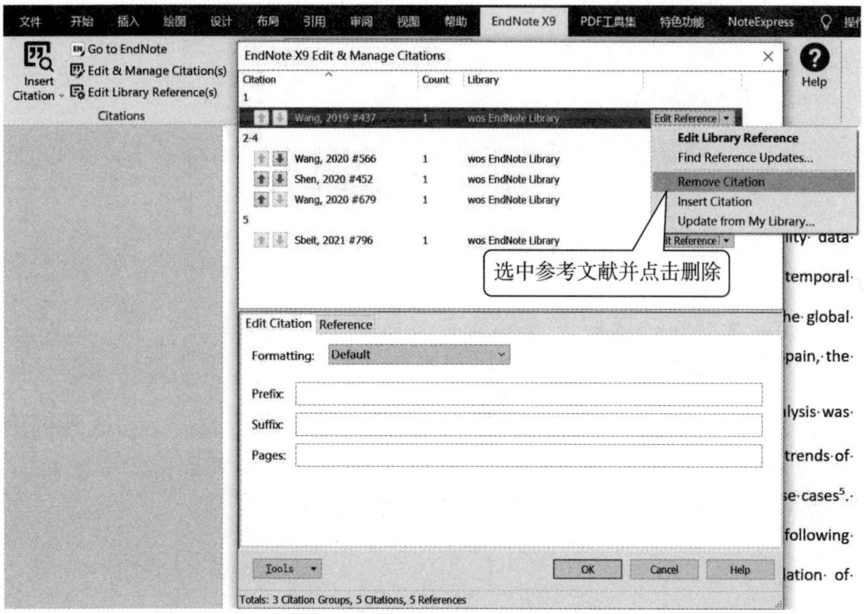

图3-84　删除选定的参考文献

删除引用文献时也可以在文件中使用Microsoft Word的“Delete”功能删除，等到下一次再插入新的引用文献时，引文序号会自动调整，便捷高效。但是这个方式只在删除正文中的引用文献时有效，如果删除的是文末的参考文献列表，那么下一次再插入引用文献时被删除的资料又会自动恢复。同时，这种删除方式只能对编辑区的多条参考文献捆绑式删除，无法对同一编辑区的某一篇文献进行单独删除。

3. 多个文件合并功能 对EndNote中保存在两个及两个以上的不同数据库Library中的文献信息进行合并时，需要利用EndNote的Import功能。

第一步：打开最终想保留的EndNote数据库Library，在菜单栏依次选择“File”—“Import”—“File”，见图3-85。

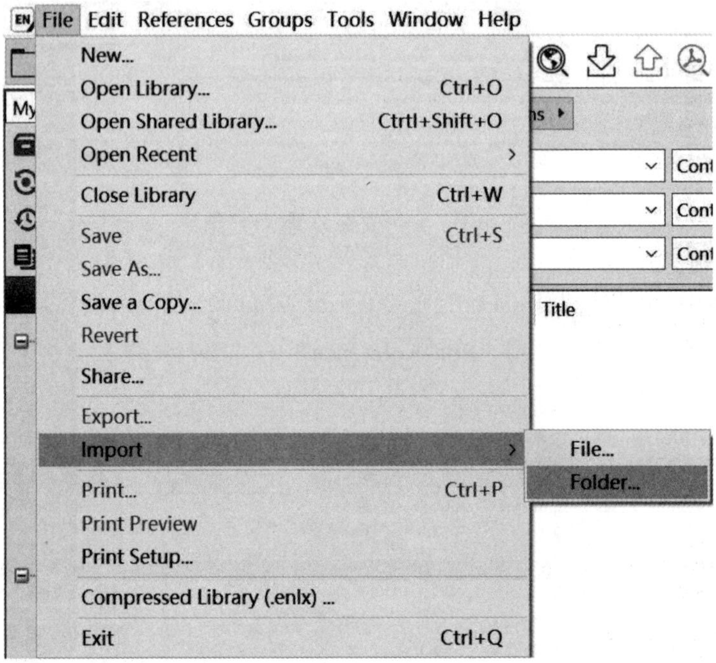

图3-85 打开文件导入选项

第二步：在弹出的对话框中选择需要导入的数据库Library，如“PHC reference.enl”，见图3-86。Import选项处选择“EndNote Library”，Duplicates选项中如果有重复的文献可以选择是否导入重复文献，或者把重复文献自动导入一个，或者把重复文献导入重复文献组中。完成各项设置之后数据库Library就合并完成了，附件也会一起导入。

EndNote还具有自建过滤器、导出格式和自定义参考文献格式设置等高级功能，满足科研人员的个性化需求。同时，EndNote可对多个Word文档中的参考文献进行合并，以实现同一专著不同章节的合并，提高撰写效率，见图3-87。

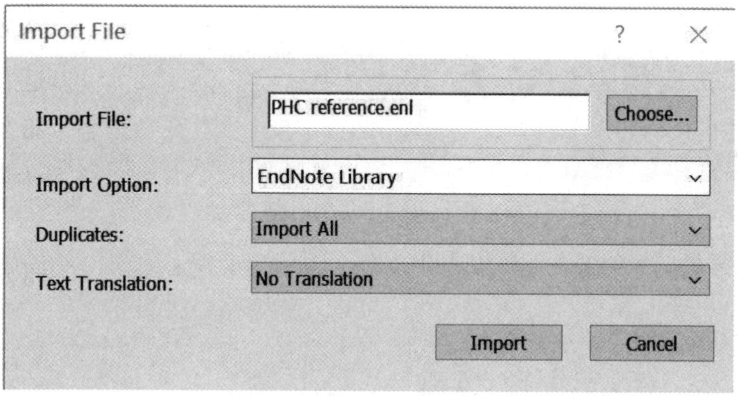

图3-86　导入数据库

Merging Thesis chapters into a single document

Merging documents that contain EndNote cite-while-you-write entries is not as straightforward as copy and paste from one to another.

In order to merge separate documents into a single document chapter, select **Convert Citations and Bibliography -> Convert to Unformatted Citations.** Then select the entire document contents (CNTRL-A to Select All) and copy (CNTRL-C).

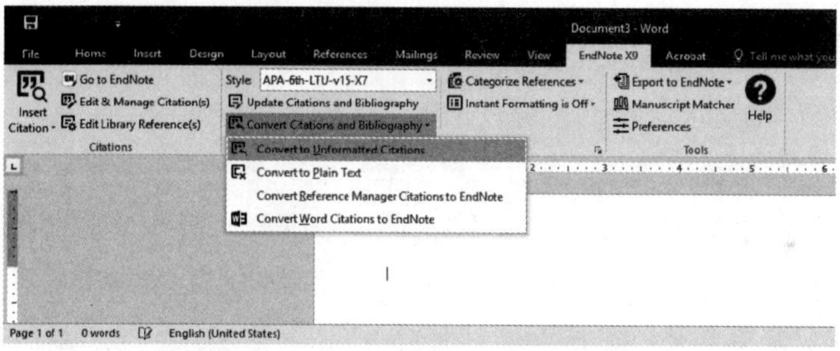

Navigate to the correct position in the master document. Click to place the cursor, and paste (CNTRL-V). Complete this procedure for each of the other documents.

Page 17

Once all the documents have been compiled together into a master document, click the **Update Citations and Bibliography** button.

图3-87　EndNote可实现多个文档的参考文献合并

知识链接

EndNote官方网站为培训人员和用户提供了详细的培训资料，包括文本资料和视频资料，以方便培训人员和用户快速掌握和学习软件使用方法（ https://clarivate.libguides.com/endnote_training/users/enx9）。同时，EndNote官方网站实时更新参考文献格式供用户下载和使用（ https://endnote.com/downloads/styles/），主要步骤是检索并下载需要的期刊论文参考文献格式文件（.ens格式文件），然后将下载的格式文件复制到EndNote的安装目录对应文件夹下面（“styles”文件夹），再次打开软件时，即可以选择最新添加的参考文献格式。类似的，如果期刊主页提供了本期刊的EndNote参考文献格式文件，则以类似的方式添加到软件的安装目录下面。当然，EndNote同样支持用户自定义参考文献格式，以满足用户的个性化需求。

本章小结

综上所述，文献管理软件是进行文献管理、提高科研效率的必备工具。其核心功能是对文献题录信息的管理与利用，尤其是撰写论文时参考文献的管理功能对于提高科研效率至关重要。同时，各个软件在主要功能趋同的情况下，又各具特色。如果准备撰写英文论文，建议首选EndNote软件进行参考文献的管理；如果要撰写中文论文，建议首选NoteExpress进行参考文献的管理。此外，作为一个科研人员，需要具备一定的参考文献输出格式文件修改和自定义能力，这样才能对参考文献的管理做到游刃有余。

（姚　强　胡广宇　董四平）

第四章　文献分析与评价

学习目标

1. 掌握　文献计量与可视化的主要软件、特点及应用。
2. 熟悉　文献分析与评价的基本理论和基本方法。
3. 了解　社会网络分析的定义、特点及软件工具。

第二章与第三章我们系统学习了文献检索的基本知识和检索技巧，以及如何将检索到的文献通过文献管理软件进行有效的管理。然而，如何对检索到的海量文献进行分析和归纳，是学生应该学习的重要技能，包括如何快速确定一个研究领域的发展阶段，如何确定某个领域的核心期刊，如何确定某个领域的高产作者、机构、国家，以及三者之间的合作关系，如何快速、有效地了解一个领域的发展根源与演进路径，如何确定一个领域的热点主题和前沿趋势等。本章将从文献分析的基本理论、基本方法、软件工具以及使用注意事项等方面进行阐述，使学生真正具备文献分析与评价的能力。

第一节　基本理论

掌握文献分析相关的基本定理和基本方法，为文献定量分析与评价奠定理论基础。

一、基本定理

（一）文献增长与老化规律

1. 文献增长规律　1949年，美国科学家、情报学家和物理学博士普赖斯（Derek de Slla.Price）研究发现，日益增长的科学领域内的文献数量是按指数增长的，并基于此，提出了文献增长规律（growth law of literature）。普赖斯首先统计了1665—1900年间每隔50年全球出版的科学杂志的数量；然后，他又统计分析了《物理学文摘》等30种学术杂志中的文献增长情况，并得出结论：科学文献的数量是按指数增长的。

普赖斯以年份为横坐标，以科学文献数量为纵坐标，绘制出文献的指数增长曲线，也称“普赖斯曲线”，即科学文献数量的增长与时间成指数函数关系（即“指数增长规律”）。该规律可以正确反映过去各年份学科的文献增长情况。其数学表达式：

$$F(t)=ae^{bt},\ a>0,\ b>0$$

式中，$F(t)$ 表示时刻t的文献量；t为时间（以年为单位）；a为条件常数，即统计的初始时刻（t=0）的文献量；e为自然对数的底（e=2.718…），可取近似值为2；b为时间常数，即持续增长率，指某一年文献的累计增加量与前一年文献累计总数的比值。

该理论的文字解释如下。第一阶段：学科刚刚诞生，绝对论文数量少、增长不稳定，很难通过统计的方法求得相应的数学表达式。第二阶段：学科进入大发展时期。在此阶段，该专业理论迅速发展，论文数量急剧增加，较严格地服从指数增长。第三阶段：学科理论日趋成熟，论文数量增长减缓，逐渐演变为线性增长，且仅维持某一固定的文献增长量。第四阶段：随着理论的完备，学科文献日趋减少，曲线逐渐平行于横坐标或出现不规则的振荡。

需要注意的是，不同学科的文献增长速度是不同的。有些学科文献量每几年翻一番，有些学科文献量十几年翻一番。此外，科学文献按指数增长的规律是相对于每一年的文献累计数而言的，每年文献的累计数就是所统计的该年与该年之前各年出版的文献数量之和，即该年可利用的文献总量。

2. 文献老化规律 文献老化是任何一个学科在发展过程中普遍存在的问题。文献老化规律（obsolescence of scientific literature）指随着时间推移，一切知识或其相应的载体会逐渐失去原有价值。1944年，美国纽约大学的戈斯内尔（Charles F. Gosnell）就对文献的老化问题进行过研究。1958年著名科学家贝尔纳（John Desmond Bernal）借用放射化学术语“半衰期”来说明科学文献的老化速度。后来伯顿（Burton Robert E.）和开普勒（Richard W. Kebler）将“中值引文年限”（又称共时半衰期）定义为文献的半衰期，指某学科（专业）当下尚在利用的全部文献中较新的一半是在多长一段时间内发表的。1971年，普赖斯（Derek J. De Solla Price）提出了“普赖斯指数”，用来量化文献老化的快慢。

现阶段测算文献老化的两个主要度量指标为半衰期指标和普赖斯指数。

半衰期指标：假设半衰期的整数部分为x年，$a=x+1$，$b=x$。则$a_{引文}\geqslant 50\%$，$b_{引文}\leqslant 50\%$（$a_{引文}$、$b_{引文}$为第a、b年的引文累积百分比）。半衰期指标（H）数学公式：

$$H=x+\frac{0.5-b_{引文}}{a_{引文}-b_{引文}}$$

普赖斯指数：指在一个具体学科内，把年限不超过5年的引文数量与引文总数之比当作一个指标，用以量化文献的老化速度与程度。普赖斯指数越大，文献老化越快。公式：

$$P_r（普赖斯指数）=\frac{出版年限不超过5年的被引文献数量}{被引文献数量}\times 100\%$$

因此，文献增长与老化规律可以用于预测某一主题领域的文献增长趋势，以及了解某一主题领域的发展阶段。

（二）布拉德福文献分散定律

布拉德福文献分散定律（Bradford's Law of Scattering）简称布拉德福定律或布氏定律，为定量描述科学文献“集中–分散”的经验定律。由于科学的高度专门化和综合化，一个学科的论文常常会出现在另一个学科的期刊上。最终呈现出：某学科的大量论文相对地集中在一定数量的期刊上，而剩余部分则依次分散在其他的相关期刊上。该规律由布拉德福（Samuel Clement Bradford）经过长期对各种文献分散状况进行大量调查统计后于1934年1月在*Sources of information on specific subjects*一文中提出。这一定律的提出，奠定了文献计量学的理论基础，成为文献计量学史上的里程碑，对完善和发展情报学起到了重要作用。

布拉德福定律的文字表述为如果将科学期刊按某一给定学科的论文刊载量多少，以递减顺序排列起来，就可以将这些期刊分成专门论述该学科的核心区和另外几个区，每区期刊的载文量基本相等，这时核心区与另外几个区的期刊数量呈以下公式分布：

$$1:n:n^2$$

式中，n为布拉德福常数，$n>1$。布拉德福定律的基本内容由区域描述和图像描述两个部分组成。1948年英国学者维克瑞（Brian C. Vickery）将布拉德福的成果命名为“布拉德福定律”，并将分3个区讨论的文献离散分布规律推广到任意多个区，这使得布拉德福定律有了更强的适应性。维克瑞推广和修正了布拉德福定律，使布拉德福文献分布的图像与定律在结构上得到了统一，形式上趋于完整。因此，在文献分析与评价过程中，布拉德福定律常常可以用于确定某一主题领域的核心期刊。

（三）洛特卡定律

洛特卡定律（Lotka's Law）也被称为“平方反比定律”或“倒数平方定律”，是描述科学生产率的频率分布规律。由美国著名学者和科学计量学家洛特卡（Alfred James

Lotka）于1926年在*The Frequency Distribution of Scientific Productivity*一文中提出，主要是显示作者数量与他们所发表论文数量的关系。洛特卡对1907—1916年《化学文摘》的作者累积索引和德国出版的《物理学史一览表》1325篇物理学家著作中的作者人数及生产量进行统计分析，并以对数坐标表现出作者频率和论文数之间的关系，结果发现二者基本上都是呈直线关系。洛特卡指出：科学文献的作者数与其所著论文数之间不仅有规律可循，而且大致遵循平方反比的分布规律，其数学表达式：

$$F(x)=\frac{C}{X^n}\ (x=1,\ 2,\ \cdots,\ n)$$

式中，$F(x)$是撰写x篇论文的作者在所有作者中的百分比；n是频率（通常取$n=2$，但2是洛特卡根据他对物理和化学的某些杂志的统计粗略得出的，实际上不同学科指数n值不一样，并不恰好等于2）；C值为学科特征常数，是反映某学科科学工作者构成的主要指标。显然，当$x=1$时，$F(1)=C$，C值即撰写一篇论文的作者在总作者数中的百分比。C值越大，说明作者的分布越平均，高产作者的贡献越小，低产作者的贡献越大。

洛特卡定律能通过统计作者数量来预测文献的增长速度和流动方向，也可以从文献计量的角度大致预测某一学科领域科学家数量的增长以及学科发展的规模趋势，在辅助科学文献管理和考察学科领域未来研究的深度和广度方面具有积极的作用，常被用来进行学科研究成熟度的分析。同时，在文献分析与评价过程中，可以用于确定某一领域高产作者的区域标准。

（四）齐普夫定律

齐普夫定律（Zipf's Law），又称最省力法则，是由美国哈佛大学的语言学家齐普夫（George Kingsley Zipf）对单词在文献中出现的频次进行大量统计，以检验前人的定量化公式而于1949年提出的实验定律。它可以表述为，在自然语言的语料库里，一个单词出现的频次与它在频率表里的排名成反比。例如，频率最高的单词出现的频次大约是出现频率第二位单词的频次的2倍，而出现频率第二位单词则是出现频率第四位单词的频次的2倍。其数学公式表述为：

$$f_r=Cr^{-1}\ (r=1,\ 2,\ 3,\ \cdots)$$

式中，f_r表示频次；r表示其等级序号；C近似地为一个常数，围绕中心数值上下波动。这个定律被作为任何与幂定律概率分布有关的事物的参考。齐普夫运用"最省力法则"解释了这个定律。他认为，在任何语言中，凡是使用频率高的词，功能总是不会太大。因为词义本身在这个场合中价值小，因而传递它们所需要的"力"就不大。所以，词的出现频率与等级序号的乘积基本上稳定于一个常数。

齐普夫分布定律不仅是文献计量学的广义通式，诸如布拉德福定律、洛特卡定律等都可以转换成齐普夫分布形式；而且在广阔的社会领域，许多现象诸如科学文献出版量分布、地理特征分布、生物种属分布等都普遍呈现出齐普夫分布形式或特征。因此，齐普夫分布定律无疑是揭示社会科学内在规律的有力武器。在文献分析与评价中，齐普夫定律为自然语言词频的分析奠定了理论基础。

二、基本方法

（一）文献统计分析

文献统计是指以某一特定单位对文献或其相关媒介进行统一计量。而文献统计分析法则是利用统计学方法对文献进行统计分析，以数据来描述或揭示文献的数量特征和变化规律，从而达到一定研究目的的一种分析方法。它是在统计学原理的指导下，在长期的文献统计实践中，逐步形成和发展起来的，是文献定量研究的基础，能够解释文献的量变规律。

文献统计的对象是文献以及一切与文献相关的媒介指标，如读者、专业术语、书刊购置费、书架长度等。这些相关媒介指标都能间接地反映文献数量的变化或被利用的情况。通常，按照统计的对象和内容来划分，文献统计及其数据的类型主要有出版物统计、作者统计、科技用语统计、引文统计等。

1. 出版物统计 出版物是一个广泛的概念，包括图书、期刊、科技报告、专利文献等各种类型的文献。它是文献统计的主要对象，对其数量进行统计分析是文献计量学的重要内容和途径。通常所说的文献统计主要是指出版物统计，它是出现最早的一类文献统计，也是应用得最广泛、最基本的一种文献统计类型，主要有按国别、语种、出版社（商）、学术团体或科研机构、作者、时间、学科等角度对出版物进行的统计分析。

2. 作者统计 从文献作者的途径对文献与作者之间的关系进行研究，有利于掌握作者发表的论文数及其研究领域的科技发展水平，同时也为人才学、科学学研究提供数据资料。目前，其作为文献计量学的重要内容之一，主要类型如下：①杰出作者量的统计，在某段时间内，被引证次数较多的作者被列为杰出作者。②作者专业分布的统计，分别统计各学科或专业的文献作者数比例，分析它们的研究峰值及发展趋势。③作者国家分布统计，分别对不同国家中各学科文献的作者数进行统计，分析和比较这些国家在学科研究上的侧重点、发展现状及趋势等。

3. 科技用语统计 对科技用语的统计和分析，通常表现为对文献关键词或主题词的提取和分析。专业术语的组成和数量变化，在一定程度上可以反映科学技术的交叉渗透、兴衰变迁等。

4. 引文统计 引文统计就是对科学论文或著作所附的被引文献数量进行统计，或者利用引文索引工具来统计有关引文量，显示学术的交流与融合状况，以及知识的起源与传承发展等。

（二）共现分析

“共现”指文献所包含的知识单元等描述性信息共同出现的现象，这些知识单元包括文献的外部和内部特征，如作者、机构、国家、关键词等。而“共现分析”是对共现现象的定量研究，以揭示信息的内容关联和特征项所隐含的知识，是文献计量分析中最核心的分析方法。共现分析根据分析对象的不同，可以分为合作网络分析与共词网络分析。

1. 合作网络分析 在科学计量学研究中，合作网络分析包括三个知识单元：国家、机构、作者，主要是分析科研人员的科技成果共同署名及国家间、机构间的学术合作的情况。同时，进入20世纪以来，科学探索最基本的组织单元已经从以前的个体为主转向课题组为主，科学合作已经成为科学研究的主要形式。例如，作者A1、A2和A3共同署名发表了论文P1，那么他们就构成了1次合作关系，与此同时这些作者所代表的国家及所属科研机构也在此过程中形成了合作关系。两个知识单元共同出现的频次越高，则反映其合作越紧密。在实际分析中，可以利用计算机程序两两统计这些知识单元共同出现在一篇论文的署名字段的频次（有时候可以根据同一篇文章的知识单元如作者、机构或者国家数量进行加权调整），获得知识单元的合作矩阵，并构建已获得知识单元的合作网络，以分析不同知识单元之间的合作交流情况及规律。

2. 共词网络分析 共词网络分析是运用统计方法计算词组等在同一篇论文中共同出现的频次，形成共现矩阵，建立共词网络的分析方法。一般认为词汇对在同一篇文献中出现的次数越多，则代表这两个主题的关系越紧密，然后可通过聚类方法进行主题聚类和知识挖掘。

共词网络分析法可用来分析文献的主题词或关键词，主题词和关键词都具有独立的检索功能，作为文章核心内容的浓缩和提炼，能准确地反映论文的主题。因此，如果某一关键词或主题词在其所在领域的文献中反复出现，则说明该关键词或主题词所表征的研究主题是该领域的研究热点。

聚类（clustering）是将物理或抽象的对象集合分成多个组的过程，聚类生成的组称为簇（cluster），即簇是对象的集合。聚类簇内部的各个元素之间具有较高的相似度，而不同簇之间则具有较高的相异度。在共词网络分析过程中，通过聚类方法对共词网络关键词之间的距离远近进行定量测量和聚类划分，可以反映不同主题词和关键词及其形成的主题聚类之间的亲疏关系，进而分析这些词所代表的学科或主题的结构及变迁。

（三）引文分析

引文分析是利用各种数理统计方法和比较、归纳、抽象、概括等逻辑方法，对科学期刊、论文、作者等各种分析对象的引用（citing）与被引用（cited）现象进行分析，以便揭示其数量特征和内在规律的一种文献计量分析方法。通常认为，引文代表了施引文献对被引文献（通常体现为参考文献）的使用，并指出被引文献对新作品（施引文献）的影响，以及从被引文献作者到施引文献作者之间的知识流动。文献的引用体现了科学知识和情报内容的积累性、连续性和继承性，也体现了科学的统一性原则以及多个学科之间广泛的交叉、渗透。因此，通过引文分析能够揭示研究者对学术文献的使用及科学的发展演进、分析知识结构、评估信息资源和评价学术贡献等。目前，最常用的引文分析是文献耦合和引文同被引，其在不断发展中又拓展至作者耦合、作者同被引、期刊耦合和期刊同被引等多种相似关系的研究。

1. 耦合分析 文献耦合是指施引文献通过被引文献建立起来的耦合。文献耦合理论的基本出发点是如果两篇论文，共同引用了一篇或多篇参考文献，则认为这两篇论文发生了耦合。所包含相同参考文献的数目就是这两篇论文的耦合频次，又称耦合强度（也可以通过参考文献数量的不同对其进行加权处理）。通过对耦合强度的分析可以测度和挖掘施引文献之间的关系及规律。所包含的相同参考文献数越多，则这两篇论文的耦合强度越大，其之间的联系就越紧密。需要注意的是，已经发表的两篇论文的参考文献是固定的，因此耦合强度也是固定的，不会随着时间变化而变化。

2. 同被引分析 同被引分析，又称共被引分析，是指两篇论文同时被其他论文引用时，则这两篇论文发生了同被引，即共同被引用关系。如果两篇文献常常被一起引用，则说明这两个文献是相关的，它们往往在主题或方法方面存在着密切联系。通过对文献两两共被引频次的分析，可以测算文献之间的相似性。假设两篇论文的共被引频次越大（也可以根据施引文献的参考文献数量进行加权调整），则两篇论文的关系越密切。需要注意的是，与耦合不同，论文的共被引次数会随着时间的变化而变化，先前没有共被引关系或者共被引关系较少的两篇文献，可能随着学科的发展、技术的突破或交叉融合，在未来出现共被引或共被引次数增加，反映其之间关系的变化。

知识拓展

引文战略坐标分析与共词战略坐标分析，是在高被引论文和高频关键词聚类分析的基础上，通过绘制战略坐标以进一步挖掘某一学科或领域的主题结构及其之间的关系。

引文战略坐标是在高被引文献聚类分析的基础上，绘制一个包括新颖度和关注度的二维坐标系，以综合反映各个主题聚类在整个学科发展过程中所处的位置。根据各篇论文的发表时间，计算每个聚类的平均发表时间，以此反映该聚类研究主题的平均年龄，称其为新颖度。根据各篇论文被引次数，计算各个聚类的平均被引次数，以此反映该聚类受到关注的程度，称其为关注度。以全部高被引论文的平均发表时间和被引次数为原点，即以全部聚类的新颖度和关注度的平均值或中位数作为坐标系的原点。通过引文战略坐标可以反映某一科学或者主题知识基础的历史与现状。

共词战略坐标是在共词聚类分析的基础上，绘制一个包括向心度和密度的二维坐标系，以描述某一学科或研究领域内部主题词间的联系和相互影响情况。其中密度用来度量各个类别之内的主题词的紧密程度，它表示该类维持自己和发展自己的能力，向心度用来度量各个类别主题词与其他类别主题词之间的紧密程度，表示一个学科领域和其他学科领域的相互影响的程度。其具体计算过程可以参考相关资料。共词战略坐标可以概括地表现一个学科、研究领域或亚领域的内部主题结构，它把每一个研究热点放置到坐标的4个象限中，从而描述各个主题之间的关系。

第二节　软件工具

本章第一节介绍了文献分析与评价的相关理论和方法，那么如何将这些理论和方法应用于实际工作呢？目前已经有很多分析软件被开发出来，借助于这些软件分析工具，就可以非常方便、高效地达到我们的分析目的。如同我们需要到达某个城市，通过地图查找已经明确了路线（例如，为确定高产作者合作关系需要利用洛特卡定律和共现分析方法），然而，选择步行、骑车还是自驾，需要结合路线特点，如距离、可选择的交通工具等（如何统计和计算出作者的产量、合作网络并进行展示，就需要根据分析目的和软件的特点等选择合适的软件工具）。本节选择了几款目前比较流行的文献计量软件，供学生选择使用。

一、Bicomb

Bicomb书目共现分系统（Bibliographic Items Co-occurrence Matrix Builder），是由中国医科大学崔雷教授和沈阳弘盛计算机技术有限公司合作开发的软件。Bicomb作为文本挖掘的基础工具，可对国内外权威的生物医学文献数据库（SinoMed）、PubMed、科学引文索引数据库（Web of Science）、中国知网（CNKI）和万方数据等数据库的文献题录进行导入、字段提取、数据统计，并生成词篇矩阵和共现矩阵；更为重要的是其支持用户自定义题录格式，以适应个性化需求。其主要功能如下：①一维列表。提取字段信息（包括作者、标题、期刊、年代、卷、期、起始页、截止页、关键词、引文、引文作者等字段），并生成统计列表。②二维矩阵。生成词篇矩阵和共现矩阵（如关键词、作者、引文等知识单元的共现矩阵），并且可以导入SPSS等软件进行聚类分析和可视化分析。Bicomb最重要的特征是可以对PubMed题录中的主题词和副主题词进行深入处理和分析、导入文献格式的自定义功能、词篇矩阵（非方阵）的生成及聚类。

操作方法：Bicomb下载安装完毕后启动程序出现的系统主界面见图4-1。①左侧为系统引导区：显示系统名称、开发方信息以及动画形式的主功能（项目、提取、统计、矩阵等4项）菜单等内容。②右侧为工作区：以步骤形式分页显示各主功能对应的详细功能内容。③中间为字段信息显示区及命令选择操作区。④界面下方“管理员”与“项目”为文档格式设置界面，可以选择或者自行设置导入文献的格式过滤器；“提取”为文档导入及字段分析操作选择界面，可以实现对数据的加载，知识单元的提取和批量修改；“统计”为关键字段提取后的显示界面，包括字段序号、关键词、出现频次、百分比（%）及累计百分比，可将信息导出为txt或Excel；“矩阵”为字段信息统计后生成“词篇矩阵”和“共现矩阵”的数据界面，例如，词篇矩阵数据可导出为txt格式直接在SPSS中打开进行层次聚类分析生成聚谱系图。逻辑分析思路见图4-2。软件的具体操作可以参见《BICOMB使用说明书》。

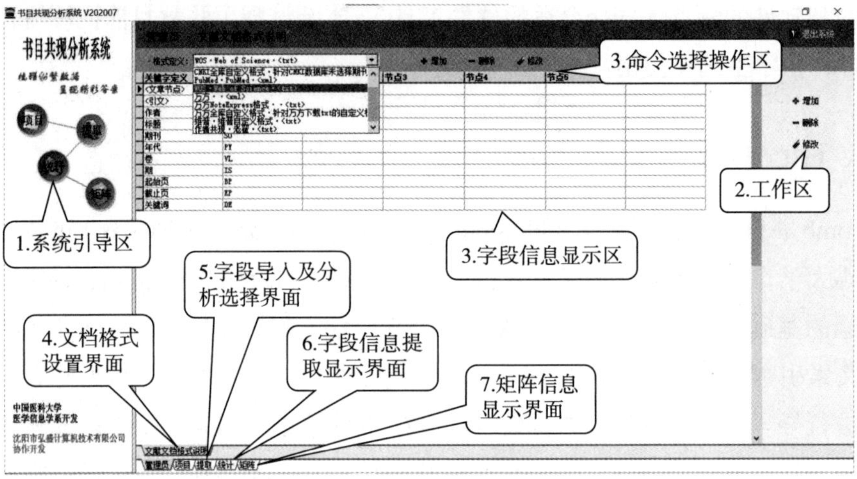

图4-1　Bicomb界面介绍

图4-2　Bicomb逻辑分析思路

主题词和副主题词的多维度统计分析是Bicomb的特色功能，其可以对PubMed题录的主要主题词、主题词、主题词+副主题词以及副主题词等进行统计分析并进行聚类。例如，图4-3展示了“慢性病家庭经济风险保护”研究“主要主题词+副主题词”的频次情况。同时，通过生成词篇矩阵，并将其导入SPSS软件可以生成主题词树状聚类图（图4-4），其中横轴表示两两主题词间的聚类距离，距离越近，主题词相关性越高，如“Cost of Illness”和“Health Expenditures/statistics & numerical data”的聚类距离最近，两者相关性最高。研究人员可根据需要灵活地对医学主题词和副主题词等不同类型主题词及其组合进行深入分析。

二、Bibexcel

Bibexcel是瑞典于默奥大学信息研究小组欧莱·皮尔逊（Olle Persson）教授设计开发的一款软件。下载完毕后无须安装即可直接打开Bibexcel.exe文件使用。Bibexcel的设计宗旨是辅助用户分析书目数据或格式相近的自然语言文本，最终产生的数据可导出至Excel或其他采用“Tab”键隔开数据的程序中。可直接对Web of Science、Scopus、Derwent、Medline等外文数据库的文献数据进行分析。Bibexcel软件主要功能包括文献计量（知识单元频次分析计算）、共现聚类分析（国家/地区、作者合作网络、

序号	关键字段	出现频次	百分比%	累计百分比%
1	Poverty	345	2.5293	2.5293
2	Health Status	150	1.0997	3.6290
3	Cost of Illness	142	1.0411	4.6701
4	Social Class	88	0.6452	5.3152
5	Health Services Accessibility	83	0.6085	5.9238
6	Poverty/statistics & numerical data	81	0.5938	6.5176
7	Health Knowledge, Attitudes, Practice	75	0.5499	7.0674
8	Health Services Accessibility/economics	72	0.5279	7.5953
9	Health Status Disparities	68	0.4985	8.0938
10	Developing Countries	67	0.4912	8.5850
11	Health Expenditures/statistics & numerical data	64	0.4692	9.0543
12	Social Support	61	0.4472	9.5015
13	Health Services Accessibility/statistics & numerical data	56	0.4106	9.9120
14	Residence Characteristics	53	0.3886	10.3006
15	Quality of Life	53	0.3886	10.6891
16	Poverty/psychology	52	0.3812	11.0704
17	Global Health	45	0.3299	11.4003
18	Health Status Indicators	45	0.3299	11.7302
19	Attitude to Health	45	0.3299	12.0601
20	Child Welfare	45	0.3299	12.3900
21	Socioeconomic Factors	44	0.3226	12.7126
22	Poverty Areas	43	0.3152	13.0279
23	Health Policy	43	0.3152	13.3431
24	Mothers/psychology	42	0.3079	13.6510
25	Health Surveys	42	0.3079	13.9589

图4-3　主要主题词+副主题词词频统计输出结果

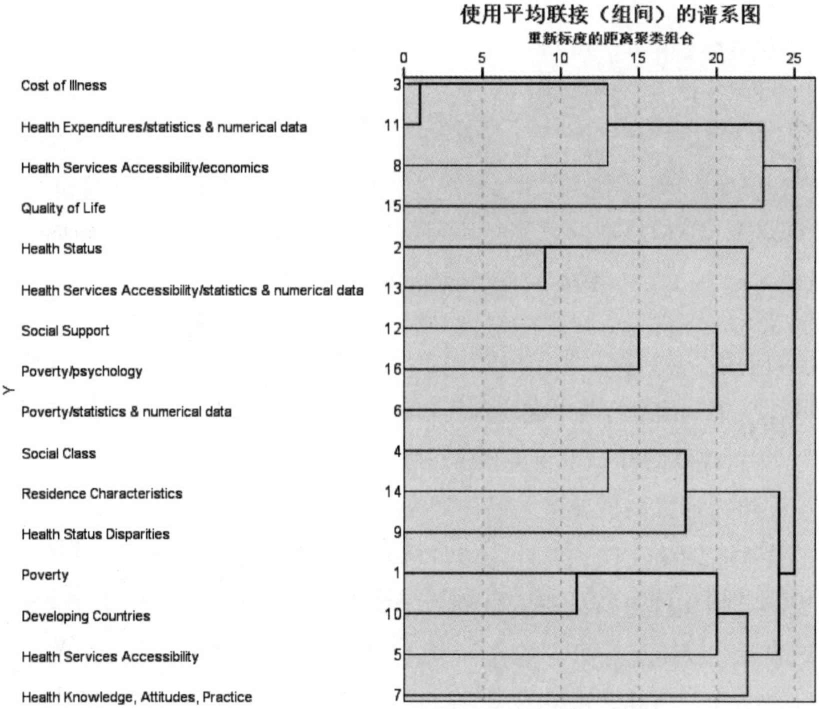

图4-4　主要主题词+副主题词聚类谱系图

学科领域共现网络分析，施引文献共词分析）、引文分析（被引文献共被引分析、作者共被引分析、施引文献耦合分析），其生成的二维矩阵可以为Pajek、NetDraw等可视化软件的进一步聚类分析、社会网络分析和可视化提供基础数据。

操作方法：Bibexcel下载安装完毕后启动程序出现的系统主界面见图4-5。可以将界面大致分为6个主要部分。①全界面上方菜单栏分别可以进行：文件操作；编辑doc文件；编辑out文件；增加数据类；增加频次、共现分析、矩阵、和、指数、耦合等分析；转换格式；生成图谱；帮助。②左侧上方为文件位置栏，在此打开需要处理的数据文件。需要注意的是，文件需转换为doc格式才能打开。③左侧中间为频数分布栏，选择需要分析的字段，进行降序排列、去重、输出新的gut文件或用频率表示，最后点击“start”生成cit文件，进行下一步分析。④左侧下方为标签栏，可查看doc文件中的所有标签（TI、AU、CD等）。⑤右侧上方为状态栏，选择字段信息的划分方式，并点击“prep”生成out文件。⑥右侧下方为列表框，显示文件内容。

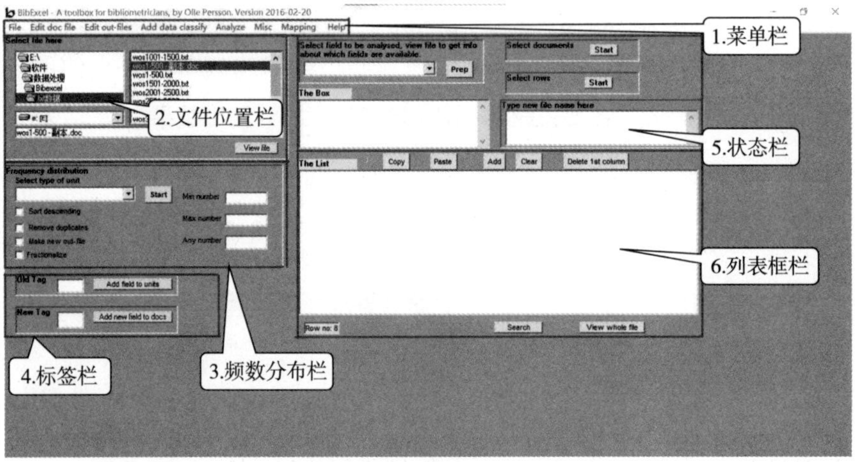

图4-5　Bibexcel系统主界面介绍

Bibexcel应用主要步骤：①按照知识单元的字段提取字段信息，如AU表示作者信息行，DE表示关键词信息行等，提取到的知识单元信息具体样式为“论文编号（数字）+知识单元”。②对提取的知识单元进行进一步的预处理和频次统计。例如，预处理外文作者姓名不同拼写形式的情况，之后使用out文件或类out文件进行频次统计。③计算共现频次，并准备网络文件。要计算知识单元共现就需要依托out文件，或者对out文件预处理后的类似文件进行处理，处理后会得到一个coc文件，这个文件即是满足一定阈值知识单元共现矩阵，可支持进一步的矩阵分析。④最后，使用Pajek及NetDraw等软件进行聚类分析和科学知识图谱的绘制。图4-6显示了Bibexcel操作的逻辑分析思路，帮助研究者理解与使用。

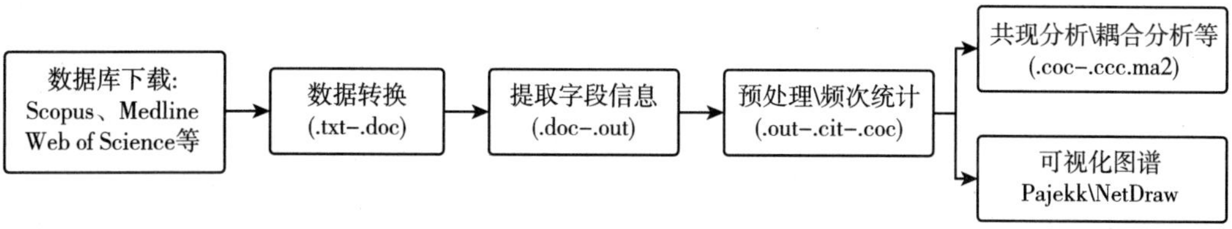

图4-6　Bibexcel逻辑分析思路

Bibexcel主要特色是强大的基础数据处理功能，进而为相关可视化软件提供多元化的基础数据支持。除了可以对作者、关键词、参考文献等同一字段进行共现分析外，Bibexcel还可以对不同字段进行二维矩阵的创建分析，为二维分析及双向聚类分析提供了良好的数据支撑。例如，使用Bibexcel对Web of Science数据进行作者发文量和时间的频次交叉分析，结果见图4-7。图中显示了“慢性病家庭经济风险保护”研究作者发文量和时间的频次交叉分析结果，对每位作者发文数量及对应发文时间作出了清晰显示。其不仅可以反映作者的产量，而且可以与时间维度联合分析各个作者的活跃程度。

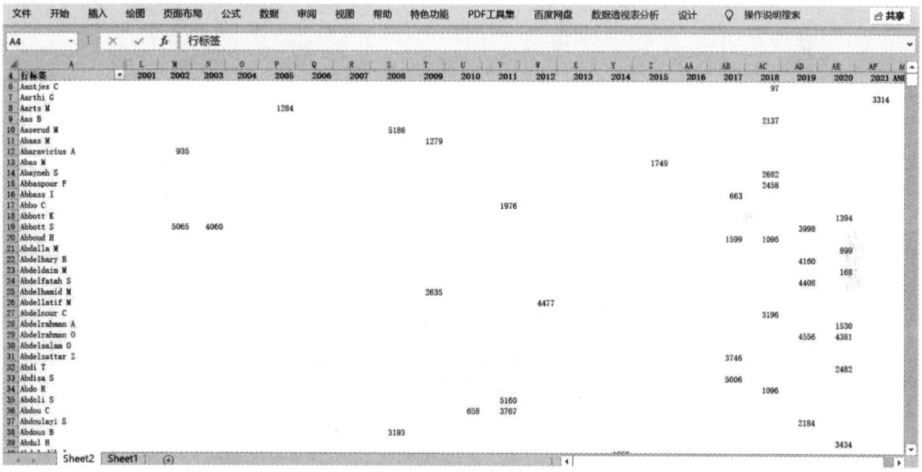

图4-7　作者发文量和时间的频次交叉分析结果

三、VOSviewer

VOSviewer是由来自荷兰莱顿大学科学技术研究中心的凡·艾克（Nees Jan van Eck）和瓦特曼（Ludo Waltman）两位博士共同开发的科学计量和科学知识图谱分析工具。VOSviewer在文献分析和主题挖掘中嵌入了核心的标准化方法、布局方法、聚类方法、密度图可视化方法等，目前支持Web of Science、Scopus、PubMed数据库以及RIS

等数据的题录格式，被广泛用于多个领域的科学计量分析。在VOSviewer中使用节点来表达所分析的知识单元，节点颜色用来表达所属的不同聚类节点以及节点的标签，节点间的连线用来表达节点关系的紧密程度。目前该软件具备了几乎所有常见的文献计量分析功能，如文献引证分析（Documents、Sources、Authors Organization、Countries/Territories），耦合分析（Documents、Sources、Authors、Organizations、Cutres/eritories），共被引分析（Cited References、Cited sources、Cited Authors），合作分析（Authors、Organizations、Courtres/Territories）以及共词分析（All Keywords、Author keywords、Keywords Plus）等。

操作方法：VOSviewer下载安装完毕后，启动程序出现的系统主界面见图4-8。可以将界面大致分为6个部分：①左侧上方为图形的概览信息。②左侧下方为图形分析参数的设置以及结果的保存等功能区。③中间上方界面信息栏为图形的可视化方式的切换，分别可依次切换节点网络视图、节点时间叠加示图、节点密度示图。④中间主体部分为可视化主界面，展示当前的可视化结果。⑤下方为可视化图的信息栏，显示了聚类视图的知识单元数量、聚类数量、连线数量以及联系强度等信息，选择某个知识单元节点可以显示该节点的相关信息。⑥右侧为图形元素及其参数的调节区域，用于调整节点的形状、大小、连线、密度和颜色等，对可视化图形进行美化。

扫码学习
相关内容

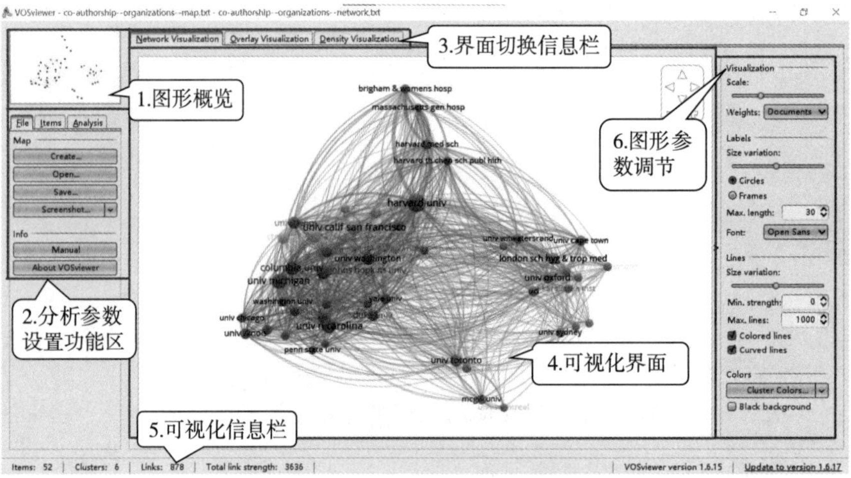

图4-8　VOSviewer界面介绍

VOSviewer应用的主要步骤：①数据导入，将下载到本地的文献数据根据数据类型导入到软件，同时，根据界面导航选择需要进行研究的知识单元（标题、作者、国家、机构、地区、关键词等）及数据分析类型。②设置参数和分析方法，软件系统自动计算知识单元之间的得分并标准化得分，包含针对共被引分析、合作分析及共现分析等不同的计算方法选择和设置。③文献图谱的构建，对所提取的知识单元进行可视化的表达。目前，有两种可视化图谱：基于距离的图谱（Distance based maps）和基于图形的图谱（Graph based maps）。④图谱可视化的结果展示与分析。目前，软件提供节点网络视图、节点时间叠加示图、节点密度示图三种视图方式。VOSviewer逻辑分析思路见图4-9。

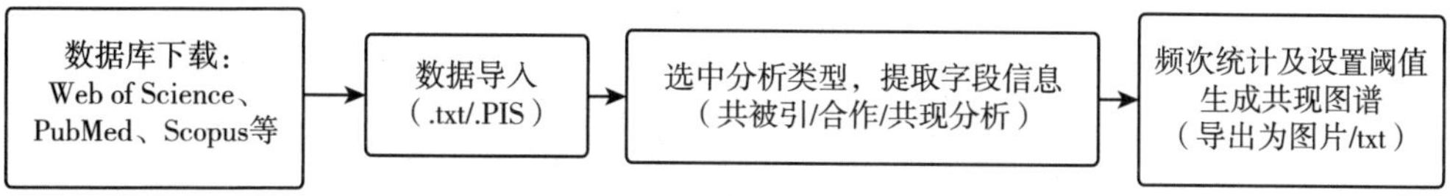

图4-9　VOSviewer逻辑分析思路

VOSviewer主要特色是在共现聚类分析中的全面性、稳定性及多种聚类视图的可视化功能。例如，使用VOSviewer，对Web of Science数据中"慢性病家庭经济风险保护"相关研究机构的合作网络和关键词主题聚类分析，结果见图4-10。图4-10（A）中五个不同的聚类颜色显示了"慢性病家庭经济风险保护"高产机构形成的五个不同的合作网络群体，节点大小显示了机构在该领域学术贡献的大小。图4-10（B）显示了关键词的五个不同主题聚类的网络，每个聚类关注话题相互区别代表着"慢性病家庭经济风险保护"的不同子领域，节点越大该关键词在该领域出现频次越高，越是学术研究关注的热点。同时，VOSviewer还可以基于主题平均时间生成叠加视图［图4-10（C）］，以反映主题聚类的平均年龄，还可以反映主题的新颖程度。

扫码学习
相关内容

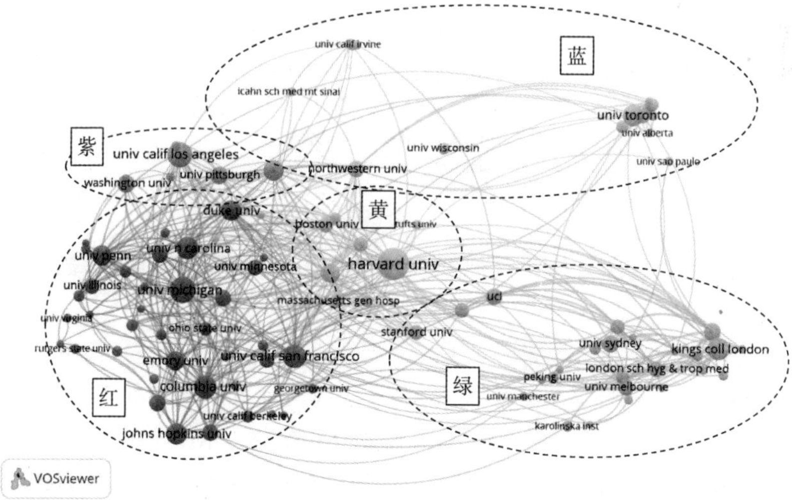

（A）

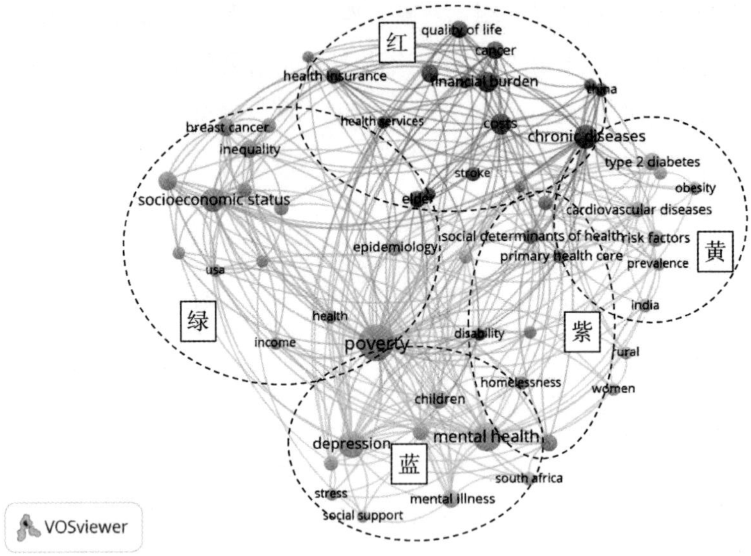

（B）

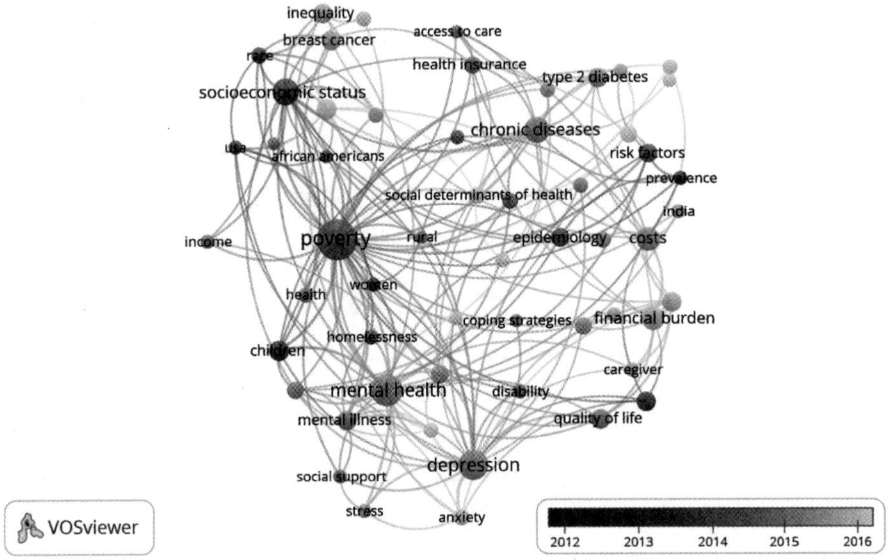

（C）

图4-10 "慢性病家庭经济风险保护"相关研究机构的合作网络和关键词主题聚类分析结果

（A）高产机构合作网络共现；（B）关键词主题聚类网络；（C）关键词主题平均时间叠加视图

四、CiteSpace

CiteSpace是一款应用Java语言开发的、多元、分时、动态的引文可视化分析软件，由美国德雷塞尔大学陈超美（Chaomei Chen）教授于2004年开发。CiteSpace通过共引分析理论和寻径网络算法等对特定领域的科学文献进行计量生成可视化图形，可以探索某学科领域演化路径及知识拐点，识别并显示科学发展新趋势和新动态。由于是通过可视化的手段来呈现科学知识的结构、规律和分布情况，因此也将通过此类方法分析得到的可视化图形称为“科学知识图谱”（Mapping knowledge domains，MKD）。在对生成的图谱解读时，主要是针对高频节点、聚类知识群、高中介中心的节点进行解读。CiteSpace可以处理Web of Science、Scopus、Dimensions和Lens等数据库的引文数据，同时，支持对没有引用相关信息的数据集的基本视觉分析功能，如PubMed、CNKI、ProQuest Dissertation和Thes。CiteSpace软件最初专门针对文献的共引进行分析，并挖掘引文空间的知识聚类和分布。随着功能的不断更新，它还提供其他知识单元之间的共现分析功能，如作者、机构、国家/地区的合作等。

操作方法：CiteSpace下载安装完毕后，启动程序出现第一个界面，为功能与参数设置区域，见图4-11。可以将界面大致分为7个主要部分。①顶部的菜单栏：“File”对当前的功能界面参数进行保存和软件退出；“Project”新建、编辑和删除分析的工程项目；“Data”数据的过滤和转换；“Network”读取和分析可视化网络文件；“Visualization”读取和分析可视化文件；“Geographical”对地理信息数据进行可视化分析；“Overlay Maps”实现期刊的双图叠加分析；“Analytics”包含作者合著分析，共被引分析等；“Text”实现对全文文本的挖掘等；“Preferences”对常见默认选项的修改；“Help”辅助软件使用。②左侧上方为项目区，进行新项目的建立、编辑和删除。③左侧下方为处理报告区，反馈结果的时空状态和进展报告。右侧从上到下有4个功能区。④时间切片区，将要分析的数据进行时段分割，例如，分析时间从2001年到2010年，

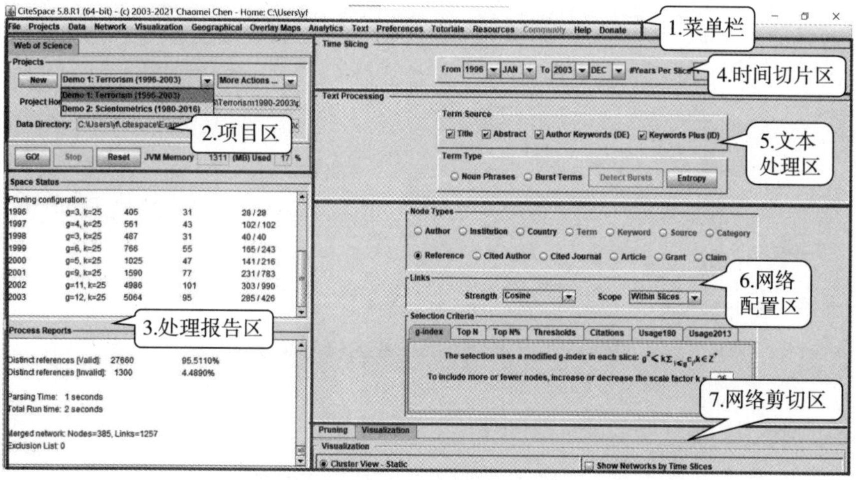

图4-11　CiteSpace功能参数界面介绍

默认一年一分割则有10个时段。⑤文本处理区，选择字段提取的类型，如标题、摘要、作者、关键词等。⑥网络设置区，设置知识单元的网络参数，如网络类型（共被引网络分析、共现网络分析等）及设置网络节点的关联强度。⑦网络剪裁区及可视化区，当网络比较密集时，可以通过保留重要的连线来使网络可读性提高；对可视化的结果进行设置显示聚类或显示整体网络等。

当对数据进行分析后，通常会进入CiteSpace网络的可视化与编辑界面，见图4-12。可以将界面大致分为5个主要部分。①顶部菜单栏："File"打开或保存可视化结果及图形；"Metrics"当网络节点超过35个时，用户需要通过菜单启动网络的中介中心性计算；"Visualization"用于网络布局的控制视图的显示方式；"Display"对图形的显示进行调节，如颜色节点类型标签，网络线样式等；"Network overlays"提供网络叠加分析功能；"Filters"对关键路径和关键节点的显示；"Clusters"执行聚类过程并对聚类得到的结果进行查询；"Export"对网络结果进行查询和导出；"Help"辅助说明。②下方快捷功能区，主要包含了一些结果保存、显示编辑和计算的快捷功能。③左侧为节点信息的列表区域，可按照Freq（频次）、Centrality（中心性）、Year（首次出现年份）以及节点的标签属性（Cited Reference）对显示的信息进行排序，具体方法为鼠标点击对应的行即可。④图形显示区，显示可视化的结果。⑤图形元素调整区，可以对节点进行分析和调整，包括标签设置，网络布局，可视化调节，节点信息检索以及聚类信息显示。

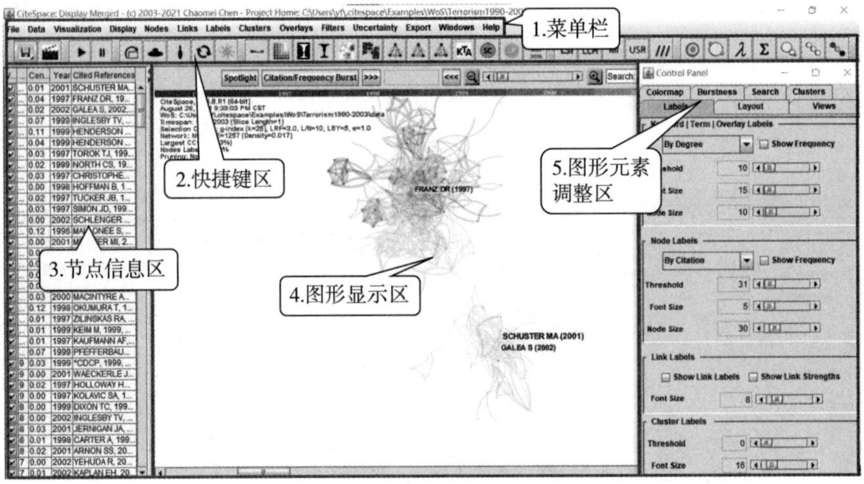

图4-12　CiteSpace可视化界面介绍

CiteSpace应用的主要步骤：①数据导入，并做好参数设置如时区分割（明确要分析的时间跨度及其分段长度）、阈值选择等。当前CiteSpace所分析的数据类型基础是Web of Science格式，从其他数据库所收集的数据则需要通过软件提供的转换器进行格式的转换。②可视化显示，标准视图（默认）为网络视图，此外，还有Timeline（时间线图）和Timezone（时区图）视图可以调整。③可视化编辑和检测。得到图谱之后借助可视化界面提供的网络可视化编辑能美化图形，也可以利用提供的网络计算功能对网络进一步分析。④分析结果的验证。使用CiteSpace得到分析结果后需要与熟悉本专业的学者、专家进行沟通。CiteSpace逻辑分析思路见图4-13。

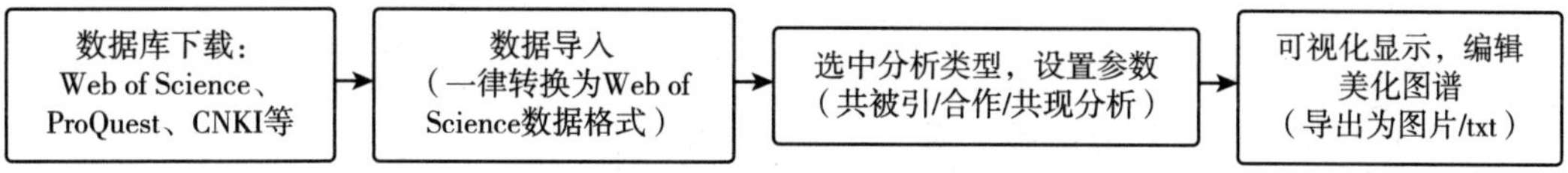

图4-13　CiteSpace逻辑分析思路

CiteSpace主要特色在于对引文的时区切片聚类分析及时区视图可视化。例如，使用CiteSpace对Web of Science数据进行被引文献的共被引分析，见图4-14。图4-14表示“家庭经济风险保护研究”基于被引文献的主题聚类，每个聚类都有一个代表性的主题词，表示该领域的代表性研究及关注话题，如“#4 mental health”表示第四个聚类关注的主题是心理健康相关研究，“#6 disparity”表示第六个聚类关注的主题是不平等问题。

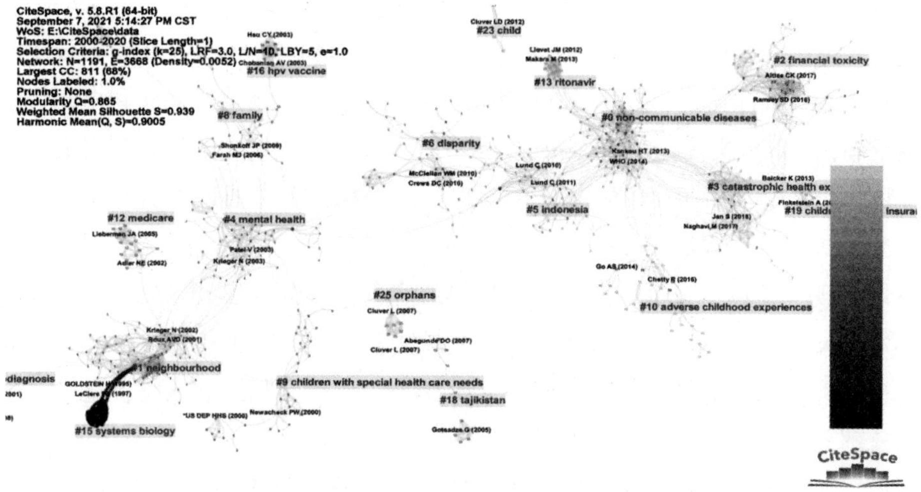

图4-14　参考文献的共被引网络聚类时区视图

五、RPYS和CRExplorer

引文出版年光谱（Referenced Publication Year Spectroscopy，RPYS），又被称为“参考文献出版年图谱”，其概念是由马克斯（Werner Marx）和莱德斯多夫（Loet Leydesdorff）

等学者于2014年类比物理学等自然科学领域的"图谱"（Spectroscopy）提出的。主要是通过对文献的引文出版年份分析，揭示知识领域的历史根源和重要文献。其原理：假设文献中引用的参考文献的出版年份并非均匀分布，相反，在某些年份发表的参考文献被特别频繁地引用，则表现为参考文献的出版年份分布曲线中的明显峰值，这些峰值点包含了研究领域发展中的重要成果。

Leydesdorff等开发了RPYS软件包（包含3个子程序：rpys.exe、yearcr.exe、RefMatch Cluster.jar），主要支持Web of Science数据库（目前也开发出了支持Scopus数据库的程序），能够基于参考文献的出版年份，对文献的引文出版年份及其被引频次进行定量分析。最后生成以某一个学科领域的全部相关文献所引用的全部参考文献的"出版年份"为横轴，以每年全部被引参考文献的"总被引频次"为纵轴的"分布图"。

运行RPYS程序进行参考文献被引分析的主要步骤：①绘制引文出版年光谱，通过峰值确定重要的参考文献出版年。将搜集的文献题录信息整合到一个单独的文件并重命名为data.txt，运行rpys.exe程序得到median.dbf文件，文件包含了参考文献的出版年份（Reference Publication Year，RPY）、对应年份参考文献被引频次（Number of Cited References，N_CR）和Median值等数据。其中Median值指某RPY的参考文献的总被引频次与相近5年（前后2年及当年）总被引频次中位数的偏差。若该RPY的参考文献的总被引频次高于相近5年总被引频次的中位数，则其Median值为正，反之则为负；因此在该年份文献总被引频次显著高于相近5年文献总被引频次的情况下就形成了引文出版年光谱中Median值的波峰，该波峰年中必定蕴含着对该领域发展起到卓越贡献的研究。将此median.dbf文件在Microsoft Excel中打开便可利用这些数据绘制引文出版年光谱，见图4-15。②分析每个波峰年份的参考文献引用情况，通过被引频次排序确定里程碑研究成果。运行yearcr.exe程序，得到yearcr.dbf文件，将文件在Microsoft Excel中打开可以发现，其包括了每个参考文献的详细信息（CR）及其出版年份（RPY）和总被引频次（N_CR）。然后以波峰年份参考文献为重点，对每个年份参考文献按照被引频次降序排序，取促成波峰的最高被引文献作为里程碑文献。③最终，通过对这些文献进行梳理分析就可以揭示知识领域的历史根源及演变路径。

同时，为了提高RPYS的分析使用功能，莱比锡德国电信应用技术大学Andreas Thor基于Java进一步开发了RPYS.exe应用程序，加入到CRExplorer软件中，整合出了新的CRExplorer（Cited References Explorer）引文出版年光谱分析软件。CRExplorer是一种全新视角的文献分析软件，它从Web of Science和Scopus数据库中施引文献的引文列表中提取被引文献的出版时间，来勾勒绘制引文出版年光谱，可以有效识别有影响力的文献及其整个学科发展历史的脉络。CRExplore还提供了大量的数据处理功能，可以对参考文献进行消歧处理（disambiguation，消除歧义，即从引用的众多名

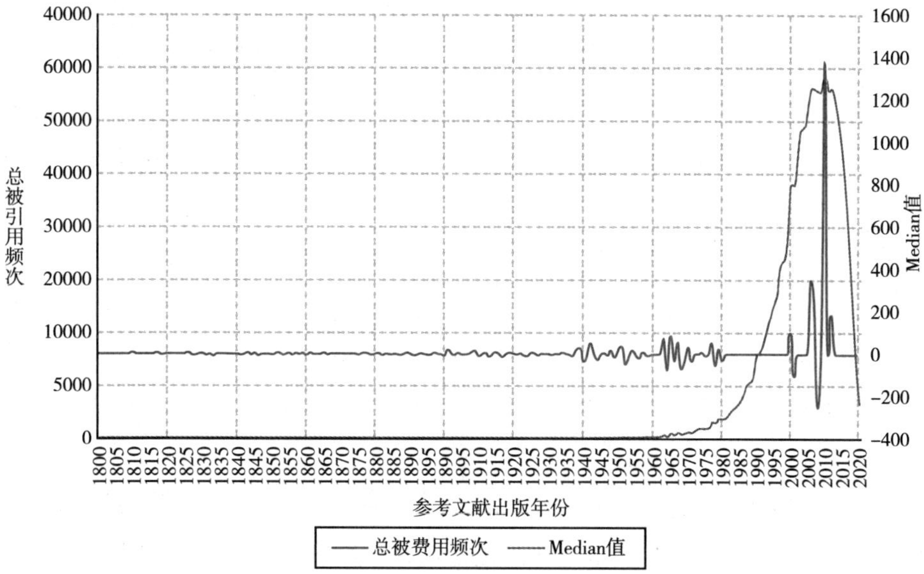

图4-15　引文出版年光谱例图

称中识别出个体），例如，可以通过编辑距离来识别相同文献，可以对文献进行聚类、删除和编辑等操作，用户在实际的分析过程中需要采取这些方法，以提高分析的准确度。

操作方法：CRExplorer下载安装完毕后，启动程序出现的系统主界面见图4-16。可以将界面大致分为4个主要部分。①顶部菜单栏："File"可以打开CRE文件或导入Web of Science和Scopus格式数据，保存并导出图谱或文件数据，设置结果界面的信息，设置可视化曲线的形式及右侧列表栏显示项目的数量；"Edit"可以根据特定字段信息（出版时间、被引频次等）进行文献删除或保留；"View"可以进行数据信息的查看或查看被引文献的施引文献，显示缺失文献时间的或同一聚类的被引文献，或重新布局曲线恢复到原始状态等操作；"Disambiguation"为消歧菜单，可聚类相似参考文献或合并识别的相同参考文献；"Help"为帮助菜单。②左侧为显示可视化的界面，与RYPS程序最终生成的图表相同，横轴为参考文献出版年份，纵轴为某年份参考文献被引用频次累计总量，两条曲线分别为被引文献总频次和Median值。③右侧为数据列表的显示界面，包括序号、参考文献信息、总被引频次、出版年份、作者等。④界面底部显示了数据的概况，包括参考文献的数量、聚类的数量、参考文献出版年份的时间范围和施引文献的出版时间范围等。

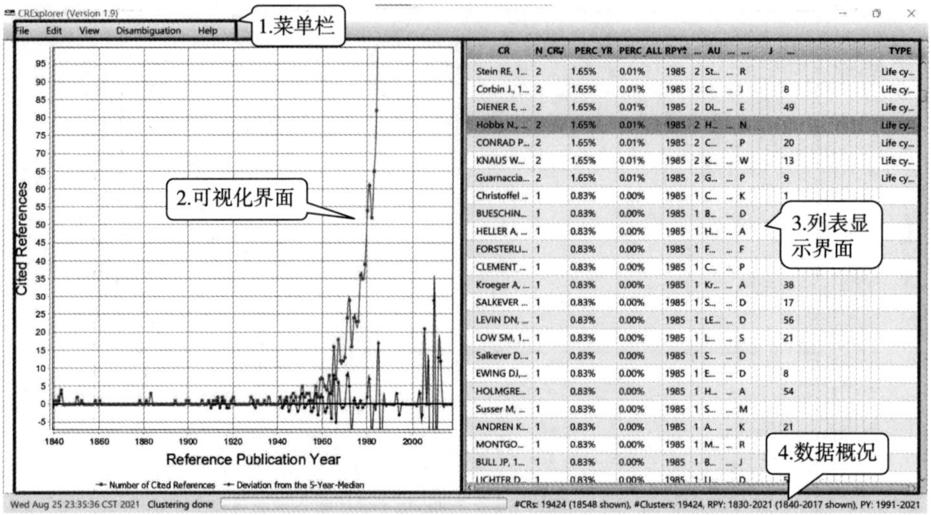

图4-16　CRExplorer界面介绍

CRExplorer应用的主要步骤：①导入待分析数据，导入后会提示所导入数据的整体情况，包括文献篇数、出版时间跨度、引用参考文献数等。②确认数据整体信息后，进入数据的初步分析结果界面，可以看到左侧的引文出版年光谱图和右侧文献详细信息列表；为了专门分析某个区域曲线的信息，可以使用鼠标选中所关注的区域即可在右侧信息列表中查看。③对曲线进行局部放大，可观察到不同时间段的曲线波峰，对这些波峰所在年份的高被引文献进行识别分析，即可认识一个研究领域发展演变历程中的里程碑研究。CRExplorer逻辑分析思路见图4-17。

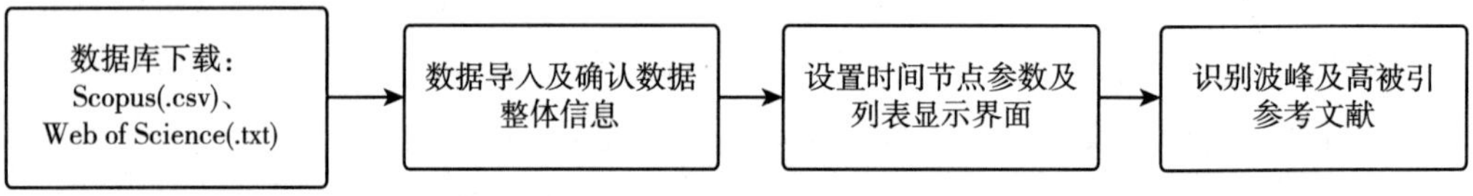

图4-17　CRExplorer逻辑分析思路

RPYS主要特色在于参考文献与出版年份的二维交叉视图分析，以发现某个领域里程碑的研究。例如，可使用RPYS对Web of Science数据进行参考文献出版年分析并绘制图谱，见图4-18。CRExplore则可进行引文分析，绘制Web of Science引文数据的出版年光谱，见图4-19。图4-18和图4-19都显示着“慢性病家庭经济风险保护”参考文献的总被引频次和Median值随出版年份变化的曲线状况。曲线波峰对应的年份为该领域出现推动学术发展的重要文献的出版年份，对这些年份高被引文献进行识别及内容分析以梳理“慢性病家庭经济风险保护”研究的起源及发展演变过程。

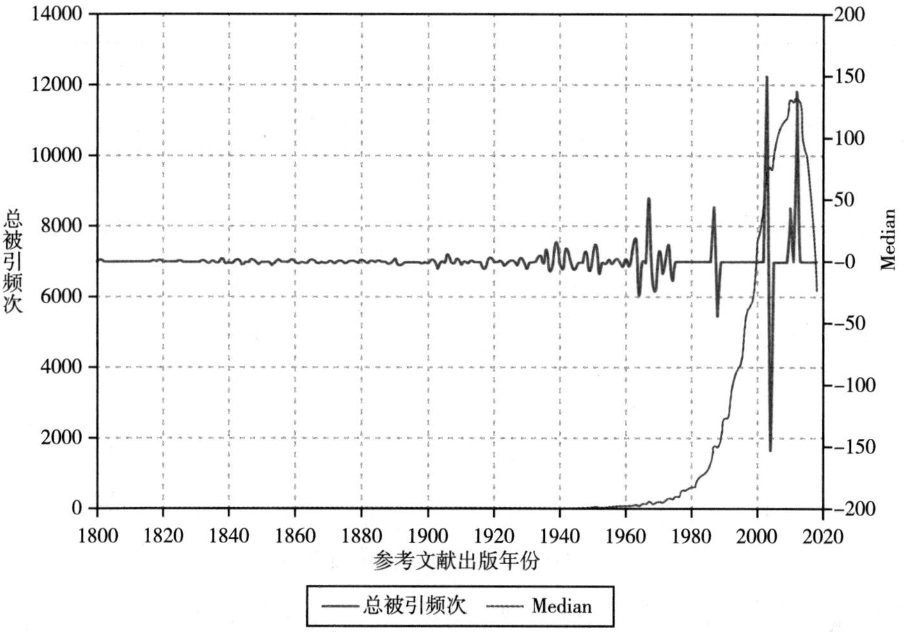

图4-18　引文出版年图谱

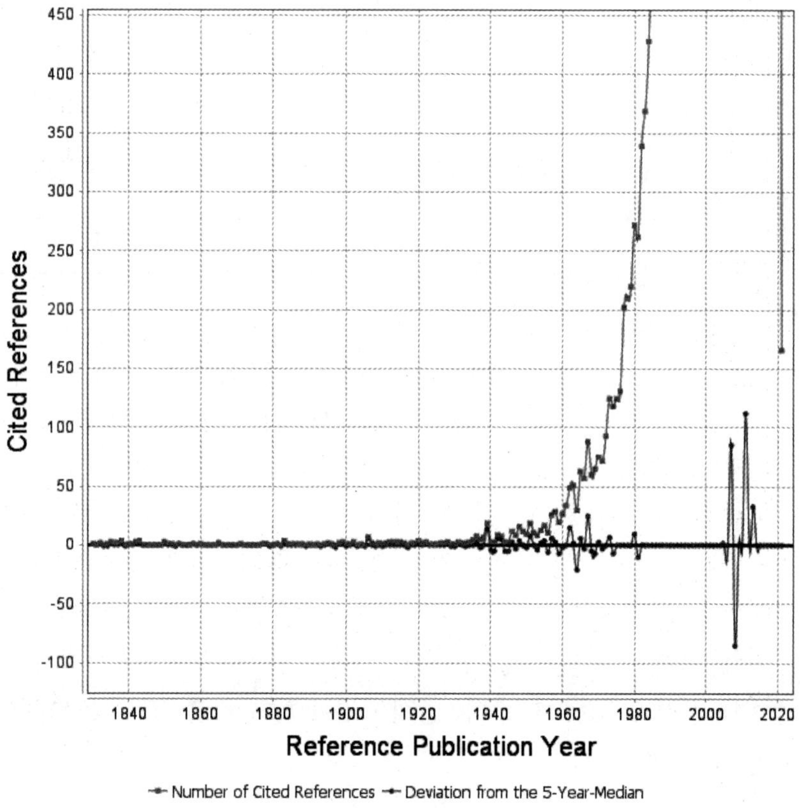

图4-19　引文出版年光谱

六、CitNetExplorer

CitNetExplorer是由来自荷兰莱顿大学科学技术研究中心的凡·艾克（Nees Jan van Eck）和瓦特曼（Ludo Waltman）两位博士共同开发的用于可视化和分析科学出版物引文网络的软件工具。CitNetExplorer 1.0.0版于2014年3月10日发布，可供免费用于非商业研究和教学目的。该工具是用Java开发的，因此可以在任何提供Java支持的系统上运行。该软件支持直接从Web of Science数据库导入引文网络，可以交互式地探索引文网络。例如，通过深入网络识别密切相关的出版物集群，但仅限于分析科学文献的引文网络，不能进行共现等其他视角的分析，同时也无法全面地处理其他大型数据库中（如Scopus等）的原始数据。主要有4个特色功能：①分析某个研究领域随着时间推移的发展轨迹。CitNetExplorer可以将某个研究领域最重要的文献可视化，并且显示这些文献之间的引用关系，表明这些文献之间的相互联系。②识别某个研究主题中的文献，通过识别联系紧密的文献之间的引用关系，来描绘该研究领域引文网络的特征。③探索某个研究者的所有文献，它可以将某个研究者的文献引文网络可视化，并显示某个研究者的著作是如何影响其他研究者的文献的。④支持文献综述，即可以通过CitNetExplorer软件识别出某个特定文献的被引或施引文献群，从而实现文献的系统化获取以便于综述。

操作方法：CitNetExplorer下载安装完毕后，启动程序出现的系统主界面见图4-20。可以将界面大致分为4个主要部分。①顶部菜单栏：打开数据，有Web of Science和CitNetExplorer两种数据格式；保存可视化面板中的引文网络与文献，复制或者保存图谱；选项，设置引文显示数量和群组颜色、返回功能、前进功能；整体网络，恢复到没有通过各种条件识别出的局部网络或者扩展后的网络；清除选择，清除可视化面板中对引文网络的一些操作；深度分析，分析局部子网络的引文网络；扩展，通过被引文献、施引文献和被引文献与施引文献同时来扩展现有网络；群组编辑，分析引文关系；帮助，获取操作帮助等。②左侧功能区：报告当前网络中的出版物数量、引用关系数量和时间范围；通过参数设置选择可视化的文献，如基于出版时间、是否标记或聚类等；显示右侧选中出版物的字段信息（作者、标题、来源和年份等）。③右侧功能区：在引文网络和出版物信息两个界面切换；下方为4个可视化调节功能，可以修改当前显示出版物数量、调整当前网络布局、调节显示信息（大小、字体、连接、曲线等）、调整图形位置。④底部为可视化图形格式调节区域，可以对可视化的图形进行更新、保存、调整等。

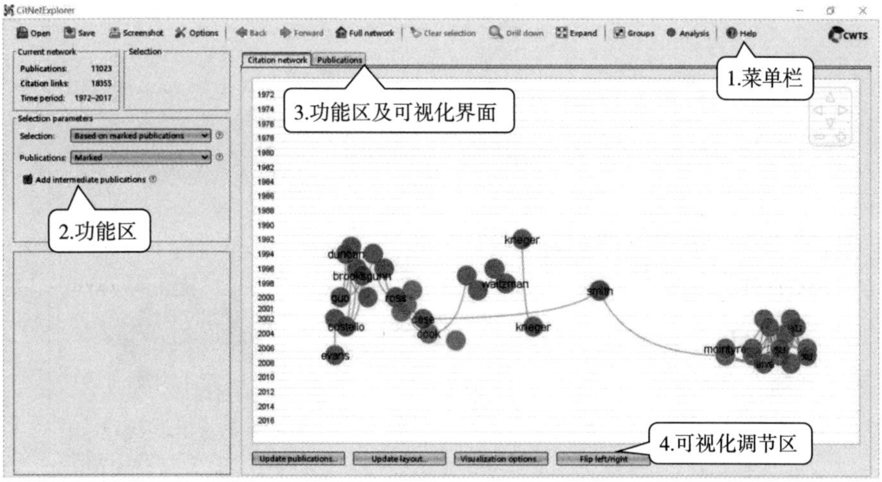

图4-20　CitNetExplorer 界面介绍

扫码学习相关内容

运用CitNetExplorer构建引文网络分析的主要步骤：①打开软件，并加载数据。该界面中“Include non-matching cited references”可以选中或者取消选中，具体含义是用户在检索的结果中可能丢失了一些与主题相关的结果，这些丢失的结果可以从参考文献中弥补。②可视化结果及调整。数据加载结束后就可以得到可视化引文网络图谱，每个节点代表一篇文献，连线代表引用关系，节点按照时间纵轴由远到近排序。此时点击菜单栏“Analysis”可进行文献聚类分析，形成不同颜色的聚类。③引证网络保存。保存引文网络图或保存可读取的结果文件，后续分析可直接加载打开；聚类结果信息默认不保存，可根据需要单独保存。CitNetExplorer逻辑分析思路见4-21。

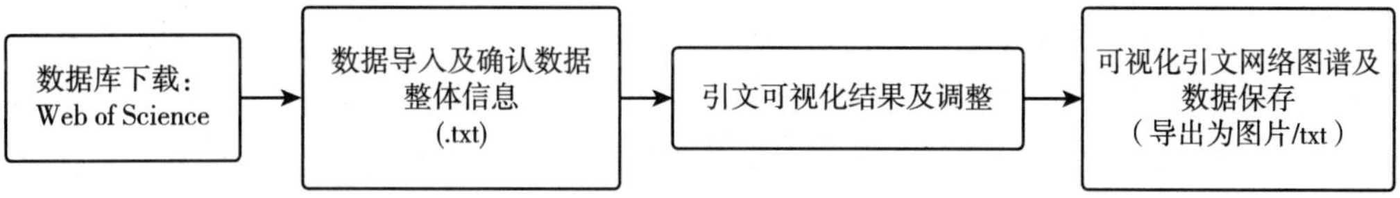

图4-21　CitNetExplorer逻辑分析思路

CitNetExplorer主要特色在于引文间关系的进一步钻取和挖掘，以分析引文之间的继承与发展关系。例如，图4-22显示了使用CitNetExplorer分析的“慢性病家庭经济风险保护”参考文献的历时网络及文献聚类状况，4种颜色显示着参考文献形成的4个不同研究主题的聚类，这些主题都是构成“慢性病家庭经济风险保护”研究领域的重要组成部分，同时可以对各个主题或某一篇重要引文的时间分布及其之间的关系进行进一步钻取和深入分析，以了解主题的发展历史及其之间的关系。

扫码学习
相关内容

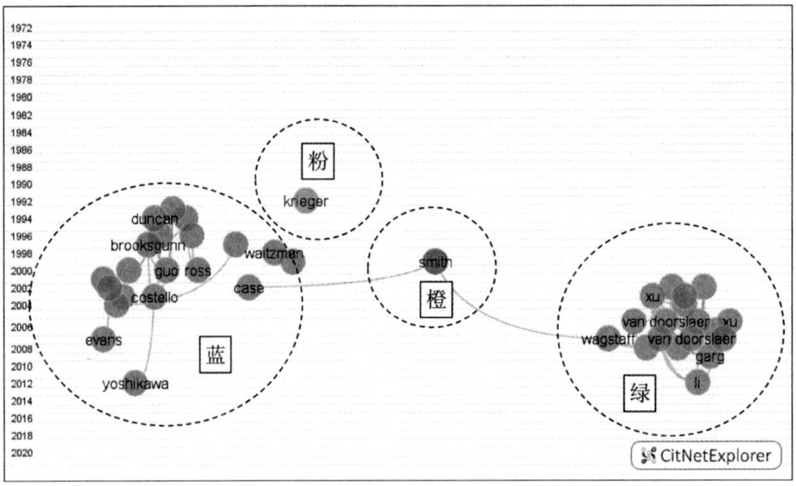

图4-22 引文历时网络图

难能可贵的是，以上几款软件均为非营利性软件，免费提供给科研人员使用。部分软件接受社会和用户捐赠，以更好地支持软件的可持续性。为使学生更简明清晰地了解上述七种软件的功能及特色，将其主要特点列表如下（表4-1），便于学习者选择使用。

表4-1 七种文献分析软件基本功能一览表

主要功能		Bicomb	BibExcel	VOSViewer	Citespace	RPYS	CRExplore	CitNetExplorer
数据导入	主要数据库格式	Web of Science PubMed CNKI 万方 自定义	Web of Science Scopus Derwent Medline RIS格式等	Web of Science Scopus PubMed Dimensions Lens RIS格式等	Web of Science Scopus PubMed ProQuest CSSCI CNKI等	Web of Science Scopus	Web of Science Scopus	Web of Science
	可处理语言	中文 英文	英文	英文	中文 英文	英文	英文	英文
	导入格式	txt xml	doc	txt xml	txt	txt	txt	txt
数据处理	数据预处理	数据清洗	数据清洗	数据清洗	时间切片 数据降维	无（自动清洗）	数据清洗	数据清洗
	分析方法	词频分析 聚类分析	词频分析 共词分析 共引分析 耦合分析	合作分析 共词分析 共引分析 时间序列	合作分析 共词分析 共引分析 耦合分析 时间序列 突变监测	引文分析 时间序列	引文分析 时间序列	引文分析 时间序列

续　表

主要功能		Bicomb	BibExcel	VOSViewer	Citespace	RPYS	CRExplore	CitNetExplorer
数据处理	操作便捷性	支持自定义操作；后续SPSS操作复杂	步骤繁琐；操作过程产生的文件多	界面简单；操作方便	界面复杂；步骤简单	步骤简单；二次操作方便	步骤简单；二次操作方便	界面简单；操作方便
可视化展示	聚类展示	有，但较弱	有，但较弱	有	有	无	无	有
	图谱类型	谱系图	谱系图网络聚类图	网络聚类图	网络聚类图	光谱图	光谱图	引文网络图

除了以上介绍的7款软件外，SATI、Sci2和Histcite三款免费软件同样得到广泛应用，可以作为补充拓展。文献题录信息统计分析工具（Statistical Analysis Toolkit for Informetrics，SATI）作为国内重要的文献计量与可视化软件，对国内主要中文数据库具有较好的适应性，包括中国知网、万方、维普以及中国社会科学引文索引（CSSCI）等主流数据库。Sci2（Science of Science）软件是美国印第安纳大学图书情报专家 Katy Brner及其团队开发的一款科学知识图谱分析软件，具有强大的网络分析功能，可以分析定向网络、双边网络、作者文献网络、共词网络、合作者网络、引文网络、引文耦合网络等。同时，用户可以自定义扩展数据库插件，相对于Citespace和VOSVierwer，Sci2的适应性和可扩展性更好，不足之处是使用起来相对复杂。Histcite软件是一款文献索引分析软件，但仅能处理 Web of Science 格式文献，开发者是大名鼎鼎的尤金·加菲尔德（Eugene Garfield）。同CRExplorer和CitNetExplorer类似，它可以快速锁定某一领域的高被引文献、作者、机构及国家地区，并且绘制出高被引文献之间的引文网络关系图谱，展示某一领域的发展脉络。遗憾的是，该软件目前已不提供更新，但仍然可以使用。

知识拓展

社会网络分析及可视化，通过社会网络分析和知识可视化两个领域交叉融合而形成。它以社会网络分析理论和统计方法为基础，借助静态和动态可视化技术，帮助科研人员深入理解社会网络及其演化的潜在规律。通过社会网络分析，可以从整体网络的视角对作者、机构和国家合作、共词网络和引文网络深入挖掘，定量分析其共现的规律。目前，常用的社会网络分析及可视化软件主要有Ucinet（University of California at Irvine Network）、Pajek、Gephi、NWB（Network Workbench）、NodeXL（Network Overview Discovery Exploration for Excel）、NetDraw等。

第三节　利用文献分析软件撰写论文的注意事项

本章第二节介绍的分析软件有一个共同特点，就是所有的分析结果都是用可视化的方式进行展示，因此这类文献也被称为科学知识图谱（knowledge mapping）。目前，利用科学知识图谱撰写文献分析与评价的文章越来越多，不同领域学者采用科学知识图谱的方式对各自领域主题进行研究，所涉及的研究主题广泛且分散，主要研究具体领域的“研究热点”“研究前沿”等。因此，本节主要对撰写该类文章的常见问题进行探讨，并用案例分析的方式介绍具体应该怎么做才能使这类文章具有学术价值。

一、科学知识图谱研究类文献撰写常见问题

科学知识图谱分析就是在引文分析法的基础上，利用可视化方式展示学科发展历程、研究现状、研究热点和前沿以及整体知识框架。其研究范式大致分为数据收集、数据分析和数据解读3个部分，共6个具体步骤，即选题的背景分析、数据获取、清洗、分析方法和工具的选择、图谱解读及结论判断，每个步骤出现问题都会影响该文献的整体质量。但由于国内不同数据库的文献索引字段覆盖面存在较大差异，如CSSCI索引文件包含文献引文数据，缺乏文献摘要字段；CNKI索引文件包含文献摘要数据，但缺乏文献引文数据，相同检索式可能检索得到差异较大的检索结果。不同的检索结果、字段缺失使得数据分析和数据解读受到诸多限制。同时，尽管科学知识图谱类文献已有较长时间的发展，但国内很多科学知识图谱类文献的质量仍然存在很多问题，主要包括以下几方面。

一是数据来源支撑薄弱。在数据收集方面，文献检索随意性过强，许多研究存在文献来源单一、检索词单一、检索词与图绘制领域语义失配等问题，从而导致文献查全率与查准率不高。

二是图谱质量参差不齐。专业的科学知识图谱绘制工具的操作是有一定难度的，但国内许多科学知识图谱相关研究是由非专业人员完成的，因其对图谱理论知识、技

术方法的掌握不足，所以绘制图谱大多都不够规范。

三是图谱解读不恰当。科学知识图谱是图谱类文献非常重要的环节，包含大量的文献数据信息，正确合理的图谱解读对提升文献的价值十分重要。但当前国内图谱解读不恰当的现象比比皆是，主要表现为错误解读、过度解读和遗漏解读。有些学者在解读图谱时过于主观，忽略了同行引证这一重要环节，使得解读结果缺乏可信度。

四是国内分析工具研发相对滞后。由于我国还没有开发出一款成熟的信息可视化分析软件，中文引文数据库采用的格式也不符合国际通行标准，因此在对中文文献的数据进行处理和分析时存在很多不可避免的数据格式方面的问题。此外，国内针对原创性的方法与软件的研究少，活跃的工具研发不足，导致科学知识图谱类研究缺乏模板和规范，从而造成相关研究数据的质量不高。

二、科学知识图谱类论文撰写案例分析

基于对国内外大量优秀科学知识图谱文献的研读与思考，本节总结了科学知识图谱论文应该具备的六要素，并以此六要素为标准选取一篇吻合度高的文献——Visualizing Patterns and Trends of 25 Years of Published Health Literacy Research（“25年来健康素养研究的模式和趋势的可视化分析”，以下简称“该文献”）为实例进行分析解读（*Massey PM*，*Kim MC*，*Dalrymple PW*，*Rogers ML*，*Hawthorne KH*，*Manganello JA. Visualizing patterns and trends of 25 years of published health literacy research. HLRP*：*Health Literacy Research and Practice. 2017 Oct 1*；*1*（*4*）：*e182-191.*）。该文献于2017年发表在*Health Literacy Research and Practice*杂志上，Philip Massey等人运用科学知识图谱的可视化方式，探讨了25年来（1991—2015）健康素养研究的模式和趋势。精读该文献发现，全文紧扣主题，对科学知识图谱类文献撰写的各个环节把握恰当，对于撰写科学知识图谱论文的初学者具有重要的借鉴作用。

（一）研究背景分析翔实，拟解决问题明确

前言部分是撰写科学知识图谱类文献需要特别注意的地方，这部分要较全面地反映当前的研究现状和存在的问题，以说明本研究的必要性或重要性，通常需要大量的参考文献做背景支撑。该文献全文共引用参考文献38篇，其中前言部分就引用了23篇，可见其对背景文献进行了大量收集与深度分析。该文用大量篇幅梳理了25年来健康素养定义的演变过程。例如，“Health literacy emerged as a derivative of literacy and early definitions focused on the ability to read and understand medical instructions and health care information”（健康素养作为素养的衍生而出现，早期的定义着重于考察患者阅读和理解医疗说明和保健信息的能力），参考文献2篇。“People with low health literacy generally had poorer health outcomes，including lower levels of screening and medication adherence rates”（健康素养低的人通常具有较差的健康结果，包括参与疾病筛查的频率低和药物依从性水平低）是健康素养研究早期得到的结论，参考文献3篇。

随后，该文献列举了关注健康素养的各学科领域，从而强调健康素养在跨学科领域的发展。例如，“Along with this expanding definition came a focus on health literacy by researchers from an increasing number of fields including medicine，public health，education，nursing，and information and library sciences”（随着定义的不断扩展，越来越多不同领域的研究人员开始关注健康素养，包括医学、公共卫生、教育、护理、信息与图书馆科学），其中医学参考文献2篇、公共卫生参考文献2篇、教育参考文献2篇、护理参考文献2篇、信息与图书馆科学参考文献2篇。在此基础上，介绍了Kristine Sørensen等人开发的健康素养综合模型。最后，针对该模型，提出了两个明确的研究问题：一是按文献的学科范围衡量，哪些学科对健康素养领域有贡献（目的是用计量学方法验证Kristine Sørensen等人开发的模型）；二是如何通过引文网络衡量学科间的引用，以及不同学科在跨学科领域研究中的贡献。

（二）检索策略恰当，数据库选择充分

检索策略是决定计量学研究数据准确性的重要依据。如果仅在文中模糊地提及检索词和检索式，所获取的文献样本将无法完整反映某学科研究的实际情况，其他研究者也无法重复和验证。该文献对检索策略进行了详细描述，如“为提高查全率与查准率，我们开发了一个关键词列表来识别过去25年发表的相关期刊论文”。为了避免由于单词变体和缩写造成的检索错误，将评估工具的全名作为关键词（如Rapid Estimate of Adult Literacy），而不是其缩写（REALM），因为许多只使用缩写的文章可能与本研究无关。使用通配符“*”捕获单词的不同书写形式，并使用引号来标识短语以保证查准率。最终的检索式如下：

“*health literacy*” or “*test of functional health literacy*” or “*rapid estimate of adult literacy*” or “*rapid estimate of adolescent literacy*” or “*newest vital sign*” or “*health information literacy*”（title/abstract）AND “1991/01/01 – 2015/12/31”（date of publication）AND English［language］journal article（publication type）and review（publication type）

同时为保证文献来源多样，避免单一数据库造成检索不全的问题，该文献在Scopus、PubMed、CINAHL和Web of Science 4个数据库进行搜索。另外，考虑到查全率和查准率平衡的要求，将检索词限定在标题、摘要字段。

（三）数据清洗描述细致，纳入文献相关性好

数据清洗的目的是为了剔除检索数据中错误的、冗余的数据。在科学研究中，数

据清洗是对数据质量的保障。该文献对数据清洗过程进行了详细描述：分别对4个数据库进行了查询，每个数据库有超过4000条记录（在Scopus中查出5442条、在PubMed中查出4852条、在CINAHL中查出4741条、在Web of Science中查出4063条），之后使用文章标题作为合并的公共变量，合并来自4个数据库的数据并删除重复项，最后产生6229条检索结果。为了进行质量检查，随机选择其中的100篇，并对其进行研究相关性审查，所有文献都是相关的。

（四）研究方法论述详细，分析工具使用得当

研究方法和工具的选择是科学知识图谱类文献撰写的基本条件。该文献选取CiteSpace作为分析工具，并引证多篇文献（参考文献15篇／总参考文献量38篇）来阐述选择该分析工具的原因。例如，在先前研究健康素养的文献计量学分析的基础上，我们使用科学计量学的方法来回答研究问题。CiteSpace是由陈超美博士开发的一套科学计量学软件，利用分时动态的可视化图谱展示学科领域的宏观结构及其发展脉络，从而识别该领域中的关键文献、热点研究和前沿方向，近年来已经成为卫生领域日益增长的文献计量学研究的一部分。该工具是通过计算检测来呈现已发表学术文献中的主题模式和新兴趋势。CiteSpace还提供了一种称为双地图叠加的可视化表示，用来描述不同学科间的引用路径，目的是可以将从引用学科到被引用学科的路径可视化。该文献同时强调了选择本分析工具的理由，其他类似的软件还有VOSviewer、Vantage Point和HistCite，然而，CiteSpace是唯一一款提供独特的突现词检测和双地图叠加功能的软件。这些关键功能可以让我们更好地识别新兴主题和趋势，从而更详细地了解该领域的发展轨迹。

为探讨过去25年中健康素养文献的发展趋势，该文献提出了两个研究问题：一是按出版的文献衡量，哪些学科对健康素养领域有贡献；二是如何通过引文网络衡量学科间的引用以及不同学科在跨学科领域研究中的贡献。

对于这两个问题，该文献采用了不同的科学计量学分析方法，并进行了细致的解释。针对第一个问题，该文献的解释：我们使用基本科学计量学分析来提供有关促进健康素养领域的学科的信息，包括发表的论文数量、被引用的期刊和学科类别。每个引文数据库（如Web of Science、PubMed）将主题类别分配给索引的期刊，在这些期刊上发表的文章自动继承期刊的主题类别。针对第二个问题，该文献的解释：我们采用了更先进的科学计量学分析，包括网络聚类分析和引文路径分析，以更好地理解已发表的健康素养研究文献的跨学科性质。网络聚类分析中的每个节点代表一篇被引用的论文，节点的大小与其被引用频率成正比。节点通过一种智能局部移动的聚类技术被分组到同一行中。我们以这样的方式对聚类进行编号，即对包含更多引用的聚类给

予更高的排名。对于领域引用路径，使用了引文路径分析的方式。

（五）图谱解读严谨规范，研究结论依据可靠

对科学知识图谱的细致、准确和科学的解读，保证了后续研究结论的可靠性，进而使论文研究更有价值。该文献对图谱和数据的汇总见表4-2。

表4-2　健康素养文献中引用频率最高的十大主题类别
（按时间排序：1991—2015年）

主题类别	频率	首次发表年份（年）	密度
公共、环境和职业健康	1110	1995	52.9
卫生保健科学与服务	626	1995	29.8
普通内科学	465	1995	22.4
药物	427	1995	20.3
精神病学	387	1997	20.4
护理学	319	1998	17.7
心理学	299	1996	15.0
卫生政策和服务	289	1998	16.1
社会科学（其他主题）	241	1996	12.1
信息科学与图书馆学	232	2003	17.8

（资料来源：*Massey PM, Kim MC, Dalrymple PW, Rogers ML, Hawthorne KH, Manganello JA. Visualizing patterns and trends of 25 years of published health literacy research. HLRP: Health Literacy Research and Practice. 2017 Oct 1; 1(4): e182-191.*）

该文献对表4-2进行了细致的解读。如表4-2描述了我们检索得到的文献数据集中按频率（*n*）和密度排在前10位的主题类别。密度的定义是引用频率除以发表年数（即在该文献的研究中，2015年减去“首次发表年份”一栏）。频率显示了主题类别累积的影响，而密度表示了不同时间阶段影响的大小情况。在1995年首次记录的学科类别中，“公共、环境和职业健康”类别的文献最多（n=1110），密度最大（52.9）。一般说来，大多数主题类别都与医学和临床领域有关。最近进入前10名的是“信息科学和图书馆学”，首次出现在2003年（n=232）。这一主题类别的密度相对较高，因为它是主要类别中最新出现的，表明最近的健康素养文献在很大程度上是由信息和图书馆学中的科学方法推动的。可见该文献没有采用一般关键词聚类的方式，而是采用主题聚类的方式并按照年份排序，使读者对不同主题开始启动的年份一目了然。

不仅如此，该文献还通过突现词检测方式描述了每类主题的启动时间和结束时间，

见表4-3。该表描述了前10个“突现”主题类别，按突现词开始年份排序。突现词检测是一种在特定时间跨度内测量主题类别强度的方法。在这项研究中，社会科学和信息科学近年来受到极大关注。表4-2和表4-3的研究结果表明，早期健康素养研究的重点是医学和临床领域，与社会科学、信息科学和传播学几乎没有重叠。近年来，来自信息科学和图书馆学、传播学、医学信息学、教育学和科学技术领域的学者似乎开始关注健康素养。

表4-3　健康素养文献发文频率排名前十的主题类别（按时间排序：1991—2015年）

主题类别	强度	开始时间（年）	结束时间（年）	1991—2015年
内分泌与代谢	4.5	2004	2005	
生理学	10.1	2004	2007	
普通内科学	12.4	2004	2006	
社会科学	7.7	2009	2010	
信息科学与图书馆学	13.3	2010	2012	
泌尿与肾脏科学	4.7	2010	2013	
传播学	8.6	2010	2011	
医学信息学	4.7	2011	2012	
教育学	5.4	2011	2013	
科技与其他专题	8.1	2013	2015	

注：深色图块表示突现词出现的时间节点。

（资料来源：*Massey PM, Kim MC, Dalrymple PW, Rogers ML, Hawthorne KH, Manganello JA. Visualizing patterns and trends of 25 years of published health literacy research. HLRP: Health Literacy Research and Practice. 2017 Oct 1; 1(4): e182-191.*）

对于发表关于健康素养的文章最多的期刊的描述，该文献采用引文频率排序，特别提出最新进入前10的是哪10种期刊，如表4-4所示。

表4-4　十种被引用最高的健康素养期刊（按时间排序：1991—2015年）

被引期刊	频率	首次被引年份（年）	密度
普通内科杂志	2432	1995	115.8
患者教育与辅导	2252	1994	102.4
美国医学会杂志	1918	1995	91.3
内科医学档案	1552	1996	77.6

续 表

被引期刊	频率	首次被引年份（年）	密度
内科学纪事	1299	1998	72.2
美国公共卫生杂志	1282	1995	61.0
社会科学与医学	1280	1999	75.3
家庭医学	1161	1993	50.5
医疗护理	1113	1998	61.8
健康传播杂志	989	2001	65.9

（资料来源：*Massey PM, Kim MC, Dalrymple PW, Rogers ML, Hawthorne KH, Manganello JA. Visualizing patterns and trends of 25 years of published health literacy research. HLRP: Health Literacy Research and Practice. 2017 Oct 1; 1(4): e182-191.*）

表4-4显示了我们检索得到的文献数据集中最常被引用的前10种期刊、引用的频率（*n*）、首次被引用的年份，以及某一特定期刊自第一年被引用以来每年被引用的次数的密度。结果表明，《普通内科杂志》（*n*=2432）和《患者教育与辅导》（*n*=2252）两种期刊被引用超过2000次。这两种期刊在数据集中最早被引用，分别是在1995年和1994年，它们也显示有最大的密度。最近被列入前10名的期刊是2001年首次被引用的《健康传播杂志》（*n*=989）。该期刊被引用的第一年是2001年，还显示出相对较高的密度（65.9），这一发现表明，《健康传播杂志》最近集中发表了较多关于健康素养的文章。

（六）研究结论紧扣主题，与提出的问题首尾呼应

该文献的结论部分很好地回应了研究目的，紧扣前言提出的两个主题，并且在讨论部分，通过同行验证（采用引用文献方式）证实了其研究结果的可靠性。例如，引文网络的结果并不能证明Kristine Sørensen等人提出的健康素养综合框架的观点成立。但学科分类和期刊被引分析的结果显示，未来的跨学科研究有望得到更大的发展。最后，对于希望加强跨学科研究的本领域学者而言，我们的研究结果支持他们开展更多的计划和战略性活动，以帮助加强健康素养跨学科研究的机会（参考文献1篇），为来自不同并且互补的学科领域的研究人员寻找机会和资源，开展团队间科学、高效的合作，使得对健康素养和干预措施的研究更具创新性。

同时，该文献还指出了本次研究的局限性，并解释了如何克服这些局限性。首先，本研究中使用的软件CiteSpace只接受Web of Science格式的记录。从其他数据库检索的记录要经过软件的转换。在这项研究中，从其他数据库检索到的记录中有不到5%的数据无法转换，因此造成了一小部分数据的丢失。其次，关键词列表可能没有包含与本研究相关的所有健康素养文章。但为了将这种偏差降到最低，研究使用迭代过程来

开发关键词列表，并检索了基于附加检索词查询（如素养和健康结果）所包括的其他文章。关于对未来工作的计划，该文献指出，这项研究是健康素养研究中对引文的初步评估之一，未来的工作应检查和比较研究团队和作者的组成。例如，在医学领域发表文献的研究团队主要由临床研究人员和临床医生组成，而在教育领域发表文献的研究团队可能由更多不同的学科组成，因此引文路径会更加丰富。未来的工作可能还应该扩展检索词，或者查看特定的人群（如青少年）或主题（如糖尿病），为将来的研究方向提供建议。

综上所述，虽然文无定式，本节所列实例也不一定是最佳模板，但是对于初学者来说仍然具有重要的借鉴作用，合格的学术论文应该做到逻辑清晰、数据准确、论证严谨、结论可信。该文献让我们看到了一篇完整的基于文献计量的科学知识图谱论文应该具有充分的背景知识阐述、明确的研究问题提出、严格的检索方案制定、全面的数据库选择以及研究方法和分析工具筛选的理由，绘制出的图表不一定很多，但每一个都有很强的针对性，这些又是后续准确解读图表、得出可靠结论及保证论文价值的基础。因此，在运用科学知识图谱进行论文撰写过程中，要避免检索不完整、数据不准确、可重复性弱、只罗列数据而缺少基于数据的深入解读等严重影响论文质量的问题，从背景知识阐述、研究目的提出、检索策略制定、数据库选择、研究方法和分析工具筛选，以及图表的解读和讨论部分6个关键过程提高撰写质量。

本章小结

文献分析与评价的基础是文献计量及聚类等相关理论，因此，深刻理解相关理论及其特点是进行文献分析和评价的基础。在此基础上，选择合适的分析软件，可以大大提高分析效率和效果，而了解每个软件的特点是进行软件选择的前提。例如，Bicomb及BibExcel适合进行基本分析操作，在软件中生成的词篇矩阵结果需导入其他系统中进行深入聚类分析；而VOSViewer和Citespace在科学计量的种种分析方法及分析内容中更为全面，综合功能强；RPYS和CRExplore在探测学科历史根源、发展演变及重要文献方面功能独树一帜；CitNetExplorer在引文时间分布的探测及聚类分析方面更为擅长。因此，建议科研人员应根据研究目的及数据可及性，结合软件的操作特点及功能特点，合理选择分析软件以达到事半功倍的效果。

（姚　强　张士靖　李　信）

第五章　如何撰写文献综述

学习目标

1. 掌握　文献综述的定义、目的、类型及特点；文献综述的撰写步骤。
2. 熟悉　文献综述的撰写原则和注意事项。
3. 了解　文献综述的遴选与审编。

第一节　文献综述概述

一、文献综述的定义

文献综述（literature review）简称综述，又称文献回顾，是对某一领域、某一专业或某一方面的课题搜集大量相关资料，通过阅读、分析、归纳、整理，对其作出综合性介绍和阐述的一种学术论文，属于三次文献。

文献综述是在选题确定后，通过对选题所涉及的相关领域的文献进行广泛阅读和理解，对该领域的研究现状（包括主要学术观点、前人研究成果和研究水平、争论焦点、存在的问题及可能的原因等）、新动态、新技术和新发现、发展前景等内容进行综合分析、归纳整理和评述，并提出自己的见解和研究思路而写成的文章。它要求撰写者既要对所查阅资料的主要观点进行综合整理、陈述，还要根据自己的理解和认识，对综合整理后的文献进行全面、深入、系统的论述和相应的评价。因此，阅读文献综述可使研究者在短时间内对某一特定研究问题有全方位的认识，并可通过参考文献追踪与研究问题高关联度的原始论文。

二、文献综述的目的

1. 文献综合：全局性梳理既往相关研究成果　文献综述作为研究的基础性工作，

通过详细、全面的文献梳理与分析，帮助读者综合把握某一领域、某一专题的发展脉络、研究进展与前沿。

2. 文献评论：厘清已有研究的局限之处并展望未来　在整合既往研究成果的基础上，分析既往研究结果的异同，识别重要进展和代表性成果，通过对既往研究和最新成果的总结和分析，厘清现有研究的不足和局限之处，为今后的研究指明方向，以推动研究的进展和问题的解决。

三、文献综述的类型及特点

文献综述按照内容信息侧重的不同，可以分为叙述型综述和评论型综述两种类型。

1. 叙述型综述　叙述型综述是综述撰写最常用的一种类型，围绕某一领域、某一专题，广泛搜集相关的文献资料，按一定顺序对其内容进行分析、整理和综合，并以精练、概括的语言对有关的理论、观点、数据、方法、发展概况以及存在的问题等进行综合、客观的描述。使读者花费较少的时间和精力就能快速了解到某一领域、某一专题当前的研究现状和进展，把握全局。其特点主要体现在“综”上，一般不提出撰写者的评论、褒贬。在表达方式上，需要撰写者具有较强的文献检索与分析、数据解读、归纳评价、发现问题、洞悉发展趋势的能力。

2. 评论型综述　评论型综述是在对某一问题或专题进行综合描述的基础上，从纵向或横向上作对比、分析和评论，进而提出撰写者自己的观点和见解的一种文献形式。其主要特点是“述”，即在综述各种观点、理论或方法的同时还要对每种意见、每类数据、每种技术做出分析和评价，表明撰写者自己的看法，提出最终的评论结果，以启发思路，引导读者寻找新的研究方向。在表达方式上，对撰写者的要求更高，如果能写出评论型综述，说明撰写者对本领域的研究现状已经有了更深入的了解。

无论哪一种类型的综述，都应当能够回答以下问题：关于当前研究问题的相关概念定义与学术起源是什么？与研究问题相关的关键理论和既往研究的主要观点是什么？当前尚有哪些研究问题有待解决？未来有价值的研究领域或创新方向在哪里？

四、文献综述的改进

前面讨论的是一般综述文献的类型和特点，这类综述从文章的结构形式上也称为传统型综述。近年来，综述的类型在此基础上又派生出系统综述（定性系统综述+定量系统综述）和Meta分析（定量系统综述）。

1. 系统综述（Systematic review）　系统综述也称系统评价，是指针对某一具体问题，通过全面收集所有相关的研究，应用一定标准化方法对其逐个进行严格评价和分析，筛选出符合质量标准的文献，再通过定性或定量分析，得出综合结论的综述。系统综述不仅可用于临床研究，还可用于基础研究、政策研究、经济学研究等领域。与传统文献综述相比，系统综述更为详尽，包含已发表和未发表的文献（即灰色文献）。

系统综述的本质是将综述系统化，包含详细的审查和大量的文献分析，美国国立卫生研究院（NIH）建议的系统综述流程为确定研究问题、定义纳入和排除标准、定位研究、选择研究、评估研究质量、提取数据、分析和呈现结果、诠释结果和更新综述。系统综述的主要类型有定性系统综述、定量系统综述和Meta分析。其中，Meta分析因其使用统计方法整合、总结相关研究中各自独立但相似的预估效果，实际应用更为普遍。

2. Meta分析（Meta-analysis） 也称元分析或荟萃分析，是指用于比较和综合针对同一科学问题研究结果的研究方法，其结论是否有意义取决于纳入研究的质量，常用于系统综述中的定量合并分析。与单个研究相比，通过整合所有相关研究，可更精准地估计医疗卫生保健某一措施的效果，并有利于探索各研究证据的一致性及研究间的差异性。而当多个研究结果不一致或都无统计学意义时，采用Meta分析可得到接近真实情况的统计分析结果。

Meta分析的主要内容包括异质性分析及处理多个独立研究的统计量一致性检验、合并效应值计算和合并效应值的检验。Meta分析可实现定量综合；对同一问题提供系统的、可重复的综合方法；通过对同一问题多个小样本研究结果的综合，提高原结果的统计效能；解决研究结果的不一致性，改善效应估计值；回答各项原始研究未提出的问题；探究现有文献发表偏倚的程度；提出新的研究问题，为进一步研究指明方向。Meta分析被视为循证医学的高级别证据，然而需要注意的是，当原始研究质量不高或当各原始研究中存在临床差异时，Meta分析并无意义。传统型综述、系统综述与Meta分析的比较见表5-1，传统型综述、系统综述与Meta分析的关系见图5-1。

表5-1 不同类型综述的主要特征

项目	传统型综述	系统综述	Meta分析
研究目的	快速了解到某一领域、某一专题当前的研究现状和进展，把握全局	对已发表和未发表的文献，通过定性和定量方法，得出综合结论	比较和综合针对同一科学问题研究结果的统计学方法
主要研究问题	涉及范围较广，主要是总结以往研究对所选主题的结论	常聚焦于某一特定问题，以前发表的关于该主题论文的时间以及结论	当所有以前发表的关于该研究主题的论文结果被合并时，通过汇总统计能得到什么结论

续　表

项目	传统型综述	系统综述	Meta分析
适用范围	从已发表的论文中找到该主题新的研究方向	比较某个研究主题较近期的结果	通过汇总统计总结近期研究成果
对研究者的要求	研究者对研究主题有独特的见解	研究者能获取所有与研究方向有关的论文	研究者有较强的统计分析能力
研究步骤	确定要表达的内容即可	1. 确定综述的研究主题 2. 选择适当的检索策略 3. 确定论文的纳入和排除标准	1. 确定综述的研究主题 2. 选择适当的检索策略 3. 确定论文的纳入和排除标准 4. 决定如何评估论文质量 5. 决定哪些研究成果可以纳入汇总统计
注意事项	有限的出版物来源	可能存在出版偏倚	可能存在不能平等地比较各研究成果

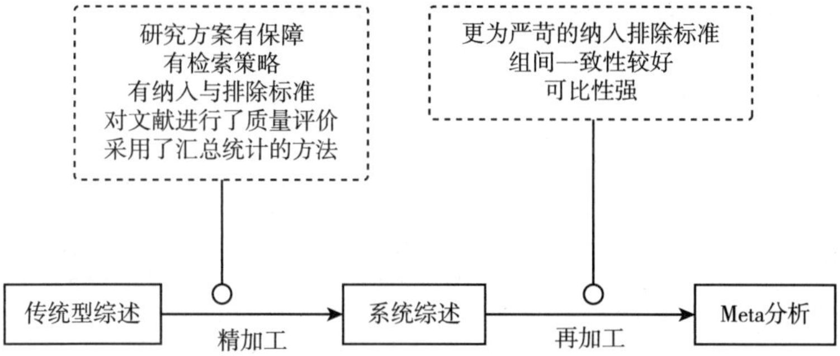

图5-1　传统型综述、系统综述、Meta分析的关系

五、综述论文的遴选与审编

综述论文是多篇研究成果的综合，所涵盖的内容信息量大，使读者费时不多却能得到更多的信息。国内外著名期刊很多都设有综述栏目，并给以较大的篇幅和较多的参考文献数额。综述论文的学术水平和写作要求比较高，只有资深的研究者才可能写出合乎要求的综述论文。它要求研究者对所综述的资料拥有准确的判断能力，较强的分析、综合能力，对专业知识的掌握有一定的深度和广度，并有亲身研究的经历和体会，以及有较强的驾驭文字的能力。综述论文能较系统地反映国内外某一领域或专题的研究概况及发展趋势，可以帮助读者了解最新研究的热点及新思路、新方法，对启发读者的研究思路具有向导作用。

综述论文的审稿程序遵从一般审稿规则，但具体到某篇综述的取舍上，还是有其特殊性和规律性，在平衡比较中遴选。综述论文的资料来源于文献，可以有多个研究者就同一个问题在一个时间段内分别向编辑部投稿，因此，编辑部必须对类似稿件进行权衡比较、分析，以决定取舍。例如，“干细胞的研究”是当前研究热点，某期刊在同一时间段内收到3篇文章，经分析比较后认为它们是从不同侧面进行的综述，各有特点，故决定放在同一期刊出。又如，有关“端粒酶”的研究是近年来的热点课题，某期刊连续收到多篇同类文章，内容多有重复，结果选取了1篇投稿较早的文章，对后来者只得以“已有类似稿件，请改投他刊”而退稿。

在达到总体评审要求的稿件中遴选。对一篇达到总体评审要求的综述论文应该是就某一问题写得系统、深入，能反映该课题当前的研究水平，内容有新意，文字通顺。在这些稿件中再根据其对当前研究的指导意义和参考价值进行分级优选。

第二节　文献综述的撰写方法

一、撰写原则

本节介绍的综述撰写方法，主要针对传统型综述。撰写文献综述时，应当遵循以下原则。

1.“5W”写作原则　“5W”原则即按照什么人（Who）、什么时候（When）、在什么地方（Where）、为什么（Why）、提出了什么学术观点（What）的方式撰写文献综述。

2. 经典性原则　文献综述的内容应当包含所研究问题的经典论著。通常任何一个研究选题都有其所处研究领域的若干经典论著。文献综述的撰写应当以系统性地阅读并深入挖掘研究领域的经典论著为基本前提，弄清研究概念的真正学术内涵和来龙去脉，为后继研究打下坚实的理论基础。

3. 全面性原则　应当最大限度地涵盖与既往研究相关的文献资料。在纵向上，既要了解历史，也要厘清现状；在横向上，需要对比中外，增加对研究的横向比较，开阔视野。坚持古今中外原则，方可对所研究的材料“一网打尽”，为选题研究打下坚实的理论基础。

4.“文献树”原则　强调文献的“班辈”“血脉”即次第演进关系。在撰写文献综述时需要系统梳理研究文献的演进历程，采用历史方法，按照“由远到近”“由前到后”（时间上）、“由大到小”和“由宽到窄”（空间上）的方式写作。厘清研究文献的内在逻辑和演进规律，为后续研究打下坚实理论基础。

5.“顶天立地”原则　“顶天”要求作者从理论继承上追踪国内外学术研究前沿，“立地”要求作者通过学术研究，理论联系实际解决管理实践中的现实问题。如果文献综述不能追踪国内外学术前沿，后期研究选题的确定和后续的研究设计就会存在重复研究或创新不足的风险。“顶天”是继承，没有真正的继承就难有真正的“立地”创新。

6. 述评结合原则　只有“述”没有“评”的文献综述犹如一盘散沙，无法体现撰写的目的；而只有“评”没有“述”，综述中研究问题则持之无据，游学无根，难有说服力。因此，在详尽涵盖已有研究文献前提下，要敢于归纳，解析出已有研究文献的“贡献”与“不足”。通过进一步解析“不足”，从“不足”中导出未来有价值的研究方向，继而为后续的研究设计提供清晰的逻辑起点和理论支撑。

7. 服从主题原则　文献综述是对研究者所研究问题已有成果的回顾和梳理，由此综述的过程必须与研究者自己的研究问题所涉及的研究主题相匹配，以服务于研究者本人的研究选题和研究设计为主。作者在撰写文献综述时，一定要时刻提醒自己并紧扣所撰写论文的主题和假设，围绕主旨开展综述撰写。

二、结构与写法

文献综述的结构遵循学术论文的一般性体例，通常可分为题名、作者、摘要、关键词、正文、参考文献6个部分。其中，正文部分又由引言、主体和结论组成。各部分的撰写要点归纳如下。

1. 题名　题名应当概括或指明文章的主题，揭示正文的核心内容。题名的撰写应当言简意赅，文题一致，重点突出，高度凝练。既需要清晰具体直接反映综述的内容，又不宜过于宽泛抽象失之笼统。题名的拟定可以使用表示状态的词作为结尾，如研究进展或动态等，也可直接使用诸如概述、理论综述、方法学综述、研究进展等直接指明综述主题类型的表述作为结尾。

2. 署名　署名作者应该是直接参与了文献综述全部或主要的研究工作和写作过程，并能对论文负责的个人与单位。所有论文署名作者应事先审阅并同意署名发表论文，并对论文内容负有知情同意的责任；论文起草人必须事先征求署名作者对论文全文的意见并征得其署名同意。论文署名的每一位作者都必须对论文有实质性学术贡献。

3. 摘要　摘要应当高度概括全文，具有独立性和自含性，通常包括目的和结论两部分内容。目的部分应当指明综述涉及的内容与范围，可采用“介绍/分析/回顾/评价了……”的句式；结论部分应当明确对于选题领域研究进展的总体性观点和判断，可采用“提出/指出/建议/认为……”的句式。摘要位于正文之前，但应当于正文完稿之后撰写，也不宜引用参考文献，不得使用缩略语、符号等。

4. 关键词 综述通常应当标注3~5个中、英文关键词以反映文献综述的中心内容，关键词应尽量从MeSH中选择，其中文译名可参照中国医学科学院医学信息研究所编译的《医学主题词注释字顺表（中文）》。

5. 引言 引言也称前言，应当开宗明义阐述写作的缘由、意义、目的和作用，介绍有关概念和术语，引出有关选题的研究现状，说明综述的性质与范围，如果属于争论性论题，应当指出争论焦点，以方便读者对文章将论述的主题有概括性了解，知晓作者准备进行哪些方面的分析研究。

6. 主体 主体部分的内容通常包括回顾历史、分析现状和预测发展趋势三部分。首先，应当按照时间顺序，简要说明所综述主题各阶段的发展状况和特点等；其次，分析的现状包括当前进展、争议热点、存在的问题等；再次，预测未来该主题研究的发展趋势，指出今后的研究方向，提出对策与建议等。主体部分的具体写法有下列几种。

（1）纵式写法："纵"是指"历史发展纵观"，主要围绕某一专题，按时间先后顺序或专题本身发展层次，对其历史演变、目前状况、趋向预测作纵向描述，从而勾划出某一专题的来龙去脉和发展轨迹。纵式写法要把握脉络分明，即对某一专题在各个阶段的发展动态作扼要描述，已经解决了哪些问题，取得了什么成果，还存在哪些问题，今后发展趋向如何，对这些内容要把发展层次交代清楚，文字描述要紧密衔接。撰写过程中切忌孤立地按时间顺序罗列事实，写成"大事记"或"编年体"。有些选题时间跨度大，科研成果多，在描述时要抓住具有创造性、突破性的成果作详细介绍，而对一般性、重复性资料可从简从略。

（2）横式写法："横"是"国际国内横览"，是对某一专题在国际和国内的各个方面、各派观点、各家之言、各种方法、各自成就等加以描述和比较。通过横向对比，既可以分辨出各种观点、见解、方法、成果的优劣利弊，又可以看出各国不同特点。横式写法适用于专门介绍某个方面或某个项目的新成就，如新理论、新观点、新发明、新方法、新技术、新进展等，由于选题新，通过整理撰写成文献综述向同行报道，可起到借鉴、启示和指导的作用。

（3）纵横结合式写法：在同一篇综述中也可同时采用纵式与横式写法。例如，介绍历史背景采用纵式写法，分析目前状况采用横式写法，纵横结合地综合文献资料，全面系统地认识某一专题及其发展方向，作出可靠的趋向预测，为新的研究工作选择突破口或提供参考依据。无论是纵式、横式或是纵横结合式写法，都应当全面系统地搜集资料，客观公正地如实反映历史和现实，做到分析透彻综合恰当，层次分明条理清楚，语言简练详略得当。

7. 结论 结论是对主体部分所阐述的内容进行高度归纳和评论。如果主体已有详细结论，该部分可以省略；如果主体内容比较复杂，涉及的内容和层次较多，可以用一个简短的结尾总结全貌。结论篇幅短小，通常只有一个自然段，精练的结论可以起到画龙点睛的作用。

8. 参考文献 凡在正文中引用他人文献中的成果（包括观点、方法、数据等资料），均需要在文中引用的位置标注对应的参考文献，并在文后参考文献表中列出并著录该参考文献。参考文献著录的规则一般应当遵循国家标准《信息与文献—参考文献著录规则》（GB/T 7714-2015）。

三、写作步骤

文献综述写作的基本步骤及主要流程如图5-2所示。

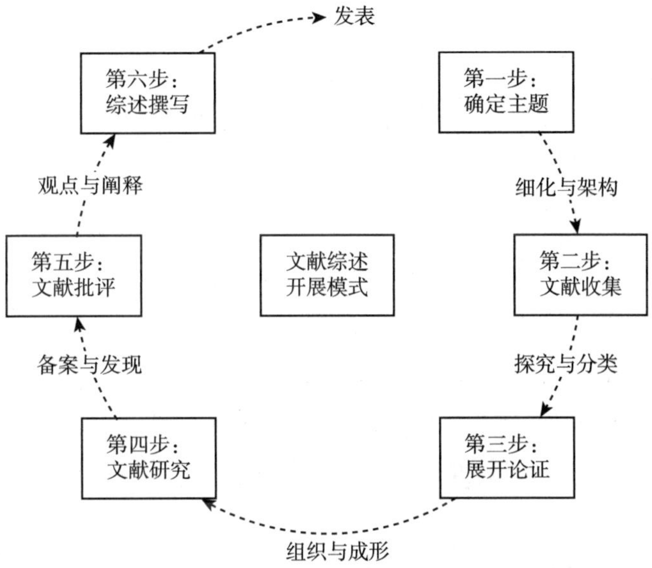

图5-2　文献综述写作的基本步骤及主要流程

（一）确定主题

主题来源主要有两种：一种是研究者自己选题，这类选题因与本人所从事的专业或感兴趣的问题相关，研究者比较熟悉；另一种是相关部门等指定的主题，对于该种选题，研究者有一个熟悉了解的过程。

医院管理领域的选题通常不仅要有明确的学术价值，也应当具有一定的现实意义，凝练选题的过程中，可关注学术热点与难点、存在学术争议具有进一步研究价值的问题，以及医院管理实践中亟待解决的共性关键问题。具体的选题方法详见第一章如何进行科研选题。

（二）文献收集

收集文献采用的文献检索方法，对完成综述的撰写起着基础性的作用，也是研究者进行科学研究应该具备的基本功。具体方法详见第二章文献检索的方法与技巧。

（三）文献梳理

在收集到与选题密切相关的文献后，就要对文献进行阅读、筛选、分类与归纳等文献梳理工作。在对某一研究问题有了初步理论知识学习后，可先对所选文献进行粗略的阅读，重点是阅读标题、摘要和结论部分，提取出文献内容与研究问题相关性和可用性高的内容。然后，对这些文献作进一步的筛选，初步确定拟纳入文献综述中的引用文献。

在确定拟引用的文献后，应精读每一篇文献，从中提取出研究方法、主要发现、局限性等要点内容。在阅读完每一篇文献后，可将要点内容总结成表格的形式，例如，可以从作者、目的、发现、研究问题、进一步研究、局限性、研究方法、实际意义等维度进行结构化梳理和总结。在梳理过程中，应当重点评估所选的文章对综述选题是否有良好的覆盖性，同时，通过这一过程可以加深对既往研究不足的认识和理解，帮助研究者进一步明确研究问题的细分领域，以便更有针对性地开始新一轮的文献检索和梳理分析，以此往复进而不断加深对于研究选题的认识和理解。

（四）综述撰写

完成上述工作后，可形成撰写提纲，明确篇章布局和各部分标题要点。可采用“倒金字塔形式”进行内容撰写，即由宽到窄（范围上）、由远到近（时间上）推进，最后聚焦到一个“点”上，找到综述选题所涉及的研究问题的逻辑起点，从“研究领域”到“主要问题”到“热点研究方向”再到“尚未解决的问题”，逐步抽象、提炼出自己所要进一步深化研究的问题或某一问题的某一个方面。对于综述内容的空间幅度和时间长度的具体界限，应根据研究工作的实际需要而定。对于研究生学位论文的文献综述，时空幅度应当尽可能满足能够清晰地系统性梳理所研究问题学术史的需要。

第三节　不同类型文献综述的撰写要点及案例分析

一、叙述型综述

叙述型综述是一种“述而不评”的文献类型。其表达方式如下。①列举法：是将所综述的内容按具体情况归纳成若干条目，一般有学术观点列举、方法学举列、地域性举列等。②阶段法：按历史沿革分段叙述，可将某个专题在不同时期的特点归纳成几个发展阶段。③层次法：将综述内容按其内在规律分成若干个层次，每个层次可设置分级标题，各层次之间有密切的内在联系。④分析法：有中心分析法，即将综述内容归纳成几点进行重点分析；还有列表分析法，将要分析的问题归纳成表格，逐表分析。⑤综合法：采用上述4种方法中的几种来表述综述的内容。

叙述型综述范式具有以下撰写要点。

1. 引言 主要说明撰写综述的原因、目的，在本专题或本学科中的重要意义，介绍本综述的基本内容。需要解释清楚该文献综述的必要性和重要性，突出研究贡献和特色。

2. 主体 在深入理解现有资料的基础上，按照一定的标准对其进行分类、归纳、总结和评析，可以从时间、视角、理论、研究层次等多角度分析。其中大多数文章都会将相对宽泛的研究主题或领域划分为多个子主题。叙述当前状况，说明专题发展的国内外现状、水平、成就等前沿信息。

3. 结论 全面呈现某一领域或主题的研究现状以及研究脉络，需要提出有价值的未来研究方向，为研究主题的推进和相关理论的进一步完善提供参考。如果主体已有结论，结论可省略。

叙述型综述通常以现状及发展趋势为重点。此外，对不同学术观点和评价应抓住关键问题进行对比分析，客观地介绍有代表性的观点或争论的焦点。

案例讨论

【案例】

以Winnie Yip等2014年发表于*The Lancet*的文章“Harnessing the privatisation of China’s fragmented health-care delivery”为例。

（引言部分）该综述对医院竞争、所有制、整合型医疗服务三方面的中、英文文献进行回顾。综述中，作者利用社会政策和经济理论、中国过去的经验和国际教训，为中国医改过程中遇到的问题提供一些推测性答案。（主体部分）研究梳理了中国在2009年医改以来的几项重点改革行动的内容、进展和未来展望：“四位一体”的基本医疗卫生制度，即建设覆盖城乡居民的公共卫生服务体系、医疗服务体系、医疗保障体系、药品供应保障体系；以及公立医院改革试点进展。然后，研究建议将更具成本效益和高质量的医疗保健提供方式作为中国医改的合理目标，介绍了一种整合型医疗服务体系，并简要梳理整合型医疗服务在其他国家的进展与效果。（结论部分）最后，讨论了如果基于当前医疗卫生服务系统的现状，中国难以实现“为公民提供可靠、公平、高质量的医疗保健服务”目标的观点。考虑到中国目前已开展的工作，和现有制度限制的可行性，并辅以国际经验，作者提出了一个颇具前瞻性的方向。该文一共引用参考文献110篇，被引251次（Web of Science统计数据，截至2022年6月29日）。

以王曲等2005年发表于《经济学（季刊）》的文章“健康的价值及若干决定因素：文献综述”为例。

（引言部分）该文献从人类发展视角出发，对经济学等相关领域中关于健康的内在价值、工具性价值和某些重要决定因素的代表性文献进行回顾总结。（主体部分）对健康的边界和综述视角进行了界定；从人类发展角度介绍健康的内在价值；第三部分从健康的工具性价值角度介绍健康对人类发展其他维度的作用，重点介绍对经济增长、劳动生产率和收入的影响；介绍影响健康的若干决定因素，如绝对收入、收入分配、相对收入、医疗可及性和公共卫生支出。（结论部分）健康的价值不仅表现在其作为人类发展首要目标之一的内在价值上，还体现在其对人类发展的其他维度，特别是经济发展的重要促进作用上；指出该综述的一些不足之处以及对于未来研究的展望。该文一共引用参考文献283篇，被引214次（中国知网统计数据，截至2022年6月29日）。

【讨论】以上案例在格式上按照叙述型综述对引言、主体和结论部分内容的要求开展，是较规范的叙述型综述。

二、评论型综述

评论型综述因其需要对文献进行批判性评价，因此撰写难度要比叙述型综述大。评论性综述具备两个重要目标，即总结和评价。总结部分与叙述型综述相同。对于评价部分，则需从不同角度评估已有文献，如提供的论据和证据的充分性，以及它们的关系是否合乎逻辑等。并按照一定的标准，着重对文献的亮点和细节，即主题、问题、论点和论据得出的结论进行评估。评论型综述撰写的步骤、方法和叙述型综述基本相同，不同之点在于“评”的部分。

评论型综述范式具有以下撰写要点。

1. **引言** 对文章的主题或问题进行总结；设定评价标准。

2. 主体　对文献的总结和评价；按照评价标准，评价文献的优缺点，简要讲述理由。

3. 结论　综合作者对整个文献的立场。

案例讨论

【案例】

以Moroz和Hindle 2012年发表于*Entrepreneurship Theory and Practice*的文章“Entrepreneurship as a Process：Toward Harmonizing Multiple Perspectives”为例。

（引言部分）该综述对创业过程的经典模型进行综述。指出了评估已发表的创业过程模型的重要性。（主体部分–总结）提出评估创业过程应该考虑的一系列因素；构建了创业过程模型的评估标准，包括模型类型、关键要素/阶段/事件、变量/因素/活动、研究方法、单位分析以及普适程度6个方面。（主体部分–评价）然后对于搜集到的32个创业过程模型进行比较，按一定准则，筛选出4个典型模型；利用构建的创业过程模型评估标准，重点对Gartner、Bruyat和Julien、Saravathy和Shane所构建的模型进行评价，指出其优势与劣势；分析了现有创业过程模型的优点与缺点。（结论部分）提出急需对已有创业过程模型进行提炼和升华，通过理论与实践的深度结合，提出普适性更强的创业过程模型以更好地指导创业实践。该文一共引用参考文献104篇，被引182次（Web of Science统计数据，截至2022年6月29日）。

以贺韵明和李玉芳2020年发表于《财经界》的文章“高校直属型附属医院内部审计监督服务体系构建研究文献综述”为例。

该综述梳理国内外相关文献，从国外高校对附属医院的管理模式，到我国高校对附属医院的管理现状，对医院内部审计监督研究现状来进行总结和述评，提出建立高校直属型附属医院内部审计监督体系的重要性。

（引言部分）指出当前我国的三甲医院有半数以上是大学附属医院，这些医院除了医疗服务工作，还同时承担着国家人才培养和大量科研任务。我国高校附属医院发展迅猛，卫生资源及服务量的增加高于全国医院的总体水平，高校附属医院也存在腐败风险隐患。（主体部分–总结）对高校对附属医院的管理模式、高校对附属医院的管理现状、医院内部审计监督服务研究现状进行了详细的梳理和总结。（主体部分–评价）通过对相关文献内容的罗列分析，提出我国对高校附属医院的内部审计研究主要针对医院内部审计的工作模式，对公立医院的内部审计研究主要集中在公立医院内部审计方法、审计内容以及审计评价方式的改进，没有从高校审计部门对附属医院进行监督服务的角度，强化高校对附属医院内部审计的管理。（结论）提出建立高校直属型附属医院内部审计监督体系的重要性。该文一共引用参考文献16篇，被引0次（中国知网统计数据，截至2022年6月29日）。

【讨论】以上案例在格式上按照评论型综述对引言、主体和结论部分内容的要求开展，且对已有文献进行评论，是较规范的评论型综述。

三、系统综述

撰写一个全面而有价值的系统综述一般至少需要5个步骤：①对待解决的问题进行详细的说明/发现一个具体的可以研究的问题。②进行全面而且彻底的文献检索，从而识别并阐明与待解决问题有相关性的文献与研究，这也是系统综述与一般综述不一样的地方。③评价纳入文献的质量，制定完善的纳入排除标准。④概括有关研究的特征和结果的证据。如果条件允许可以加上Meta分析进行文献合并。⑤通过解读和探索研究结果的专业意义来为实践提出建议。PRISMA声明可以帮助撰写者改进系统综述和Meta分析的撰写和报告。

系统综述范式具有以下撰写要点。

1. 引言 概述主题，解释为何进行这项系统综述。可能现有的知识有落差，或是目前的文献有争议，因此有必要评价。引言还需要阐述综述的用意和目标。

2. 方法 是系统综述文章非常关键的部分，包括清楚有逻辑地说明采用的方法、仔细讨论的要点、纳入和排除的条件、研究定位、研究选择、数据提取、质量评估和数据分析等。

3. 结果 有逻辑地从叙述搜索结果开始，然后谈研究范围与特性、研究质量，最后讨论干预对结果的影响。

4. 讨论 总结综述的主要发现，讨论研究的限制以及结果的可靠性，最后论述本次综述的优缺点，对目前的实践有何含义。

案例讨论

【案例】

以Caroline等2012年发表于*International Journal for Quality in Health Care*的文章“A Review of Hospital Characteristics Associated with Improved Performance”为例。

（引言部分）探讨医院特征与医疗保健绩效提高之间的关联，批判性地评估定量研究，并讨论研究结果对医院管理者和治理机构层面战略规划的影响。（方法部分）收集了发表在一系列国际期刊上的澳大利亚医院管理的相关文献，在进行筛选后，保留了采用系统评价或Meta分析、随机对照试验、前后对照研究或观察性研究（队列和横断面）等多中心、比较性的研究，一共获取了57篇文献。由两名作者独立提取数据，并根据澳大利亚国家健康和医学研究委员会的指南进行相关评价指标的分配，利用苏格兰校际指南网络（SIGN）工具和麦克马斯特大学工具进行系统的质量评价，从而对纳入的文章进行分析。（结果部分）绩效的使用和定义存在异质性；调查的医院特征包括环境、结构和运营设计；与总体绩效相关的最强证据是计算机医嘱输入系统。一些证据支持职员设计、经济激励、护理领导和医院数量存在关联。（结论部分）支持医院特征和医疗保健绩效之间关联的证据有限，主要是低质量的证据。该文一共引用参考文献69篇，被引56次（Web of Science统计数据，截至2022年6月29日）。

以朱西敏、胡银环等2021年发表于《中国卫生政策研究》的文章“互联网+医疗背景下患者体验的评价：系统综述”为例。

（引言部分）系统地识别、评估和综合互联网+医疗背景下产品或技术的患者体验的评价证据，尤其关注患者体验评价维度和框架，为评价我国“互联网+医疗服务”的患者体验提供了建议。（方法部分）以Web of Science、PubMed和Embase三个外文数据库以及中国知网和万方两个中文数据库为数据源，文献筛选遵循PRISMA准则，即依次排除重复、标题摘要不符合、全文不符合和质量评估标准不符合的文献。对纳入文献的报告内容进行质量评估，还需要对纳入文献的研究结果的偏倚风险进行评估，以确定互联网+背景下患者体验评价结果的有效性。最终纳入16篇文献，评价方法有定性研究、定量研究和混合方法研究，评价维度在不同研究对象和患者性质中具有差异性。（结果部分）评价结果显示大部分患者体验是积极的，阻碍患者体验的因素有技术和临床质量、隐私、安全性、问责性、易用性等。（结论部分）互联网+医疗背景下患者体验的研究呈现了对象的多样化和方法科学化的趋势。通过对患者体验的评价了解患者对健康领域技术创新的看法和感知，为之后互联网+医疗的推进提出了三点建议，为实现以患者为中心的医疗提供依据。该文一共引用参考文献38篇，被引0次（中国知网统计数据，截至2021年12月26日）。

【讨论】以上案例在格式上按照系统综述对引言、方法、结果和结论部分内容的要求开展，是较规范的系统性综述。

四、Meta分析

Meta分析利用量化方法对实证研究文献进行系统的梳理。其实质是以同一研究主题的多项独立研究结果为研究对象，在严格设计的基础上，运用适当的统计学分析方法对多个研究结果进行系统、客观、定量的综合分析。由于传统文献综述的主观性较强，容易引起一定的偏倚和误差，甚至可能出现不同综述者意见相左的情形，因而在读者看来缺乏一定的科学性。Meta分析通过增大样本量来增加结果的可信度，解决研究结果不一致的问题，能够在很大程度上克服传统文献综述的不足。

基于Meta分析的综述撰写范式具有以下特点：①Meta分析综述方法通过增大样本量来提升文章的科学性和可靠性，帮助读者发现以往研究中存在的不足之处，揭示单项研究中的不确定性，得出更为客观的普适性结论。②Meta分析适用于有足够实证数据支撑且某些关系或假设存在较大争议的研究问题。③需要在已有文献梳理和分析的基础上整合形成新的模型和假设，重新整合的理论模型和假设通常包含调节效应关系。

Meta分析综述范式撰写要点如下。

1. 基于大量实证文章的梳理，整合形成新的理论模型和假设，模型当中通常包含调节效应关系。

2. 整理、提炼并利用已有实证文献中的实证数据进行统计分析，验证假设。

3. 调节变量主要指整体研究样本中所包含的系统差异因素（如测量因素和情景因素），用于解释主效应在方向上和大小上的差异。

4. 文献基础仅包括实证文章，要详尽地描述从实证文章中提取的有用数据，数据的选择与研究问题息息相关，一般包括出版期刊、样本量、相关系数、回归系数、使用的统计软件或数据分析方法、效应量等指标，提取的数据需要在文章中列表或者放在附录中。

5. 分析过程主要包括效应值的转化、同质性检验、出版偏倚检验和敏感度分析等。

案例讨论

【案例】

以Rob等人2006年发表于*BMC Health Services Research*的文章“The Relationship between Organisational Characteristics and the Effects of Clinical Guidelines on Medical Performance in Hospitals，a Meta-Analysis”为例。

（引言部分）回顾不同的干预策略在医院实施临床指南的效果，并探讨特定组织因素对这些干预措施有效性的影响。由于医院是复杂的组织系统，其主要目的是为个体患者提供临床护理。因此，该研究具体分析了关于变革和创新的管理理论，以得出本探索性研究的具体因素。（方法部分）确定了以下可能改变干预措施效果的因素：管理支持、学习环境、功能差异和对预期变化的共识。研究纳入的方法为随机对照试验（RCT），涉及医院、病房或专业人员级别的个体随机化或整群随机化或对照临床试验或对照前后的研究。对以下数据库进行了筛选：Medline（1966—1998）、HEALTHSTAR（1975—1998）、Cochrane对照试验注册（第41998版）、EMBASE（1980—1998）和SIGLE（1980—1988），共筛选到5000篇被认为是潜在相关的论文，并检索了863篇全文文献进行评估。总共有235项研究被纳入进一步的筛选中，研究最终确定了23项研究没有并行对照组（中断时间序列设计），其他32项研究有连续测量。因此，共有53项研究符合该研究的纳入标准。（结果部分）研究估计了治疗效果（对数优势比）和这种效果的方差，以针对研究内和研究之间的方差加权的每个比较。该文一共引用参考文献71篇，被引80次（Web of Science统计数据，截至2022年6月29日）。

以Ali 2014年发表于*International Journal of Health Care Quality Assurance*的文章“Essentials of total quality management：a meta-analysis”为例。

（引言部分）该文献对卫生部门关于TQM的研究进行了筛选。（方法部分）检索了10个电子数据库，包括PubMed、EBSCO研究数据库、Elsevier science、Emerald、JSTOR、ScienceDirect、Social Science Citation Index、Social Science Research Network和Web of Knowledge。检索词包括“全面质量管理”“实施”“关键成功因素”和“医疗保健部门”。作者检索了专注于医疗保健组织的出版物，并排除了637篇文献。对确定医疗机构TQM成功因素的研究共审查了317份摘要，其中排除了222篇文献。对其余95篇的全文文献的方法和发现进行了审查。最后，纳入了37项在医疗机构中报告TQM关键成功因素的实证研究。（结果部分）研究发现，领导力、员工参与、培训、流程管理、高层管理支持、规划和资源分配是37项TQM实证研究中最常提取的TQM关键成功因素。该文一共引用参考文献74篇，被引22次（Web of Science统计数据，截至2022年6月29日）。

【讨论】以上案例在格式上按照Meta分析对引言、方法、结论部分内容的要求开展，是较规范的Meta分析。

第四节　文献综述写作注意事项和常见问题

一、写作注意事项

综述（主要讨论传统型综述）撰写涉及6个环节，包括确定题目、文献检索、展开论证、文献研究、文献批评与综述撰写，其中任何一环出现问题，都会影响综述的撰写质量。

1. 确定题目　如果是为了配合学位论文的研究工作，已经拟定了研究选题，综述的标题就要呼应论文选题，但是又不能将研究选题的题目拿来直接作为综述的题目。初步接触毕业设计的学生有时会混淆综述选题与学位论文选题的区别。例如，选题是“DRGs实施对三级医院住院费用的影响研究”，综述也是“DRGs实施对三级医院住院费用的影响研究”就不合适。关于如何避免综述选题不当，有几点综述选题的思路。

（1）问题聚焦：毕业论文主题可能包含较复杂或者较多的研究对象，对于综述，我们应当通过简化和选择，将目标确定在某个具体研究问题或研究对象上。

（2）视角选择：综述的撰写思路可以从某个学科角度或立场出发，这是基于想要对某个主题有更深入了解的个人需求。

2. 文献检索　确定好综述的题目后，接下来就是查找与该选题有关的文献。文献检索注意事项如下。

（1）在检索文献时，应该注意以下几点：①先近后远，原因是最新的研究常常包括以往研究的参考材料，可以使人更快地了解相关知识和现状。②先中文后外文。③先综述后其他。文献检索是撰写综述最需要具体的能力，具体方法详见第二章文献检索的方法与技巧。

（2）在阅读文献时，除需要考虑哪些是该文献没有回答的问题、可能存在哪些方法上的问题、对未来研究的建议外，更需要思考不同文献之间如何构成一个有机的整体，特别是它们与当前研究主题之间的联系，用连贯性思维和逻辑顺序表述文献综述。在阅读文献过程中找出难点、提出论证和寻找出相关论点的证据。

3. 文献论证　收集到相关文献后，需要对这些文献进行整理、归纳、分析和论证。文献论证注意事项如下。

（1）论证方案建立：论证方案是文献–论题–逻辑–方法–理论组成的路线图，论证方案的建立是按照一定的逻辑形式组织和安排一系列的事实，通过这些事实来证明研究课题中的中心论点。具体包括发现式论证和支持式论证两种方式。

（2）论证过程：论证过程必须在逻辑上能证实研究的结论。文献综述的价值不只在于文献本身的价值，更在于综述者对于文献的加工处理是否做到了客观、准确、自我阐述论证、告知以及发现问题与规律。论证解决的是以什么线索来安排所收集到的文献，这是避免蜻蜓点水式的综述和堆砌材料等常见问题的有用方法。

4. 文献研究　文献研究的目的是从已有的文献资料中总结出既定的研究主题有哪些内容，以通过文献研究来进行发现式论证。注意事项如下。

（1）文献整理：即对收集到的相关文献进行整理。包括分类记录不同的文献类型，如著作、期刊、文章等；列出作者名单，并对主要文献进行内容分类、对引文进行分类；评估资料的质量和力度；建立初步的文献矩阵，记录核心观点等。完成这些步骤后，我们已经将资料转变为证据形式。进而通过一对一推理、并行推理、链式推理或联合推理，建立简单论证，将收集到的信息转变成有力证据并建立可接受的论断。

（2）文献分析：首先找到简单论断之间的关系，从而建立复杂论断，以说明关于某一研究主题我们都“知道些什么”，最后得出主要论证的结果。

5. 文献评述　即对有关课题的全部已有知识加以解释，并探究这些知识是如何回答研究问题的。当构思文献评述时，必须围绕“基于现有知识，所提出的研究问题的答案是什么”这一问题，如果这个答案是清晰的，并经过发现式论证的界定，就意味着找到了文献综述的主题，实现了文献综述的目的。

文献评述运用隐含推理来导出相关结论。隐含推理是对论据进行逻辑阐释的过程，以便提炼论点，导出特定结论，通常以“如果……那么……”的形式，即如果A是真的，那么我们可以假设B也是真的。通过该论证形式，把文献研究中发现式论证得到的观点与文献批评的支持式论证相结合，可以得到一系列的结论。“如果这就是我们对某一主题的了解，那么根据研究问题，我们可以得出这些推断。”这些推断出的结论即成为文献综述的主旨观点。

6. 综述撰写　上述操作完成后，便进入到综述撰写环节。撰写者要意识到该过程是“先通过写作弄清楚自己想要说什么，然后再通过写作弄清楚到底该如何说，进而使他人能够理解自己”。综述撰写的注意事项如下。

（1）整理、组织相关文献。一篇好的文献综述要结构合理、层次分明，如引言、主体、结论，段落之间要环环相扣、衔接自如。

（2）紧扣主题，清晰、有效、准确无误地表达观点。

（3）采用批判的态度，广泛阅读相关文献。不能盲目接受他人的观点，对来自权威的观点要敢于质疑、敢于批判。

（4）质疑、评价所阅读的内容，要始终记得：印成铅字发表出来的东西并非都是完美无缺的。

（5）在阅读一篇论文时，要仔细阅读论文的引言和标题部分，看它们是否与论文其他部分的内容保持一致。

（6）一篇好的论文应具有严密的逻辑性，在阅读时应找出每篇论文的逻辑关系，从而把握论文的论点、论据和结论。

（7）一篇论文最容易出现错误和纰漏的地方是方法和结论部分。有些研究者们通常不能有效地解释他们所使用的方法和得出的结论，因此，仔细阅读“方法”和“结论”部分，可以找出该研究的瑕疵所在，以便完善后续的研究。

（8）阅读文献时，要注意结论与前面的数据是否一致。

二、撰写文献综述的常见问题

（1）根据已有的综述直译转抄：“综述论文”不同于“译文”，在写作综述论文时，可以借鉴他人已发表的综述启发思路，但切不可照抄照搬。必须结合自己的研究体会写出有别于他文的特色，有自己的侧重点。要做到这一点，首先必须进行文献更新，补足与自己侧重点有关的和该课题最新发表的文献，然后按照自己的侧重点重新命题，将全文重新整理，综合分析，提出自己的见解。

（2）大量简单罗列堆砌文献：有些研究生的学位论文虽然有文献综述，但文献综述并没有以研究的问题为中心来展开。同时，写作上存在不加分析地简单罗列的毛病。例如，学位论文的文献综述中仅列示出甲说、乙说、丙说、丁说等，而后就不了了之，既没有综合概括多人观点或结论，也没有分析是否存在差异等。此类文献综述作者很难依据简单罗列的文献清晰推导出自己所要研究的问题，看不出论文作者所依据文献演进的内在逻辑。没有推导出研究问题，后继的研究与文献综述没有必然的内在联系，形成论文框架结构的“平行线”分布，从而破坏了论文内在逻辑上的一致性。

（3）参考文献缺乏权威性：参考文献缺乏权威性是论文写作容易存在的问题。而通过作者引述文献的数量和质量，可以准确考量作者治学的阶段和高度。因此，综述附录的文献应选择最主要和最新的文献。不少研究生学位论文罗列的参考文献明显缺乏权威性和经典性。低水平的文献综述必然制约学位论文的写作水平。具体查找方法详见第二章第四节。

（4）文献综述和研究问题错配：此类问题常见于当今比较时髦的“基于A、B、C的D研究”或“A时期的B研究——基于C、D、E的分析视角”这类题目。本来，“基于A、B、C的D研究”，其研究重心是“D”而不是“A、B、C”，但撰写者的文献综述却是“A、B、C”；“A时期的B研究——基于C、D、E的分析视角”，其研究重心是“B”而不是“A”或“C、D、E”，而作者的文献综述却是“A”或“C、D、E”。文献综述和研究问题的错配，明显违反文献综述写作的“服从主题”原则。同时会导致两种结果：一是将论文写作基础建筑在不应该建筑的错误的基础上；二是论文写作重心会发生偏移，形成研究主题与论文结构的混乱。

（5）回避和放弃研究冲突另起炉灶：对有较多学术争议的研究主题或发现与现有研究结论互相矛盾时，有些论文往往会选择回避矛盾，进行一个自认为是创新的研究。其实将这些冲突全部放弃，就意味着放弃大量有价值的资料，并且这个所谓的创新，因为无法跟任何现有的研究相关与比较，所以研究价值将大打折扣。遇到不协调或者互相矛盾的研究发现，尽管要花费更多的时间来处理，但是不要避重就轻，甚至主动放弃。将现有文献的冲突与矛盾加以整合是必要的。

（6）选择性地探讨文献或综述过少：有些研究者因为缺乏文献检索基本功，查找文献的方法专业性不够，因而造成文献查找缺乏系统性，不是文献过多，就是文献过少，或者文献的相符性不好。用这样的方法查到的参考文献，可以想象是不可能写出系统全面的综述文章的。因此，一定要使用正确的文献检索方法，在参考文献充足的前提下开展系统的、全面的文献综述，以严谨的科学设计来寻找、评估以及整合科学研究的证据，确保文献综述完整不偏。这样得到的研究结果才能对后续研究有应用价值和理论意义。具体方法详见第二章第三节。

（7）多个文献综述并存：多个文献综述并存是另一个值得关注的问题。这主要是由选题的发散化造成的。例如，“基于A、B、C的D研究”这样的题目，常常会形成文献综述中A、B、C、D并存的情况。其实，基于A、B、C的D研究，其研究重心是D，文献综述应该以D为核心。

（8）文献综述过多：文献综述的规模冗长烦琐也是论文写作中常见的问题。因为文献太多，研究者本人也容易被淹没在浩如烟海的文献中无所适从、不能自拔。这通常涉及文献的选择问题。文献的选择需要作者根据“服从主题”写作原则，对所积累的大量文献材料去粗取精、去伪存真。

本章小结

本章在全面介绍文献综述的定义、目的和类型的基础上，详细介绍了文献综述的写作流程，并以案例分析的方式，对叙述型综述、评论型综述、系统性综述和Meta分析的主要特征、撰写原则和注意事项等进行了阐述。使学生认识到，在回顾、分析现有文献的过程中，可以了解相关研究问题的研究进展，以现有研究的不足或者现有研究还未涉及的领域作为自己未来的研究方向，同时可以清楚了解自己的研究问题在学术发展中所处的位置和可能作出的贡献。撰写综述时，需注意选择主题、文献检索、展开论证、文献研究、文献批评与综述撰写6个环节，提高综述撰写质量。文献综述在研究生学位论文写作中具有极其重要的地位，它属于理论研究范畴。就其性质而言，是对前人研究成果之“再研究”“研究之研究”。这种“再研究”“研究之研究”水平的高低，决定着作者的研究成果和研究论文写作的水平，应当引起高度重视。

（吴　红　张士靖　陈　晶）

第六章　如何撰写开题报告

学习目标

1. 掌握　开题报告的概念；如何撰写开题报告。
2. 熟悉　开题报告一般结构和主要内容；开题报告的功能。
3. 了解　开题报告的特点。

开题报告是进行研究设计的重要一步，前面章节介绍的研究选题、文献检索和文献综述的最终目的是撰写开题报告。开题报告对于研究者犹如建筑师的设计图，制定和撰写开题报告是将研究设想转化为可行方案的关键步骤。正所谓万事开头难，可以说，开题报告质量的高低，是一个课题质量与水平的重要反映。没有科学的开题报告，就没有科学而有价值的成果。因此，学习开题报告的撰写方法，对于研究者具有十分重要的意义。随着研究过程不断规范，开题报告也越来越受到科研院所和研究管理部门的重视。

本章将以研究生开题报告为例，从开题报告的基本概念、作用、特征、结构、主要内容以及如何撰写等方面，详细介绍撰写开题报告的相关知识，并通过案例分析进行实例演示。

第一节　开题报告的概念、作用和特征

一、开题报告的概念

开题报告（thesis proposal）是“一份用于说服评审人（导师、评审委员会等）拟研究课题重要且可行，用以呈现研究思路及研究方案，指导研究实践和论文撰写的，结构化、正式性的研究提案”。换言之，研究生的开题报告是研究生在实施研究前对拟

进行研究的重要性和可行性的充分论证，是对整个研究内容和过程的构思、策划和安排。通常，开题报告要求研究者回答三个核心问题：

（1）是什么问题（What）：研究的问题是什么。

（2）为什么问题（Why）：为什么它值得研究。

（3）怎么办问题（How）：如何进行研究。

二、开题报告的作用

（一）对研究思路和研究计划的梳理、分析和审查作用

作为研究生后续开展研究工作的基础蓝图，开题报告兼具梳理、分析和审查功能。具体来说，开题报告的项目立项依据部分可以协助研究生系统梳理拟研究问题的相关背景，通过对国内外研究现状和发展态势的分析，掌握现有研究的不足和知识缺口（knowledge gap），提出拟研究的问题，明确所开展的研究在已有知识体系中的创新贡献及其理论和实践意义。

此外，开题报告的研究方案和可行性分析迫使研究生从头到尾预演整个项目过程，审慎思考研究方案是否能够回答研究问题、研究方法是否得当、研究过程是否科学严谨、研究过程是否可行等。撰写开题报告的过程使研究生的审慎思考贯穿于整个课题设计，协助研究生预测研究过程中可能发生的问题和阻碍，并提前准备行之有效的对策，避免在研究实施阶段发生因困难预计不足而使研究无法继续的情况。

（二）对研究实施过程的监测、评估和反馈作用

开题报告可以明确研究目标和研究内容。开题报告还包括辅以时间表和预期成果的研究计划和研究方案，可以起到监测、评估和反馈课题实施过程的重要作用。因此，开题报告对整个研究工作的顺利开展起着明确目标和控制进度的双重作用。一方面，对于缺少科研经验的研究生而言，一个明确的研究目标和内容可以使其始终聚焦于课题的研究方向，不断评估研究过程与预期构想的差距，调整研究方案，避免发生在项目进行一段时间后不知道下一步做什么或偏离研究目标的情况。此外，在明确的研究目标和内容的指引下，研究生更容易得到预期的研究产出。

另一方面，通过研究计划和方案的时间表可以督促研究生对整体研究进度的宏观把握，以保证其研究工作有条不紊地进行，避免出现研究过程和进度大幅落后，最终陷入难以顺利结题毕业的尴尬境地。

（三）对科学研究及科研写作的逻辑性、批判性思维的训练作用

作为研究生培养的重要组成部分，开题报告还有一项往往被忽略的重要作用，即

对研究生科学研究及科研写作逻辑性思维和批判性思维的训练。实际上，开题报告要求研究生将自己的奇思妙想聚焦并转化为一项务实的、可行的、科学的研究方案和计划，并以清晰、简洁的方式向评审人（导师、同行、评审委员会）呈现，说服他人，得到课题批准和支持。

对于大多数人来说，科研写作是一种需要磨练的技能，其不是自然习得的，更不会是轻而易举的。高质量的、有说服力的科研写作（如开题报告）是建立在广泛的、富有逻辑的分析和思考之上的。通俗地说，就是写一个好故事，让审核者有兴趣读。因此，撰写开题报告为研究生科学研究及科研写作逻辑性和批判性思维的训练提供了一个极好的机会。此外，对开题报告撰写的思维训练以及对相关研究实践的审读、分析、聚焦、呈现等锻炼对研究生后续能力提高（如科学论文写作、科学演讲汇报、课题标书撰写、奖学金申请等）以及毕业后职业发展都是极好的训练。

三、开题报告的特征

第一次撰写开题报告的学生存在的最大问题是不知道怎么写开题报告，或者说不知道什么样的开题报告是合格的。在此，需要明确一份合格的开题报告应该具备的特征。

（一）重要性（significant）

重要性是衡量开题报告是否必要、是否具有撰写价值的重要特征。主要关注点是研究问题是否具有理论意义和/或实践意义。

（二）创新性（novel）

创新性是开题报告的灵魂，是开题报告的核心特征。开题报告所体现的创新性往往决定了课题研究的成功与否、质量高低、价值大小。创新性可以体现在以下几个方面。①理论创新：对出现的新情况、新问题作理性分析和解答，认识问题的本质、特点和发展规律，对已有理论进行修正或者突破，或者在未知领域构建新理论。②方法创新：以新的方法重做已有课题，从而验证已有结论和/或得到部分创新的新发现。③理论方法兼具创新性：从理论、问题和方法等多方面进行创新，此类开题报告尽管潜在价值高，但实施难度较大。④新视角、新观点：以新理论、新视角探索已有问题，提出新观点、新看法。

（三）相关性（relevant）

任何开题报告都离不开具体的研究问题。与现实或理论问题的相关性，是开题报告的基本特征。对于医院管理专业来说，开题报告的相关性体现在研究问题与医院管理的理论或实践紧密结合上。离开了具体的医院管理理论和实践问题，开题报告只会陷入空谈，失去现实意义。

（四）科学性（scientific）

科学性是开题报告的必备条件。开题报告必须经得起科学推理，包括现有研究综述要准确翔实，数据要真实可靠，推理要符合逻辑，研究方法要科学合适，研究方案要切实可行。还处在争论阶段或还未有明显结论的阐述不应作为开题报告的关键论据。

（五）可行性（feasible）

课题研究是一项探索性、创造性活动，会受到主客观条件的限制。开题报告也应符合可行性原则，其也是开题报告能否通过的重要依据，是评委最看重的环节之一。可行性要求撰写者本着实事求是的态度，充分阐述能够完成该项目的理由和可能存在的条件限制，并提出具体的解决方案，拟定详细的实施计划。否则，再好的研究问题不具备可以执行的条件，也只能是水中月、镜中花。

（六）规范性（standard）

首先，开题报告的撰写应符合学术研究规范，这是学术界共同遵守的行为准则，其研究内容和方法要真实，经得起推敲和评委的质疑；其次，开题报告要符合相应院校的管理规定，即开题报告在写作之前，要明确诸如项目立项依据、研究目标与内容、研究方案、可行性分析、参考文献和附录等各部分的写作要求，规避常见问题。尤其要注意语言文字运用正确，包括用书面语表达（避免口语化），语言精练、流畅，条理清晰等；最后，开题报告要注意符合形式审查的要求，包括避免出现错别字、错句、标点符号错误、排版错误、字体字号错误以及参考文献标注错误等。

第二节　开题报告的结构、写作方法及流程

一、一般结构和主要内容

尽管不同院校在开题报告结构和内容规范上存在差异，但如本章开头所述，开题报告需要回答的三个核心问题是一致的。基于此，开题报告一般包括项目的立项依据、研究目标和内容、拟采取的研究方案及可行性分析、研究计划及预期研究结果等四大方面。

本节主要以国家自然科学基金项目申请书为模板，并结合开题报告的特点，将具体撰写内容归纳为11项：研究背景、研究意义、国内外研究现状和发展态势、研究目标、研究内容、拟解决的关键（科学）问题、技术路线图、研究方法、可行性分析、研究计划、预期研究结果。开题报告特征、拟回答核心问题与主要撰写内容及各部分间关系如图6-1所示。

为方便理解，我们以医院质量与安全管理中医生抗生素合理使用为例，实际指导研究生开题报告的撰写。

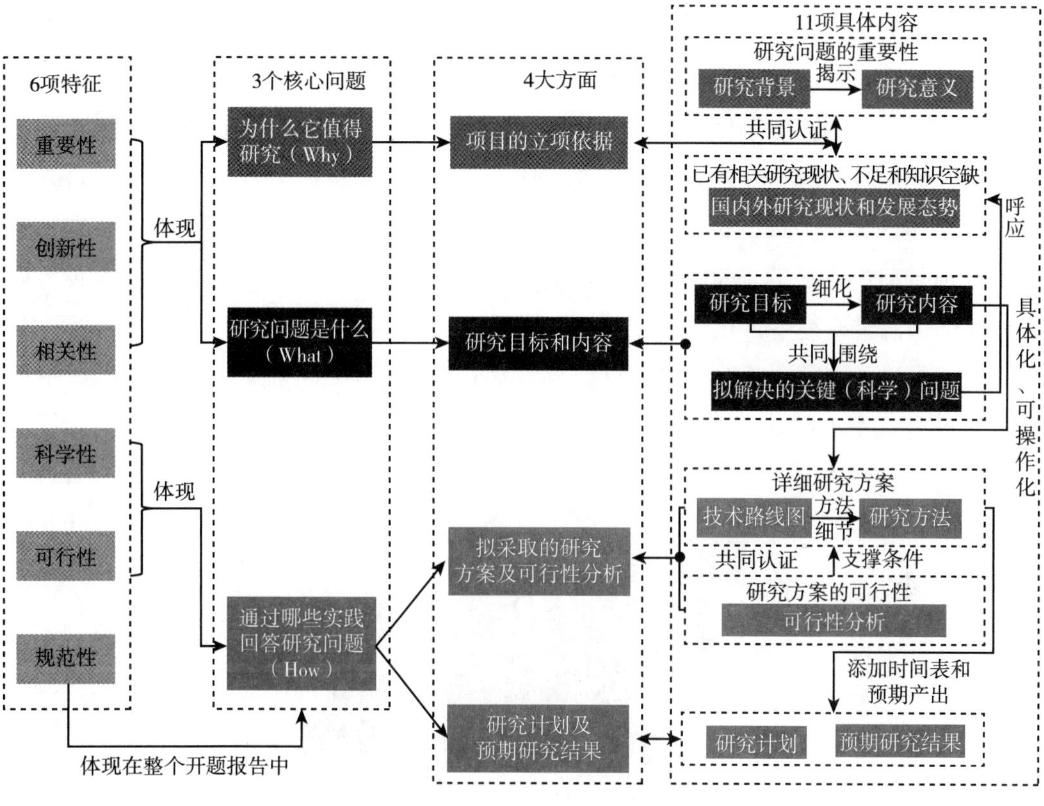

图6-1 开题报告特征、拟回答核心问题、主要撰写内容及各部分间关系

二、写作方法及流程

（一）项目的立项依据

项目的立项依据部分应回答“为什么该问题值得研究（Why）”。在已有的医院管理相关研究中，正确理解医生的不合理抗生素处方行为及其背后原因，是促进医生抗生素合理使用的基础，也是促进医院质量和安全管理的重点内容。

因此，本部分应说服评审人（导师、评审委员会等）拟开展的研究课题会在已有研究的结果上有所突破，研究意义重大。此外，项目的立项依据部分应体现拟研究问题是在充分梳理已有研究的基础上提出的、具备一定创新性的、已有研究还未回答或存在争议的问题。

为服务于这一目标，项目的立项依据通常会通过梳理研究问题相关领域背景，了解研究领域关注的重点问题及其现状，以凸显本研究的研究意义。随后，通过系统梳理国内外研究现状和发展态势，诊断已有研究的不足和知识缺口并提出拟研究问题。此部分涉及研究背景、研究意义、国内外研究现状及发展态势3个部分。

1. 研究背景

（1）撰写目的：作为开题报告的第一部分，研究背景应呈现与研究问题相关的背景，协助他人理解研究问题。在撰写研究背景时，不仅需要包括与研究问题相关的宏观背景，如经济、社会、政策背景；还需要包括与研究问题相关的研究现状及其困境。前者用于协助评审人理解研究领域在整个社会宏观背景下的定位，后者用于理解研究问题在所处研究领域的定位。此外，研究背景同样是后续研究意义的基石，需要为研究意义的引出进行铺垫，并与之呼应。

（2）撰写方式及内容：在如何撰写研究背景方面，不同领域、不同问题、不同研究者的方式不一而足，百花齐放。在此，本书推荐刚刚接触科研工作的研究生使用“漏斗式”的研究背景撰写方式。其基本逻辑如图6-2所示。

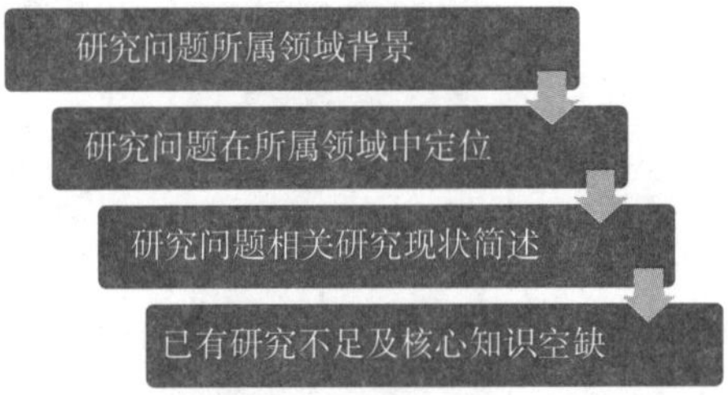

图6-2 “漏斗式”的研究背景撰写逻辑

首先，研究生可以思考研究问题所属领域，并撰写相关背景。以医生合理抗生素使用为例，其分属于抗微生物耐药治理和医疗安全管理领域，研究生可以从以下几个角度撰写研究背景。①宏观政策角度：参考全球性、国家级或地区性引领性政策、文件、计划、规划。例如，世界卫生组织《抗微生物药物耐药性全球行动计划》、我国《遏制细菌耐药国家行动计划（2016—2020年）》等，凸显抗微生物耐药问题在全球及国家战略中的重要地位。②人群健康角度：以研究所属领域对社会发展、人群健康的重要性入手撰写。例如，已有文献显示，据估计在2050年全球抗微生物耐药会成为全球第一大死因，每年造成约1000万人死亡，累积经济损失约100万亿美元。③医疗机构角度：以研究所属领域对医疗机构质量、安全、运营、发展等方面的重要性入手撰写。例如，微生物耐药性感染是出现患者医疗质量和安全不良事件的重要类型，会造成医疗资源浪费、医疗费用上涨等。④个体健康领域：以研究所属领域对患者、医务工作者、医院管理人员的重要性入手撰写。如微生物耐药会造成患者平均住院日延长、病死率升高等。

其次，研究生应从研究所属领域的背景介绍聚焦至本研究的具体研究问题，简述本研究的研究问题在所属研究领域的定位（基础、核心等），以及具体研究问题对研究所属领域的重要意义。以医生合理使用抗生素为例，在此部分，研究生应简述抗生素耐药的发生机制，并引出不合理抗生素使用是造成其发生的主要原因之一，开门见山点明医生的合理抗生素使用对抗生素耐药治理具有重大意义。

再次，研究生需根据前期的文献综述对研究问题的现状进行概括性的描述。在此部分，研究现状的陈述不应是细枝末节的，而是应呈现和具体研究问题高度相关的、代表性的、前沿性的、综合性的研究现状。旨在让评审人在最短时间内了解该研究问题相关领域的综合、前沿、权威性的研究概况。以医生合理抗生素使用为例，此部分研究生应高度概括已有研究显示医生不合理抗生素使用成因复杂，医生间存在明显异质性，行为异质性和机制复杂性是对本领域研究前沿的高度概括性总结。

最后，综合上述研究领域和具体研究问题的背景和重要意义，结合已有研究的现状述评，提出已有研究的不足和核心知识空缺及本研究拟解决的问题。在本例中即鉴别医生不同抗生素使用模式及背后机制。以医生抗生素使用研究为例，“漏斗式”研究背景展开如图6-3所示。

尽管“漏斗式”方法给出了研究背景的基础撰写逻辑，但对研究生来说更重要的是梳理研究背景各部分的内在逻辑。这可能包括梳理研究问题不同层次的宏观背景和意义（全球水平、国家水平、地区水平、机构水平、个人水平）；梳理研究领域和具体研究问题的关系，并采用合适的方式将两者衔接起来；梳理研究现状中复杂的，有时可能是冲突的研究结果等。

在此方面，研究者可以尝试使用以下2种技巧协助自己梳理研究背景中各部分的逻辑，以审查是否存在逻辑断层。①每段落仅表达一个核心观点，以首、尾句等醒目位置出现。各段落的核心观点应是层层递进，相互连接的。②使用思维导图等方式将各段落的核心观点进行可视化处理，思考是否存在逻辑断层，如图6-3。

总之，研究背景撰写的目的，一是引导评审人了解整个研究内容的现状，从宏观背景深入到具体问题；二是要说服评审人理解该研究问题的意义和价值。一个高质量的研究背景就像是一个引人入胜的故事，一定是富有逻辑且层层递进的。需要研究者反复阅读、思考和尝试。

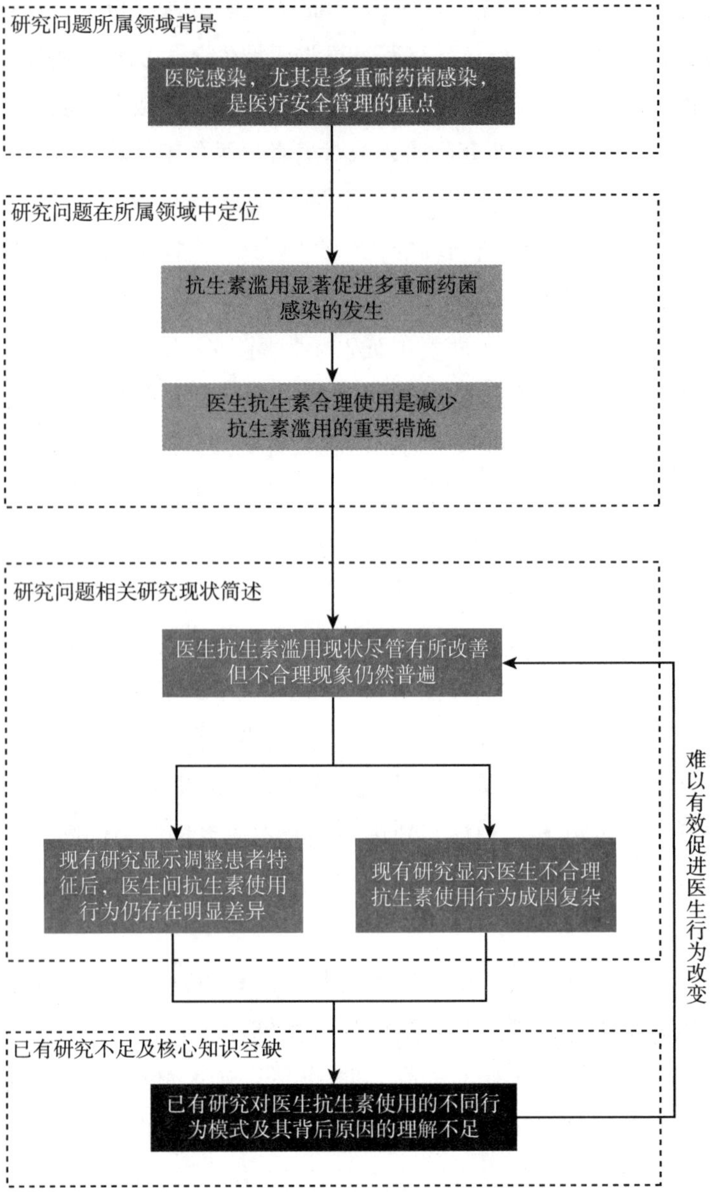

图6-3 “漏斗式”研究背景的展开逻辑（示例）

（3）撰写要点

对于初次撰写开题报告的研究生来说，研究背景是写作的难点，需要注意以下问题。

1）注意不要题文不符，小题大做或大题小做：研究背景的撰写很容易犯的错误是与实际选题相符性不好，即“小题大做”和“大题小做”。例如，选题是北京市医生抗生素合理用药，而背景材料都是北京市某三级医院的机构数据。出现这种情况的原因主要是没有把选题的意思理解透。造成的后果往往是找到的参考文献和实际选题吻合度不好，使得研究生在进行综合归纳的时候不能把研究现状呈现的很清晰，对存在的问题也不能把握准确，进而会影响整个待研究问题的后续进展。为此，研究生必须对选题有充分深入的了解（因为很多选题是导师指定的）。关于如何进行科研选题，请参考本书第一章内容。

2）避免文不对题、堆砌材料：与题文不符相比，文不对题犯的错误更大。例如，在撰写医生抗菌药物合理使用行为时，误将研究医生抗真菌药的资料作为背景。这种情况尽管不是太常见，但一旦出现就是致命的，说明研究者根本没有理解选题的意思。这样写出来的研究背景是不合格的，对后续的研究不会有任何帮助，还可能会起反作用。另外，一个常见错误是堆砌材料，即将查到的一堆参考文献像报流水账一样罗列出来，既没有进行认真的筛选，更没有进行有效的分析归纳，其后果同样是对后续研究起不到应有的作用，更会让评审人看不懂你打算做什么、为什么要做这个研究。

3）不要顾左右而言他，要开门见山：不能开门见山，几乎是每一个初学的研究生都容易犯的错误。尤其是医院管理方面的选题，这种情况可能更为严重。就好比我们要去一个地方，明明有一条很近的路，你非得绕很远的道走。尽管很多研究者喜欢把科学问题放在立项依据的最后，曰“摆事实，讲道理”，总结出科学问题。但实际情况是，过多无关内容的“旁征博引”会让其很难聚焦到自己的科学问题上。评审人更会对开题报告的整体质量产生怀疑，因为，我们都知道一个道理，好的开场白预示着一个好故事。

2. 研究意义

（1）撰写目的：研究意义应根据已有研究的不足对拟研究内容的价值进行概括性总结，与研究背景相呼应。

（2）撰写方式及内容：研究意义可以从课题的理论意义和实践意义两个角度展开。

理论意义是指研究可能产生某种学说或思想，对现有理论产生正面的（验证、深化等）或负面的（推翻、颠覆、革新等）影响。例如，在医院质量管理研究中，发现了新的管理理论，或拓展、改良了已有管理理论等，都算作理论意义。

实践意义是指研究可以协助解决实践问题，指导人们分析、判断、预测实践问题并予以应对。医院管理研究可以从患者、医务工作者、医院管理人员、卫生政策制定者等方面思考研究的实践意义。例如，医院不良事件预测系统可以用于患者不良事件监测，可以帮助医务工作者预测不良事件发生，可以为医院管理者的政策制定提供支持。需要注意的是，研究者应直截了当清晰准确地指出研究的理论和实践意义，不应漫无边际地空喊口号。研究者应在明确当前研究现状不足的基础上，提出研究内容的实际作用，提炼成为理论和实践意义。

仍以“医生抗生素合理使用”为例，研究意义可以参考以下方式进行撰写。

【理论意义】本研究尝试鉴别医生潜在抗生素处方行为的不同行为模式，并探究不同行为模式的产生原因，拓展了对于医生抗生素不合理使用行为的理解，为医疗机构抗生素合理使用管理实践和政策提供更具针对性的理论支持。

【实践意义】本研究对于现有医生抗生素使用行为模式的鉴别和不同行为模式产生机制的构建可以有效帮助各级医院管理人员识别潜在问题医生，并掌握重点干预环节，促进医生行为改变。

3. 国内外研究现状及发展态势

（1）撰写目的：国内外研究现状及发展态势是项目立项依据部分的核心，也是评审人评价开题报告是否是在前人研究基础上提出的具有创新价值问题的重要依据，是研究背景中研究问题相关研究现状简述的详细展开。

（2）撰写方式及内容：国内外研究现状及发展态势部分的写作与综述的写作类似，详见第五章第二节相关内容，此处不再赘述。

（3）撰写要点

1）注意与研究背景中研究问题相关研究现状简述的区别：研究背景中研究问题相关研究现状简述和国内外研究现状及发展态势部分都是对与研究课题相关的研究实践总结。但是，两个部分侧重不同，撰写内容具有不同特征。

第一，研究问题相关研究现状简述服务于研究背景，侧重于已有研究现状及不足的概括性总结，旨在揭示本研究克服已有研究的不足，具备创新性。撰写时更强调研究现状的概括性和前沿性。

第二，国内外研究现状及发展态势需要体现研究者扎实的文献综述功底，更强调研究者通过抽丝剥茧地梳理已有研究证据，系统、详尽地描述研究相关领域现状，为下一步已有研究不足的提出做准备。写作更强调系统性、权威性和细节性。

2）增加对立项依据部分的总结并引出研究问题：引出科学问题是现状研究的最终目的。因此，撰写时除了总结归纳研究背景、研究意义、国内外研究现状和发展态势外，很重要的任务是述评已有研究在研究对象、方法、场景、内容等方面的不足，引出已有研究的知识空缺。进而提出本研究拟解决的关键（科学）问题，顺理成章地进入开题报告的第二部分——研究目标和内容。

（二）研究目标和内容

研究目标和内容，对应回答“研究问题是什么（What）”这一问题。此部分撰写的核心目标是准确、清晰、具体地阐述研究目标、内容和关键（科学）问题，起到承上启下的作用。一方面，研究的目标和内容是综合研究意义、研究现状和已有研究不足提出的。另一方面，研究的目标和内容也是拟采取的研究方案和可行性分析的基础，用以指导具体研究方案的构建。因此，研究者需要根据立项依据的内容，清晰阐述本研究想要实现的研究目标，通过具体研究内容将研究目标细化，对研究所解决的关键（科学）问题进行阐述。

1. 研究目标

（1）撰写目的：研究目标是对本研究想要实现的目的和预期结果的清晰简洁的阐述，是围绕研究问题提出的一系列连续的、具有逻辑性的可预见的研究结果。对于医院管理相关的研究，研究目标可能包括了解管理现状、鉴别背后原因、提出管理路径、创新管理方法、评价管理效果等。

研究目标的撰写需要符合以下4个特点。

1）具体：研究目标应是具体的，可据此判断研究目标和研究问题的关联性和合理性。一个具体的研究目标至少应该包括3个要素：动作、对象和预期结果。即要做什么（动作）、对谁做（对象）、做成什么（结果）。

2）明确：研究目标中，动作和对象应该是明确的、有边界的，而预期结果应该是具有明确方向的，有初步预期结果构想的。

3）整体：研究目标之间应该具有明确的逻辑关系，并共同作为一个整体，服务于要解决的研究问题。其逻辑性体现出研究者对于研究问题思考的完整性和研究思路构建的严谨性。

4）简洁：研究目标应使用简短、清晰的语言，做到每个目标一句话。如果一个研究目标包含过多内容，可以考虑将其拆分成多个目标。

（2）撰写方式和内容：研究目标是围绕研究问题构建的。在撰写时，研究者应首先思考，为回答该问题，“研究需要实现哪些具体目标？各个具体目标间有何关系？”在列出以上目标后，研究者还可以使用简洁的语言对其改写，将其整理成若干个层层递进的研究目标。

一般而言，研究生开题报告的研究问题可以分为2大类。①为什么问题：研究旨在探索某一问题现状及其背后的原因是什么，例如，探索医院管理相关问题的现状及背后原因的定性或定量分析研究。②怎么办问题：研究旨在评价管理实践的有效性和可行性，提出现有管理的改进策略，例如，构建医院管理改进措施，评价其有效性和可行性的随机对照试验研究。

针对不同类型的研究问题，研究生可以参考以下思路构建自己的研究目标。①为什么问题：a.构建理论框架指导研究问题的解释；b.采用可信的、有效的研究方法对研究问题及其背后原因进行数据搜集并探索/验证现象背后的原因；c.针对问题背后原因，提出潜在有效、可行的改进措施。②怎么办问题：a.构建理论框架指导试验性研究的进行和解释；b.设计科学严谨的试验方法评价干预措施的有效性及可行性；c.针对研究的评价结果对理论假设提出修改建议（验证/修改/反驳），对已有干预措施提出实施建议（拒绝/改进/推广等）。

现实中，研究问题可能是多种类型研究问题的组合，涉及为什么问题、怎么办问题，还可能涉及是什么问题（例如，描述医院管理相关问题现状，旨在回答现有医院管理相关问题在医院、地区、国家、全球的流行程度、危害程度等）。对于复杂的组合性问题，研究者需根据研究问题的理解，构建解决问题的思路，将其转化为具体的研究目标。本书研究目标的撰写思路较为基础，供刚进入研究领域的研究生参考。

以医生抗生素合理使用为例，研究目标的撰写示例如下所示。

【研究目标】

1. 系统识别医生抗生素不合理处方的关键行为及行为发生的潜在决定因素。
2. 鉴别医生潜在抗生素不合理处方行为模式并构建不同行为模式的产生机制。
3. 提出针对不同医生处方行为模式的靶向干预措施。

（3）撰写要点

1）不要将研究意义和研究目标相混淆：部分研究者会将研究意义错当研究目标。如前所述，研究意义是对研究价值的概括性总结，其更多地从研究目标若实现所具有的理论价值和实践价值角度撰写。相比之下，研究目标是对为回答研究问题需实现的具体目标的阐述，不涉及研究价值评判。

2）不要将研究目标写成研究结论或研究成果：开题报告是还未完成的研究课题，研究目标中不应出现研究结论或研究成果。倘若研究还未立项就已有研究结论，研究意义和价值就无从谈起。此外，研究目标也不是预期研究成果。预期研究成果应是诸如论文、专著、报告等具体研究成果表现形式，而不是具体目标。

2. 研究内容

（1）撰写目的：研究内容是对研究目标的细化。在此部分，研究者需概述主要研究内容、采取的研究方法、研究过程中的关键问题等。研究内容可以看作是为实现研究目标所进行的多个子课题。一个研究目标可能对应一个或多个研究内容。研究目标越多，研究的内容越需丰富、详细。此外，研究内容间的逻辑关系应与研究目标相对应。

（2）撰写方式和内容：通常，研究内容的撰写至少涉及3个部分，包括具体的研究方法、明确的研究对象、预期阶段性研究成果。通常表述为采用……（研究方法），分析……（研究对象），得到……（研究结果）。其中，对研究对象的定义、研究方法可能涉及的重点环节和可能的预期研究结果需要进一步阐释。例如，研究对象是指……（研究对象的明确定义）；研究方法利用……（抽样方法）抽样，搜集……（资料搜集工具及变量），使用……（研究分析方法）；研究结果拟包括……（根据研究的预期阶段性结果阐述）。

根据不同的研究设计和方案，研究内容还可能涉及：基于……理论（参考理论基础），参考……指南（参考标准化研究方法），采用……估计（统计分析方法）等内容。研究者需要根据具体的研究目标和内容进行增加和删减，以阐述是如何通过研究内容实现研究目标的。

以医生抗生素合理使用为例，部分研究内容的撰写示例如下所示。

【研究内容】

1. 识别医生抗生素使用行为的潜在决定因素

（1）系统收集医生抗生素使用行为及行为原因的相关资料

采用文献综述和深度访谈法分别从已有研究实践和医生抗生素处方实践经历中，搜集医生抗生素不合理使用行为及其发生潜在原因（及影响因素）的相关资料，汇总得到医生抗生素不合理使用行为及其原因资料库。医生抗生素不合理使用行为参考《抗菌药物临床应用指南》进行界定，对不符合指南要求的处方行为认定为抗生素不合理使用。本研究中，医生的抗生素处方行为主要对象为门急诊患者，不包括对疾病严重或者复杂的住院患者的抗生素处方行为。此外，医生应具备独立处方资格。

（2）识别医生抗生素不合理处方行为发生的潜在决定因素

采用数据主导的主题分析对医生抗生素不合理使用行为及其原因资料库进行分析，识别医生抗生素不合理处方行为发生的潜在决定因素。其中，行为发生的潜在决定因素是指能够影响医生开具不合理抗生素处方的因素，可能包括医生知识、技能、行为意愿、患者期望等。

2. 鉴别医生潜在抗生素使用行为模式

……

（3）撰写要点

在撰写研究目标和研究内容过程中，研究者应注意两部分的异同点，避免相互混淆。①不同点：首先，研究目标和研究内容的重点不同。一方面，研究目标侧重于研究者为回答研究问题希望实现的研究结果，研究内容侧重与为实现研究结果所采用的具体方法、研究对象和实现路径。另一方面，研究目标强调简洁、明确，研究内容强调翔实、具体。尽管研究目标也应具体，但相对于研究内容，其研究细节相对较少。②相同点：首先，研究目标和研究内容的撰写目的一致，都是在项目立项依据的基础上，提出研究方向。其次，两者相互呼应，一项研究目标往往由一项或多项研究内容实现，研究目标与研究内容存在对应关系。

3. 拟解决的关键（科学）问题

（1）撰写目的：拟解决的关键问题是指导研究目标和研究内容构建的最根本问题，

可以称之为目标中的“目标”。它同时应与研究立项依据相呼应，指向已有研究不足和知识空缺。在此部分，研究者需要准确清晰地总结研究拟解决的关键问题，阐述研究目标是如何围绕关键问题展开的，研究内容是如何解决关键问题的。

（2）撰写方式和内容：研究生可以参考以下方式撰写本部分。①开门见山指出研究的关键问题。②阐述研究解决该关键问题的思路（参考研究目标和内容）。③论证为何以上思路可以解决关键问题。

具体来说，研究的关键问题应根据项目立项依据中已有研究的不足提出，指向现有研究的知识空缺。在阐述研究解决关键问题的思路时，研究者应从研究目标和内容入手，详述目标和内容是如何围绕关键问题构思的，如何作为一个整体回答关键问题的，以及研究目标和内容间的逻辑关系如何。最后，研究者可以从研究对象、方法、视角、理论等方面考虑研究克服了已有研究的哪些不足，可以保证研究能够解决提出的关键问题。

（三）拟采取的研究方案及可行性分析

在明确了研究目标和内容后，拟采取的研究方案及可行性分析部分对应回答“拟通过哪些理论、方法和实践回答研究问题（How）”这一问题。在此部分，撰写的核心目标是呈现一个详尽、具体、可复制的研究方案。

在本部分写作中，研究者首先需要提供研究方案的整体框架，即技术路线图，高度概括研究目标、内容和方法间的逻辑关系。其次，研究者需要对研究计划和方案中所涉及的具体方法进行详述，包括理论框架构建方法、实证数据搜集方法、实证数据分析方法等。最后，研究者需要对研究计划和方案的可行性进行评价，客观评判自身是否具备实施该研究计划和方案的条件，以及若条件不满足时如何克服等。

1. 技术路线图

（1）撰写目标：技术路线图是采用简洁的图形、箭头等可视化形式，对研究设计的整体性、概括性呈现。通过简练的文字和图形，技术路线图将研究目标、内容、方法采用逻辑箭头的形式相连，呈现研究的整体思路。

技术路线图强调“逻辑严谨”和“一目了然”。逻辑严谨要求技术路线图应协助评审人清晰地梳理研究目标、内容、方法间的关系，并知晓研究是如何一步步推进最终回答研究问题的。一目了然要求技术路线图以简单、清晰、易于理解的方式呈现，使评审人能快速了解研究设计的整体逻辑。

（2）撰写方式和内容：研究问题的千奇百怪造就了研究设计的千差万别，与之对应的技术路线图也是根据研究目标、内容、方法和各部分的逻辑关系量身定制的。对于刚接触科研设计的研究生，本书提供一种基础的技术路线图撰写方式，具体包括以下方面。

1）根据研究目标的数量将研究分成与目标数量匹配的数个研究阶段。

2）梳理每个阶段下的研究内容，以尽可能小的单元分解研究内容，将每个小步骤作为一个环节构建尽可能详细的研究内容。在此基础上构建研究内容间的相互逻辑，并将其递进、并列等关系以单向或双向箭头表示。

3）梳理每个研究内容所涉及的研究方法，将其与各个研究内容相连接。

最终的技术路线图呈现如图6-4。

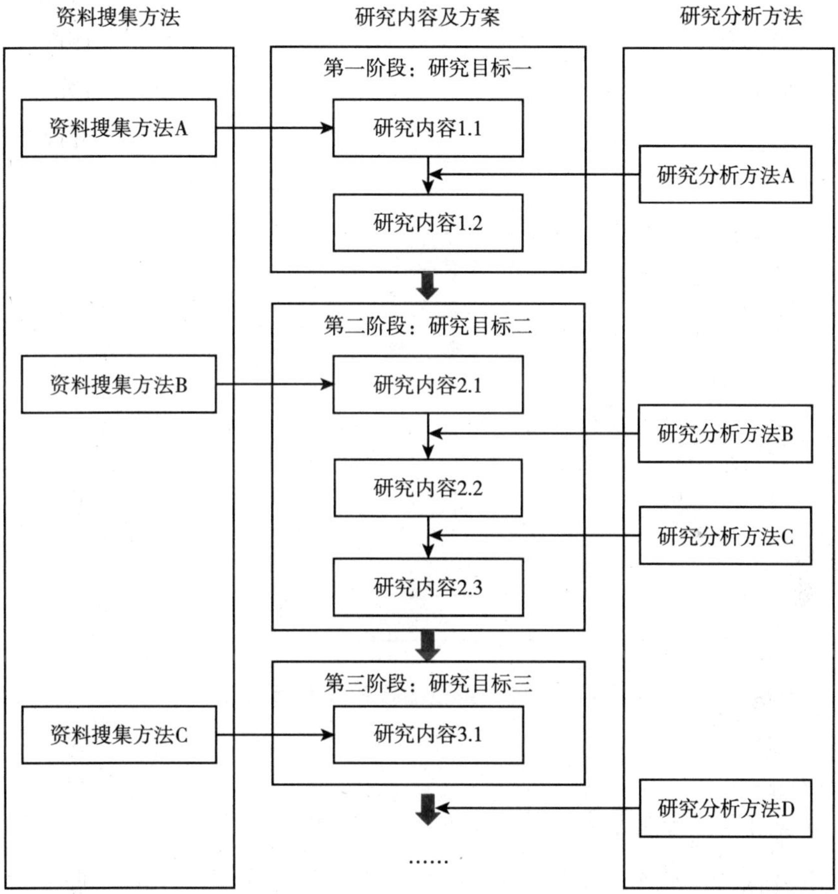

图6-4　技术路线图参考呈现示例一

需要注意的是，技术路线不拘泥于形式，以“逻辑严谨”和“一目了然”为核心标准。尽管本书提供了基础的技术路线图呈现方式，研究者在具体研究问题时应根据目标、内容、方法、设计思路的不同，选择合适的技术路线图。现有的技术路线图不一而足，百花齐放。只要技术路线图可以简洁、清晰、准确地呈现整体研究设计方案，展现出研究中复杂要素的逻辑关系，就是适配于研究课题的高质量技术路线图。以系统识别医生抗生素不合理处方的关键行为及行为发生的潜在决定因素为例，图6-5即是将该研究内容转化为技术路线图的呈现形式。

（3）撰写要点：技术路线图应与研究内容和研究方案相契合。技术路线图应和研究内容和研究方案做到“前后一致，一一对应”。研究者应避免出现研究内容和方案在技术路线图没有包含，或者技术路线图出现，研究内容和方案中不存在的情况。此外，研究内容和方法的对应逻辑关系应与技术路线图相吻合。研究内容用了什么方法就标记什么，没有使用的研究方法不应出现。同时，研究者应避免出现方法和内容张冠李戴的情况。

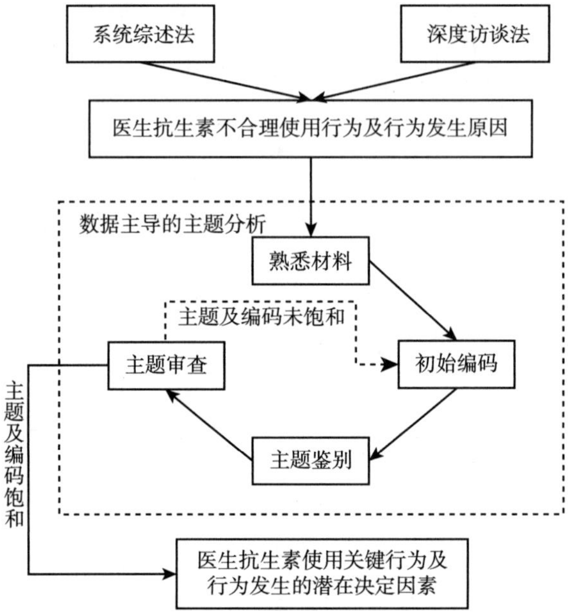

图6-5　技术路线图参考呈现示例二

2. 研究方法

（1）撰写目标：研究方法是对研究中涉及的方法的详细介绍，其撰写核心目标是尽可能使其他研究者能够再现研究过程。因此，研究方法的撰写应尽可能详细，根据不同研究方法特点，提炼总结具体的应用过程，包括研究方法想要完成的目标、研究方法的具体实施过程、研究方法实施中的关键环节等。

（2）撰写方式和内容：一般而言，定性方法往往用来理解人的想法、概念或经历，采用访谈、焦点小组、案例研究、话语分析和文献综述等收集对象的想法和经历。而定量方法往往通过搜集与研究主题相关的数据，运用图表和统计分析，证实某一理论或猜想。研究方法包括数据搜集和分析两大部分，具体可能涵盖问卷调查、数据挖掘、多元统计分析、结构方程模型等。考虑到研究方法的多样性，本书归纳总结了医院管理专业研究生在研究设计阶段基础的研究方法及各个研究方法的撰写要点，以供参考（表6-1）。

表6-1　常见研究方法撰写要点

研究方法	研究方法撰写重点
文献综述	1. 检索关键词 2. 检索策略构建 3. 文献筛选标准 4. 文献质量评价
深度访谈法/ 焦点小组讨论	1. 访谈/讨论提纲 2. 访谈/讨论对象及纳入排除标准 3. 访谈/讨论对象招募策略 4. 访谈/讨论过程质量控制及转录
主题分析法	1. 主题分析基本步骤及主要内容 2. 主题分析拟编码框架 3. 主题分析实施过程和质量控制 4. 主题分析结束标准
实证调查法	1. 测量工具构建及信效度检验 2. 调查对象纳入排除标准 3. 调查样本量测算及参考标准 4. 调查抽样方案 5. 调查过程质量保证方案
统计分析方法 （多元回归分析、时间序列分析、倍差法、面板数据分析等）	1. 模型设定 2. 模型因变量和自变量设定 3. 数据清洗和界定 4. 模型使用前置条件检验 5. 模型估计方法 6. 模型稳健性检验（亚组分析、敏感性分析等）

对于表格中未涉及的研究方法，研究者可以通过自学掌握。在撰写中，研究者需要对研究方法的基本概述（研究方法的应用条件和预期结果），实施过程和关键点，可能面临的问题及解决方案等内容进行描述。研究生可以在真正掌握研究方法的基础上，结合自身研究设计需要，提取研究方法的关键点和重难点进行详述。

例如，文献法本身包括确定检索数据库、构建检索策略、文献筛选等多个步骤（详见第二章），以医生抗生素合理使用为例，提供文献法的撰写示例如下。

【文献法】

检索关键词：中文包括抗生素、抗菌药物、上呼吸道感染、医生、不合理用药、不合理处方、预防性使用及其同义词；英文拟包括antibiotic、antibacterial、upper respiratory tract infection、physician/doctor、irrational use、irrational prescriptions、prophylactic use等及其同义词。

检索策略：采用数据库检索和人工检索相结合的方式。检索中文数据库包括中国知网、万方数据、维普网和中国生物医学文献系统；英文数据库包括PubMed、EMBASE、Scopus、The Cochrane Library、Web of Science、PsycINFO、ProQuest、Google Scholar等。人工检索对本领域的主要研究者、主要相关期刊（如*Journal of Antimicrobial Chemotherapy*等）和所纳入重点文献的参考文献进行检索。

文献筛选：文献筛选过程由两名审查员独立完成，包括摘要筛选、全文筛选2个阶段，每个阶段如果两位审查员存在不同意见，则由第三位审查员判断。文献筛选的纳入标准：①文献内容涉及医生不合理使用抗生素相关行为，包括无指征抗生素使用、无指征广谱抗生素使用、预防性抗生素使用等。②研究内容旨在理解医生不合理抗生素处方行为或行为背后的原因（影响因素）。③研究对象应为医生。④研究限于原创研究（排除综述、评论等），定性和定量研究皆可。排除标准：①研究仅关注患者。②研究内容是医生的其他用药行为，并非抗生素处方行为。

文献质量评价：定性研究采用Joanna Briggs Institute Checklist for Qualitative Research（JBI-CQR）评价工具，定量研究采用EPHPP- Quality Assessment tool for Quantitative Studies（EPHPP-QATQS）评价工具。文献的评价结果作为文献再次排除的筛选标准，仅纳入质量评价为中等及以上的研究（JBI-CQR或EPHPP-QATQS的评价结果中最多有一个维度质量评价为低）。

（3）撰写要点

1）研究方法和研究内容相吻合，并指出使用该方法的理由：研究方法一定是为研究内容服务的，而研究内容必须有相应的研究方法支撑才能完成。对于研究方法的选取和撰写，研究生应首先思考研究方法是否能够符合研究内容的要求。其次，在保证能够完成研究内容的基础上，考虑是否有更合适的研究方法（更有效、更可行）。对于某些不常见的研究方法，选取时需说明选择的理由。此外，许多研究方法可能需要一些工具和软件支持，研究者也需提前了解并评判自身是否能够驾驭该方法。

2）研究方法应根据自身的研究设计进行调整，不应泛泛而谈：好的研究方法需要研究者在真正掌握该方法的基础上，将其应用到研究设计中。研究者应预演研究方法在实施过程中的步骤，并对基本步骤、重点环节、实施重难点等内容进行预测，估计可能面临的困难，并提前思考解决方案。研究方法的撰写切忌泛泛而谈。研究生在撰写研究方法时往往根据教材对研究方法的概述进行描述，对于研究方法具体做什么、为什么能做、如何做、关键环节是什么、可能的问题是什么、如何解决等避而不谈。

这样的研究方法并不能起到指导研究方案实施和协助其他研究者再现研究过程的作用。研究方法的撰写切忌生搬硬套，需根据自身研究内容，思考研究方法在研究实施中的要点、难点，根据实际研究需要对采用的方法进行详述。

3. 可行性分析

（1）撰写目标：可行性分析是对于研究设计方案可实施性的论证，是对研究者是否具备相应条件、是否有能力完成研究方案的客观评价。也是评审人评判研究者是否能够胜任既定研究任务的重要环节。

在开题报告中，应当充分估计和分析以下条件：

第一、主观条件。主要是指参与科研课题人员的知识结构、研究能力、对研究课题的兴趣、理解程度、责任心等。如果研究课题是个人或团队完成，需要对自身能力和团队水平有正确的估计。

第二、客观条件。主要是指课题资料的可及性、课题经费、研究时间、合作条件、导师、本单位平台等。对医院管理应用性开题报告，还应考虑到医院管理实际措施的开发、推广条件，医院医务人员和管理人员的接受条件等。

第三、积极创造条件。除已具备的主客观条件外，对那些暂不具备，但可以通过努力创造的条件，应积极克服。如医院管理相关领域知识储备不足时可以补充。情况不明时，可以先进行预调查，明确研究的条件限制。开题报告应根据已具备的或通过努力可以获得的条件，扬长避短，充分利用有利条件，克服不利条件，选择符合自己情况的研究设计和方案。

（2）撰写方式和内容：对于不同的研究设计方案，其实施难点和重点各不相同，研究者可以根据自身及研究设计的特点，重点评判人、财、物、信息4个方面的条件（具体的示例如下）。

人：研究者可以从自身的知识结构、研究背景、已完成研究实践（研究课题项目）、已有研究成果等方面论证研究者具备研究设计和方案所要求的能力。

财：研究者可以从研究的课题依托、经费来源、研究方案所需经费预算等方面，论证研究项目具备财务基础。

物：对于拟开展研究涉及研究设备和研究条件的情况，研究者可以尝试从所在研究机构的研究设备、技术、平台等方面，论证研究方案开展的物质基础。

信息：对于研究涉及难以获取的数据时，研究者可以从已有合作基础、已有数据获取协商协议等方面，论证研究方案的开展具备数据或信息基础。

研究者若面对研究设计方案条件不具备的情况，需要增加如何克服相应条件，以保证研究方案可行性的论证。

以医生抗生素合理使用为例，可行性分析的撰写示例如下所示。

【可行性分析（申请人角度）】

申请人前期研究一直关注于“医生的抗生素使用行为”方向，以第一作者身份已经发表抗生素合理使用相关期刊文章…篇。作为主要参与人参与设计、实施、评价了针对医疗服务提供者的抗生素合理使用行为干预的区组随机对照试验研究，积累了一定的科学研究实施和设计经验，并取得了一定的研究成果，该项研究的研究结果也是本课题的主要思路来源。

研究方法部分，申请者在前期已经对该方法相关文献进行了深入学习，确保研究方法的规范可行。此外，申请者在自学后已初步掌握研究分析方法软件（R、STATA等），确保上述分析在技术上及实践上可行。此外，课题申请人在……大学进行学术访问期间与国外的专家建立了深厚的学术合作关系，目前已经合作发表英文学术文章…篇。已与相关导师达成课题共同设计、分析、发表相关成果的合作意愿。

……（财）……（物）……（信息）

（3）撰写要点：实事求是是可行性分析最应该注意的地方。研究生在可行性分析时往往会出现过于自信或过于不自信的情况，从而过分高估或低估研究实施中所面临的条件限制。在此部分，研究者应避免主观的分析判断，实事求是地分析研究所面临的条件限制以及克服的可能性，必要时采用预调查的方式协助判断，进而保证可行性分析的科学严谨。

（四）研究计划及预期研究结果

在开题报告的最后，研究计划及预期研究结果部分是对研究方案时间和进度安排以及预期成果和形式的总结。在此部分，研究者旨在提供已有研究方案的时间表，并体现预期研究成果的内容和形式。

1. 研究计划

（1）撰写目标：研究计划是辅以时间表的研究方案，用于初步估计研究各阶段持续时间，监测研究方案的实施。撰写目标旨在清晰呈现研究方案的预期进展过程。

（2）撰写方式和内容：研究计划应该与研究内容和技术路线图相呼应。研究者首先需要根据研究内容和技术路线图梳理研究主要内容，预估各项内容的持续时间，绘制研究计划图。此外，研究计划还应考虑研究开始前的准备阶段（立项后的理论梳理和假设修正阶段）和研究完成后的报告/论文撰写阶段。

本书给出一种研究计划的呈现方式供研究生参考（表6-2）。与技术路线图类似，研究计划旨在清晰呈现研究方案的预期进展过程，不拘泥于形式，研究者可以根据自身的研究设计选择合适的研究计划呈现方式。

表6-2 研究计划参考呈现示例

研究内容	第一年				第二年				第三年			
	Q1	Q2	Q3	Q4	Q1	Q2	Q3	Q4	Q1	Q2	Q3	Q4
准备阶段：												
研究方案实施准备工作												
第一阶段：												
研究内容1.1												
研究内容1.2												
第二阶段：												
研究内容2.1												
研究内容2.2												
研究内容2.3												
第三阶段：												
研究内容3.1												
结题阶段：												
结题报告撰写												

2. 预期研究结果

（1）撰写目标：预期研究结果是对于研究课题预期成果的估计，其撰写目标是快速了解研究课题的预期产出，协助研究结项时对课题结果进行验收。

（2）撰写方式和内容：研究结果一般分点撰写，以清单式的方式呈现可能的预期研究结果。根据课题不同，预期研究成果的内容和形式也不同。研究者可以将研究目标中的阶段性成果作为预期研究结果。常见的医院管理相关研究结果包括期刊论文、学位论文、专著、医院管理规范性文件、医院管理政策建议、咨政建言、医院管理典型案例等。

本章小结

开题报告是一份用于说服评审人拟研究课题重要且可行，用以呈现研究思路及研究方案，指导研究实践和论文撰写的，结构化、正式性的研究提案。

开题报告主要回答3个核心问题：研究问题是什么，为什么它值得研究，拟通过哪些理论、方法和实践回答研究问题；通常包括4大方面：项目的立项依据、研究目标和内容、拟采取的研究方案及可行性分析、研究计划及预期研究结果；具体涉及11项内容的撰写：研究背景、研究意义、国内外研究现状和发展态势、研究目标、研究内容、拟解决的关键（科学）问题、技术路线图、研究方法、可行性分析、研究计划、预期研究结果。

其中，项目的立项依据旨在说服评审人研究课题的意义重大，在已有研究基础上有所突破，具备一定创新性。研究目标和内容旨在准确、清晰、具体地阐述研究目标、内容以及拟解决的关键（科学）问题。拟采取的研究方案和可行性分析旨在呈现详尽、具体、可复制的研究方案，并论证其可行性。研究计划及预期研究结果是对研究方案时间进度安排以及预期成果和形式的总结。

在撰写开题报告时，常见的撰写错误和误区如下：①研究背景小题大做、大题小做、文不对题、堆砌材料、顾左右而言他。②研究意义不能开门见山。③国内外研究现状与研究背景混淆重复，研究现状不能引出研究问题。④研究目标与研究意义、研究结论、研究成果混淆。⑤研究内容与研究目标混淆重复。⑥技术路线图与研究内容、方案不匹配。⑦研究方法与研究内容不符，研究方法泛泛而谈，不具体，没有根据研究进行调整。⑧可行性分析过高、过低估计项目难度，不能实事求是。

（刘晨曦　陶红兵　沈　波）

References

参考文献

[1] 范伯男，张士靖. 知识图谱论文写作存在的问题及对策探讨［J］. 中华医学图书情报杂志，2021，30（5）：76-80.

[2] 甘可建，刘清海，吴淑金. 文献管理软件在期刊论文中的应用调查与输出结果分析［J］. 中国科技期刊研究，2017，28（7）：675-681.

[3] 贺韵明，李玉芳. 高校直属型附属医院内部审计监督服务体系构建研究文献综述［J］.财经界，2020,（24）：224-225.

[4] 李杰. 科学知识图谱原理及应用：VOSviewer 和 CitNetExplorer 初学者指南［M］. 北京：高等教育出版社，2018.

[5] 李杰. 科学计量与知识网络分析方法与实践［M］.2 版. 北京：首都经济贸易大学出版社，2018.

[6] 李杰，陈超美. CiteSpace：科技文本挖掘及可视化［M］.2 版. 北京：首都经济贸易大学出版社，2017.

[7] 李信，陆伟，李旭晖. 一种新兴的学科领域历史根源探究方法：RPYS［J］. 图书情报工作，2016，60（20）：70-76.

[8] 梁辰，徐健. 社会网络可视化的技术方法与工具研究［J］. 现代图书情报技术，2012，28（5）：7-15

[9] 罗爱静. 医学文献信息检索［M］. 3 版. 北京：人民卫生出版社，2015.

[10] 瞿海燕，肖仙桃，郑文江，等. 基于用户需求的参考文献管理软件的竞争力及发展趋向研究［J］. 情报理论与实践，2014，37（12）：90-94.

[11] 孙文莺歌，马路. 参考文献管理软件比较分析［J］. 中华医学图书情报杂志，2016，25（09）：43-46.

[12] 童国伦，程丽华，张凯. Endnote & Word 文献管理与软件写作［M］.2 版. 北京：化学工业出版社，2014.

[13] 王雅琢，王晓瑜. 新形势下医学科研选题的原则和方法［J］. 科技与出版，2012（04）：34-36.

[14] 岳永鹏，钟仪华，王丹. Zotero：一个广泛应用的文献管理工具［J］. 现代情报，2014，34（04）：137-141.

[15] 詹思延，王聪霞，孙凤. 系统综述与 Meta 分析［M］. 北京：人民卫生出版社，2019.

[16] 张毅君.利用RefWorks构建个人学术资源管理系统 [J].鲁东大学学报（哲学社会科学版），2015，32（01）：91-94.

[17] 赵飞.常用文献管理软件功能比较 [J].现代图书情报技术，2012（03）：67-72.

[18] 周志超，张士靖，张秀梅.基于Big6模式的医学生在线信息素养教育网站设计与实现 [J].数字图书馆论坛，2011（2），25-29.

[19] 朱西敏，胡银环，吴晓悦，等.互联网+医疗背景下患者体验的评价：系统综述 [J].中国卫生政策研究，2021，14（7）：18-25.

[20] Andrade-Méndez B，Arias-Torres DO，Gómez-Tovar LO. Alarm Fatigue in the Intensive Care Unit：Relevance and Response Time [J]. Enferm Intensiva，2020，31（3）：147-153.

[21] Brand CA，Barker AL，Morello RT，et al. A review of hospital characteristics associated with improved performance [J]. International Journal for Quality in Health Care，2012，24（5）：483-494.

[22] Cvach M. Monitor alarm fatigue：an integrative review [J].Biomedical Instrumentation and Technology，2012，46（4）：268-277.

[23] Massey PM，Kim MC，Dalrymple PW，et al. Visualizing Patterns and Trends of 25 Years of Published Health Literacy Research [J].Health Literacy Research and Practice. 2017，1（4）：e182-e191.

[24] Moroz PW，Hindle K. Entrepreneurship as a process：Toward harmonizing multiple perspectives [J].Entrepreneurship theory and Practice，2012，36（4）：781-818.

[25] Mosadeghrad AM. Essentials of total quality management：a meta-analysis [J]. International journal of health care quality assurance，2014，27（6）：544-558.

[26] Ruppel H，Funk M，Whittemore R. Measurement of Physiological Monitor Alarm Accuracy and Clinical Relevance in Intensive Care Units [J].American Journal of Critical Care，2018，27（1）：11-21.

[27] Ruskin KJ，Hueske-Kraus D. Alarm fatigue：impacts on patient safety [J].Current Opinion in Anaesthesiology. 2015，28（6）：685-690.

[28] Yip W，Hsiao W. Harnessing the privatisation of China's fragmented health-care delivery [J].The Lancet，2014，384（9945）：805-818.

网址链接

扫码学习
相关内容